Bhagwan Shree Rajneesh

YOGA:
ALPHA UND OMEGA

Über Patanjalis Sutras

Band I

Bhagwan Shree Rajneesh spricht über die «Yoga Sutras» des Patanjali vom 25. Dezember 1973 bis 4. Januar 1974 in Bombay, Indien.

Dieser Band umfasst die Sutras 1–16, 1. Kapitel, der «Samadhi-Pada».

Bhagwan Shree Rajneesh

YOGA: ALPHA UND OMEGA

Über Patanjalis Sutras

Band I

EDITION GYANDIP

Deutsche Erstausgabe:	EDITION GYANDIP, Zürich 1984 Erste Auflage Juni 1984
Titel der Originalausgabe:	YOGA: THE ALPHA AND THE OMEGA erschienen 1976 bei Rajneesh Foundation International, Rajneeshpuram, Oregon 97741, USA
Copyright:	Englische Ausgabe © 1976 Rajneesh Foundation International
Fotocopyright:	© 1983 Rajneesh Foundation International
Copyright:	Deutsche Ausgabe © 1984 Genossenschaft GYANDIP Baumackerstrasse 42 CH-8050 Zürich
Übersetzung:	Ma Dhyan Svatantro Swami Prem Nirvano
Fotos:	Rajneesh Foundation International
Fotosatz:	Fotosatz Hissek, D-7750 Konstanz
Druck:	Druckerei Uhl, D-7760 Radolfzell

Dieses ist die einzige von der Rajneesh Foundation International autorisierte Übersetzung ins Deutsche. Alle Rechte vorbehalten. Nachdruck und fotomechanische Wiedergabe, auch auszugsweise, nur bei schriftlicher Genehmigung der Herausgeber.

ISBN: 3-906270-03-3

und Rajneesh sind eingetragene Handelsmarken.

Inhaltsverzeichnis

1	Einleitung zum Weg des Yoga	6
2	Der wunschlose Weg des Yoga	35
3	Die fünf Erscheinungsformen des Verstandes	64
4	Über den Verstand hinaus zur Bewusstheit	99
5	Wahres und falsches Wissen und der Verstand	125
6	Die Reinheit der Yogawissenschaft	161
7	Losgelöstheit und eine beständige andachtsvolle innere Übung	190
8	Halt an – und es ist hier!	222
9	Beständige Übung und Wunschlosigkeit: Die Grundlage des Yoga	251
10	Erkenne dich selbst als die Ursache deines Elends	281
	Bücher- und Centerliste	312

Einleitung zum Weg des Yoga

1. *Jetzt die Disziplin des Yoga*
2. *Yoga ist der Stillstand des Geistes*
3. *Dann hat sich der Zeuge in sich selbst eingerichtet*
4. *In allen anderen Zuständen herrscht Identifikation mit den Erscheinungsformen des Geistes*

25. Dezember, 1973, Bombay, Indien

WIR LEBEN in einer tiefen Illusion – der Illusion der Hoffnung, der Zukunft, des Morgen. So wie der Mensch ist, kann er nicht ohne Selbsttäuschungen existieren. Nietzsche sagt irgendwo, dass der Mensch nicht mit der Wahrheit leben kann: er braucht Träume, er braucht Illusionen, er braucht Lügen, um zu existieren. Und was Nietzsche sagt, ist wahr. So wie der Mensch ist, kann er nicht mit der Wahrheit existieren. Das muss ganz klar verstanden werden, weil es ohne dies Verständnis keinen Zugang zu dem geben kann, was Yoga genannt wird.

Man muss den Verstand gründlich begreifen – den Verstand, der Lügen braucht, den Verstand, der Illusionen braucht, den Verstand, der nicht mit dem Wirklichen existieren kann, den Verstand, der Träume braucht. Ihr träumt nicht nur nachts. Sogar wenn ihr wach seid, träumt ihr unaufhörlich weiter. Vielleicht seht ihr mich an, vielleicht hört ihr mir zu, aber innerlich laufen die Träume weiter. Unaufhörlich erschafft der Verstand Träume, Bilder, Phantasien.

Heute sagen die Wissenschaftler, dass der Mensch zwar ohne Schlaf leben kann, aber nicht ohne Träume. Früher hielt man es für selbstverständlich, dass Schlaf eine Notwendigkeit war, aber heute sagt die moderne Forschung, dass es nicht so sehr auf den Schlaf ankommt, dass ihr den Schlaf nur braucht, um zu träumen. Worauf es ankommt, ist das Träumen. Wenn man euch, während ihr schlaft, am Träumen hindert, werdet ihr euch am Morgen nicht frisch und lebendig fühlen. Ihr werdet müde sein, so als hättet ihr überhaupt nicht geschlafen.

In der Nacht gibt es verschiedene Phasen – Phasen des tiefen Schlafs und Phasen des Träumens. Es gibt da einen Rhythmus – so wie es für Tag und Nacht einen Rhythmus gibt. Am Anfang fallt ihr ungefähr vierzig bis fünfundvierzig Minuten lang in einen tiefen Schlaf. Dann beginnt die Traumphase, und ihr träumt. Dann wieder traumloser Schlaf, und dann wieder Träumen. So geht das die ganze Nacht weiter. Wenn euer Schlaf gestört wird, während ihr tief schlaft, ohne zu träumen, habt ihr am Morgen nicht das Gefühl, dass etwas fehlt. Wenn euer Schlaf aber unterbrochen wird, während ihr träumt, werdet ihr euch am Morgen sehr müde und erschöpft fühlen.

Heute kann man dies auch äusserlich feststellen. Wenn jemand schläft, kann man erkennen, ob er träumt oder nicht. Wenn er träumt, sind seine Augen in ständiger Bewegung – so als ob er etwas mit geschlossenen Augen sieht. Wenn er fest schläft, bewegen sich seine Augen nicht; sie bleiben ruhig. Wenn ihr gestört werdet, während sich eure Augen bewegen, seid ihr am Morgen müde. Wenn sich eure Augen nicht bewegen und euer Schlaf wird gestört, dann fehlt euch am Morgen nichts.

Viele Forscher haben nachgewiesen, dass der menschliche Verstand von Träumen lebt, dass Träumen eine Notwendigkeit ist, obwohl Träumen eine totale Selbsttäuschung ist. Das trifft nicht nur auf die Nacht zu: auch wenn ihr wach seid, gilt dasselbe Muster; sogar tagsüber könnt ihr es bemerken. Manchmal gehen euch Träume im Kopf herum, und manchmal sind keine Träume da.

Wenn Träume da sind, mögt ihr zwar etwas tun, aber ihr seid nicht da. Innerlich seid ihr beschäftigt. Ihr seid zum Beispiel jetzt hier. Wenn euer Verstand gerade durch eine Traumphase geht, hört ihr mir zu, ohne das Geringste zu hören, weil euer Verstand innerlich beschäftigt ist. Nur wenn ihr euch nicht in einem Traumzustand befindet, könnt ihr mir zuhören.

Tag und Nacht pendelt der Verstand zwischen Nicht-Traum und Traum und dann wieder zwischen Traum und Nicht-Traum hin und her. Das ist ein innerer Rhythmus. Deswegen träumen wir nicht nur nachts fortlaufend. Auch sonst im Leben projizieren wir unsere Hoffnungen auf die Zukunft.

Die Gegenwart ist fast immer eine Hölle. Ihr könnt es nur mit ihr aushalten aufgrund der Hoffnung, die ihr auf die Zukunft gerichtet habt. Ihr könnt heute leben, weil es ein Morgen gibt. Ihr hofft, dass morgen etwas passieren wird – dass sich morgen einige Türen zum Paradies öffnen werden. Sie öffnen sich nie heute, aber wenn morgen kommt, kommt es nicht als morgen. Es kommt als heute, aber wenn es so weit ist, ist euer Verstand schon wieder weiter. Ihr lauft euch selbst voraus: genau das bedeutet Träumen. Ihr seid nicht eins mit der Wirklichkeit, mit dem, was vorhanden ist, mit dem, was hier und jetzt ist. Ihr seid irgendwo anders – lauft voraus, springt voraus.

Diesem Morgen, dieser Zukunft habt ihr unendlich viele Namen gegeben. Die einen nennen es Himmel, die anderen nennen es Moksha, aber es ist immer in der Zukunft. Der eine stellt sie sich als Reichtum vor, aber diesen Reichtum gibt es erst in der Zukunft. Ein anderer denkt ans Paradies, aber dieses Paradies kommt erst nach dem Tod – weit, weit weg, in der Zukunft. Ihr verfehlt eure Gegenwart um das, was nicht ist: genau das bedeutet Träumen. Ihr könnt nicht hier und jetzt sein. Genau im Augenblick zu sein, scheint praktisch unmöglich.

Ihr könnt in der Vergangenheit sein; denn auch das ist wieder Träumen – in Erinnerungen schwelgen, Dingen nachhängen, die nicht mehr sind. Oder ihr könnt in der Zukunft sein, aber das ist nur eine Projektion, das bedeutet, etwas Vergangenes zurückkrufen. Die Zukunft ist nichts anderes als die erneut projizierte Vergangenheit – farbenprächtiger, schöner, angenehmer, aber sie ist nur die aufgebesserte Vergangenheit.

Ihr könnt an nichts anderes denken als an die Vergangenheit. Die Zukunft ist nichts als die Vergangenheit, neu projiziert, und beide sind nicht. Die Gegenwart *ist*, aber ihr seid nie in der Gegenwart. Genau das bedeutet Träumen. Nietzsche hat recht, wenn er sagt, dass der Mensch nicht mit der Wahrheit leben kann. Er braucht Lügen; er lebt von Lügen. Nietzsche sagt, dass wir zwar behaupten, die Wahrheit zu wollen, aber niemand will sie. Unsere sogenannten Wahrheiten sind nichts als

Lügen, schöne Lügen. Niemand ist bereit, die nackte Wirklichkeit zu sehen.

Dieser Verstand kann den Weg des Yoga nicht betreten, denn Yoga ist eine Methodologie, die Wahrheit zu offenbaren. Yoga ist eine Methode, ein nicht-träumendes Bewusstsein zu erlangen. Es ist die Wissenschaft vom Sein im Hier und Jetzt. Yoga bedeutet, dass du nun bereit bist, nicht mehr in die Zukunft abzuwandern. Es bedeutet, dass du nun bereit bist, nicht mehr zu hoffen, deinem Sein nicht mehr vorauszueilen. Yoga bedeutet, der Wirklichkeit so zu begegnen, wie sie ist.

Also kann man Yoga, oder den Weg des Yoga, nur betreten, wenn man von seinem eigenen Verstand, so wie er ist, total frustriert ist. Wenn du immer noch hoffst, durch deinen Verstand etwas zu erreichen, taugt Yoga nicht für dich. Eine totale Enttäuschung ist nötig – die Offenbarung, dass dieser Verstand, der projiziert, nutzlos ist, dass dieser Verstand, der hofft, ein Unsinn ist und nirgendwo hinführt. Er verschliesst dir nur die Augen; er vergiftet dich, er erlaubt der Wirklichkeit nie, sich dir zu offenbaren. Er schirmt dich von der Wirklichkeit ab.

Euer Verstand ist eine Droge. Er ist gegen das, was ist. Wenn ihr also nicht total frustriert seid von eurem Verstand, von eurer Art zu sein – der Art und Weise, wie ihr bis jetzt gelebt habt, wenn es euch nicht möglich ist, euren Verstand bedingungslos fallenzulassen, könnt ihr diesen Weg nicht betreten.

Sehr viele fangen an, sich für ihn zu interessieren, aber sehr wenige betreten ihn, weil euer Interesse vielleicht nur vom Verstand kommt. Vielleicht hofft ihr, dass ihr nun durch Yoga etwas erreichen könnt, aber das Leistungsmotiv ist da. Ihr glaubt, vielleicht perfekt zu werden durch Yoga, vielleicht den seligen Zustand eines perfekten Wesens zu erreichen, vielleicht eins mit dem Brahma zu werden, vielleicht «*Sat chit ananda*» zu erreichen – Sein, Bewusstsein, Seligkeit. Vielleicht interessiert ihr euch deshalb für Yoga, und wenn das der Grund ist, kann es keine Berührung geben zwischen euch und dem Weg des Yoga. Dann seid ihr dagegen und geht genau in eine entgegengesetzte Richtung.

Yoga bedeutet, dass es jetzt keine Hoffnung gibt, es jetzt keine Zukunft gibt, es jetzt keine Wünsche gibt. Man ist bereit, das kennenzulernen, was ist. Man interessiert sich nicht dafür, was sein kann, was sein sollte, was sein müsste. Man hat kein Interesse! Man interessiert sich nur für das, was ist, weil nur das Reale dich befreien kann, nur die Wirklichkeit zur Befreiung werden kann.

Totale Verzweiflung ist nötig. Buddha nannte diese Verzweiflung *dukkha*. Und geht es dir wirklich schlecht, dann hoffe nicht, denn deine Hoffnung wird das Übel nur verlängern. Deine Hoffnung ist eine Droge. Sie kann dir allenfalls helfen, den Tod zu erreichen. All deine Hoffnungen können dich nur zum Tod führen. Sie führen dich bereits dorthin.

Werde vollkommen hoffnungslos. Wenn keine Zukunft da ist, ist auch keine Hoffnung da. Das geht nicht. Man braucht Mut, um dem Wirklichen ins Gesicht zu schauen. Aber für jeden kommt früher oder später ein Augenblick, es kommt für jeden Menschen der Augenblick, wo er sich vollkommen hoffnungslos fühlt. Ihm erscheint alles absolut sinnlos. Wenn ihm bewusst wird, dass alles, was er tut, nutzlos ist, dass er, wohin er auch geht, nirgendwo hingeht, dass das ganze Leben bedeutungslos ist, dann fällt plötzlich alle Hoffnung von ihm ab, verliert die Zukunft ihre Bedeutung, und zum erstenmal in seinem Leben ist er im Einklang mit der Gegenwart, zum ersten Mal steht er der Wirklichkeit von Angesicht zu Angesicht gegenüber.

Wenn dieser Moment noch nicht für dich gekommen ist, kannst du so viele *asanas* machen, wie du willst, aber das ist nicht Yoga. Yoga ist eine innere Wende. Es ist eine totale Kehrtwendung. Wenn du dich nicht in die Zukunft begibst und nicht in die Vergangenheit, wenn du anfängst, in dich selbst hineinzugehen – weil dein Sein hier und jetzt ist, nicht in der Zukunft, sondern du bist hier und jetzt gegenwärtig – kannst du in die Wirklichkeit eindringen. Aber dann muss dein Bewusstsein hier sein.

Auf diesen Moment verweist das erste Sutra von Patanjali. Bevor wir über das erste Sutra sprechen, müssen ein paar andere Dinge geklärt werden. Als erstes – Yoga ist keine Religion – macht euch das deutlich. Yoga ist nicht hinduistisch, es ist nicht mohammedanisch. Yoga ist eine reine Wissenschaft, genau wie Mathematik, Physik oder Chemie. Physik ist nicht christlich, Physik ist nicht buddhistisch. Auch wenn Christen die Gesetze der Physik entdeckt haben, ist Physik nicht christlich. Es ist nur ein Zufall, dass gerade die Christen die Gesetze der Physik entdeckt haben. Physik bleibt einfach eine Wissenschaft, und Yoga bleibt einfach eine Wissenschaft. Es ist nur ein Zufall, dass sie von den Hindus entdeckt wurde. Sie ist reine Mathematik des inneren Seins. Deswegen kann ein Mohammedaner ein Yogi sein, kann ein Christ ein Yogi sein, kann ein Dschaina oder ein Buddhist ein Yogi sein.

Yoga ist reine Wissenschaft, und was die Welt des Yoga betrifft, ist Patanjali der grösste Name. Solch ein Mann ist selten. Es gibt keinen anderen Namen, den man mit Patanjali vergleichen könnte. Zum ersten Mal in der Geschichte der Menschheit wurde Religion auf die Stufe einer Wissenschaft gehoben: er machte die Religion zu einer Wissenschaft, die klaren Gesetzen folgt. Man braucht keinen Glauben.

Sogenannte Religionen brauchen Glaubenssätze. Es gibt keinen andern Unterschied zwischen der einen und der andern Religion: der Unterschied besteht lediglich in den Glaubenssätzen. Ein Mohammedaner hat bestimmte Glaubensssätze, ein Hindu gewisse andere, ein Christ wieder andere. Der Unterschied besteht in den Überzeugungen. Was Glauben angeht, hat Yoga nichts zu sagen: Yoga fordert dich nicht auf, an irgend etwas zu glauben. Yoga sagt, dass du Erfahrungen machen sollst. So wie die Wissenschaft das Experiment fordert, fordert Yoga die Erfahrung. Experiment und Erfahrung sind beide das gleiche, nur ihre Richtungen sind verschieden. Experiment bedeutet, dass du etwas nach aussen hin tust; Erfahrung bedeutet, dass du etwas im Innern tust. Erfahrung ist ein inneres Experiment.

Die Wissenschaft fordert dich nicht auf zu glauben, sondern so viel wie möglich zu zweifeln. Aber verliere dich auch nicht im Unglauben, denn der Unglaube ist wieder eine Art von Glauben. Du kannst an Gott glauben, oder du kannst an die Idee eines Nicht-Gottes glauben. Du kannst mit einer fanatischen Haltung behaupten, dass Gott ist; du kannst genau das Gegenteil behaupten: Gott ist nicht – mit demselben Fanatismus. Atheisten und Theisten sind alle Gläubige, aber der Glaube liegt nicht im Bereich der Wissenschaft. Wissenschaft bedeutet, etwas zu erfahren, das ist: man braucht keinen Glauben. Der zweite Punkt, an den es sich zu erinnern gilt, ist also, dass Yoga auf der Existenz, auf Erfahrungen und auf Experimenten beruht. Keine Überzeugung ist erforderlich, kein Glaube ist nötig – nur der Mut, Erfahrungen zu machen. Aber genau daran mangelt es. Zu glauben fällt euch leicht, weil ihr durch den Glauben nicht transformiert werdet. Der Glaube ist etwas, das euch stützt, etwas Oberflächliches. Dein Sein verändert sich nicht; du machst keine Wandlung durch. Vielleicht bist du ein Hindu, aber du kannst einen Tag später ein Christ werden. Du tauschst einfach aus: statt der Gita nimmst du die Bibel, du kannst stattdessen den Koran nehmen, aber der Mensch, der vorher die Gita hielt und nun die Bibel oder den Koran in Händen hält, bleibt derselbe. Er hat nur seine Glaubenssätze gewechselt.

Überzeugungen sind wie Kleider. Nichts Wesentliches wird verwandelt; du bleibst derselbe. Zerlege einen Hindu, zerlege einen Mohammedaner, und im Innern sind sie beide gleich. Der Hindu geht in einen Tempel, und der Mohammedaner hasst den Tempel; der Mohammedaner geht in eine Moschee, und der Hindu hasst die Moschee. Aber innerlich sind sie die gleichen Menschen.

Zu glauben ist einfach, weil du so nicht wirklich

gefordert wirst, irgend etwas zu tun. Das ist nur eine oberflächliche Kleidung – eine Dekoration – etwas, das du jeden beliebigen Augenblick beiseite legen kannst. Yoga ist kein Glaube. Deshalb ist es schwierig, mühsam, und manchmal erscheint es unmöglich. Es ist ein Eindringen in die Existenz. Du kommst nicht durch Glauben zur Wahrheit, sondern durch deine eigene Erfahrung, durch deine eigene Einsicht. Das bedeutet, du wirst dich total verändern müssen. Deine Ansichten, deine Lebensweise, dein Verstand, deine Psyche werden, so wie sie sind, völlig erschüttert werden. Etwas Neues muss entstehen. Nur mit diesem neuen Willen kommst du in Kontakt mit der Wirklichkeit.

So ist Yoga sowohl Tod als auch neues Leben. So wie du bist, wirst du sterben müssen, und wenn du nicht stirbst, kann das Neue nicht geboren werden. Das Neue ist in dir verborgen. Du bist nur eine Same dafür, und der Same muss auf die Erde fallen, von ihr aufgenommen werden. Der Same muss sterben: nur dann wird das Neue in dir aufgehen. Dein Tod wird dein neues Leben werden. Yoga ist beides, ein Tod und eine neue Geburt. Wenn du nicht bereit bist zu sterben, kannst du nicht wiedergeboren werden. Es geht also nicht darum, die Glaubensrichtungen zu wechseln.

Yoga ist keine Philosophie. Ich sage, es ist keine Religion; ich sage, es ist keine Philosophie. Es ist nicht etwas, worüber du nachdenken kannst. Es ist etwas, das du sein musst; Denken wird dich nicht weiterbringen. Das Denken geschieht in deinem Kopf. Es ist nicht wirklich tief in deinem Wesen verwurzelt; es ist nicht deine Ganzheit. Es ist nur ein Teil, ein funktionaler Teil, und es kann geschult werden. Du kannst logisch argumentieren; du kannst zweckmässig denken, aber dein Herz bleibt dasselbe. Dein Herz ist dein tiefstes Zentrum, und dein Kopf ist nur ein Zweig. Du kannst ohne den Verstand leben, aber du kannst nicht ohne das Herz leben. Dein Verstand ist nicht von grundlegender Bedeutung.

Yoga befasst sich mit deinem ganzen Sein, mit deinen Wurzeln. Es ist nicht philosophisch. Deshalb werden wir mit Patanjali nicht denken und Vermutungen anstellen. Mit Patanjali werden wir versuchen, die fundamentalen Gesetze des Lebens kennenzulernen: die Gesetze seiner Transformation, die Gesetze des Sterbens und Wiedergeborenwerdens, die Gesetze einer neuen Lebensordnung. Darum nenne ich Yoga eine Wissenschaft.

Patanjali ist ungewöhnlich. Er ist ein Erleuchteter wie Buddha, wie Krishna, wie Christus, wie Mahavir, Mohammed und Zarathustra, aber er unterscheidet sich in einer Hinsicht. Buddha, Krishna, Mahavir, Zarathustra, keiner von ihnen hat eine wissenschaftliche Einstellung. Sie sind große Gründer von Religionen. Sie haben das gesamte Muster des menschlichen Denkens und seine Struktur verändert, aber ihr Vorgehen ist nicht wissenschaftlich.

Patanjali ist wie ein Einstein in der Welt der Buddhas. Er ist ein Genie. Er hätte leicht ein Nobelpreisträger sein können wie ein Einstein oder Bohr oder Max Planck oder Heisenberg. Er hat dieselbe Haltung, dasselbe Vorgehen wie das eines streng wissenschaftlichen Kopfes. Er ist kein Poet; Krishna ist ein Poet. Er ist kein Moralist; Mahavir ist ein Moralist. Patanjali ist im Grunde ein Wissenschaftler, der in gesetzmässigen Bahnen denkt. Es ist ihm gelungen, die absoluten Gesetzmässigkeiten des Menschen, die grundlegende Arbeitsweise des menschlichen Geistes und der Realität herzuleiten.

Wenn ihr Patanjali folgt, werdet ihr merken, dass er so genau ist wie eine mathematische Formel. Tut einfach, was er sagt, und das Ergebnis wird sich einstellen. Das Ergebnis muss sich einstellen; genauso wie zwei und zwei vier ergeben. Genauso, wie Wasser verdampft, wenn man es auf hundert Grad erhitzt. Kein Glaube ist nötig: ihr tut es einfach und wisst. Es ist etwas, das getan und erfahren werden muss. Darum sage ich, dass es keinen Vergleich gibt. Auf dieser Erde hat es keinen zweiten Menschen wie Patanjali gegeben.

In Buddhas Äusserungen könnt ihr Poesie finden: sie muss da sein. Buddha wird oft poetisch, wenn er sich ausdrückt. Das Reich der Ekstase, das Reich des höchsten Wissens ist so schön, die Versuchung, poetisch zu werden, ist so gross, die Schönheit ist so gross, der Segen ist so gross, die Seligkeit ist so gross, dass man anfängt, in einer poetischen Sprache zu sprechen.

Aber Patanjali widersteht dem. Dazu gehört sehr viel. Niemand sonst hat widerstehen können. Jesus, Krishna, Buddha – sie wurden alle poetisch. Wenn die Herrlichkeit, die Schönheit in dir explodiert, fängst du an zu tanzen, fängst du an zu singen. In diesem Zustand bist du genau wie ein Liebender, der sich in das ganze Universum verliebt hat.

Patanjali widersteht dem. Er lehnt es ab, Poesie zu gebrauchen; er macht nicht einmal Gebrauch von einem einzigen poetischen Symbol. Er macht nichts mit Poesie; er spricht nicht in der Sprache der Schönheit. Er spricht in der Sprache der Mathematik. Er ist exakt, und er gibt euch Grundsätze. Diese Grundsätze sind einfach nur Hinweise auf das, was zu tun ist. Er bricht nicht in Ekstase aus; er versucht nicht zu sagen, was man nicht sagen kann; er versucht nicht das Unmögliche. Er setzt nur das Fundament, und wenn ihr auf seine Grundlage baut, werdet ihr den Gipfel erreichen, der darüber liegt. Er ist ein strenger Mathematiker – vergesst das nicht.

Das erste Sutra: *Jetzt die Disziplin des Yoga: – Athayoganushasanam.*

«Jetzt die Disziplin des Yoga». Jedes einzelne Wort muss verstanden werden, weil Patanjali kein einziges überflüssiges Wort benutzt. «Jetzt die Disziplin des Yoga». Versucht zuerst, das Wort «jetzt» zu verstehen. Dieses «Jetzt» weist auf den Geisteszustand hin, von dem ich euch erzählt habe.

Wenn du desillusioniert bist, wenn du hoffnungslos bist, wenn dir die Nutzlosigkeit aller Wünsche vollkommen bewusst geworden ist, wenn du dein Leben als sinnlos betrachtest, wenn, was auch immer du bis jetzt getan hast, sich totgelaufen hat, wenn dir nichts bleibt in der Zukunft, wenn du in absoluter Verzweiflung bist – was Kierkegaard Qual nennt – wenn du dich quälst, leidest, nicht weisst, was du tun sollst, nicht weisst, wohin du gehen sollst, nicht weisst, auf wen du sehen sollst, gerade am Rande von Verrücktheit oder Selbstmord oder Tod, wenn dein ganzer Lebensplan plötzlich unnütz geworden ist, wenn dieser Moment gekommen ist, sagt Patanjali, «Jetzt die Disziplin des Yoga». Erst jetzt kannst du die Wissenschaft des Yoga, die Disziplin des Yoga verstehen.

Wenn dieser Moment noch nicht gekommen ist, kannst du weiter Yoga studieren, kannst du ein grossartiger Schüler werden, aber du wirst kein Yogi sein. Du kannst Dissertationen darüber schreiben, du kannst Reden darüber halten, aber du wirst kein Yogi sein. Der Moment ist für dich noch nicht gekommen. Vielleicht bist du intellektuell interessiert; vielleicht bist du verstandesmässig mit Yoga verbunden: aber Yoga ist nichts, wenn es keine Disziplin ist. Yoga ist kein shastra: es ist keine heilige Schrift. Es ist eine Disziplin. Es ist etwas, was du tun musst. Nicht aus Neugier, nicht aus philosophischer Spekulation, sondern grundlegender: weil es eine Frage von Leben und Tod ist.

Wenn der Moment kommt, wo du fühlst, dass alle Richtungen sich verwirrt haben, alle Wege verschwunden sind, dass die Zukunft dunkel ist und jeder Wunsch bitter geworden ist, und durch jedes Bedürfnis hast du nur Enttäuschung kennengelernt; wenn jede Neigung zur Hoffnung und zum Träumen aufgehört hat: «Jetzt die Disziplin des Yoga». Dieses «Jetzt» ist vielleicht noch nicht gekommen. Dann kann ich weiter über Yoga sprechen, aber du hörst nicht zu. Du kannst nur zuhören, wenn der Moment für dich da ist.

Bist du wirklich unzufrieden? Jeder wird sagen «ja»; aber diese Unzufriedenheit ist nicht wirklich. Du magst mit diesem unzufrieden sein, du magst mit jenem unzufrieden sein, aber du bist nicht total unzufrieden.

Du hoffst immer noch. Du bist unzufrieden aufgrund deiner früheren Hoffnungen, aber du hoffst immer noch auf die Zukunft. Deine Unzufriedenheit ist nicht total. Du fühlst dich hoffnungslos, weil bestimmte Hoffnungen sich nicht verwirklicht haben, bestimmte Hoffnungen sich aufgelöst haben. Aber das Hoffen ist immer noch da: das Hoffen hat nicht aufgehört. Du hoffst weiter. Du bist frustriert von dieser oder jener Hoffnung, aber du bist nicht frustriert von der Hoffnung an sich. Wenn du von der Hoffnung als solcher frustriert bist, ist der Moment gekommen, und du kannst mit Yoga anfangen. Aber damit gehst du nicht in eine Welt spekulativer Gedanken hinein. Dies Hineingehen wird ein Hineingehen in eine Disziplin sein.

Was ist Disziplin? Disziplin bedeutet, dass du eine Ordnung in dir schaffst. So wie du bist, bist du ein Chaos. So wie du bist, bist du total in Unordnung. Gurdjieff pflegte zu sagen (und Gurdjieff ist in mancher Hinsicht wie Patanjali: auch er versuchte, den Kern der Religion zu einer Wissenschaft zu machen), Gurdjieff pflegte zu sagen, dass du nicht einheitlich bist: du bist eine Menschenmenge. Auch wenn du «ich» sagst, ist da kein «ich». Genauer gesagt, es gibt viele «ichs» in dir, viele Egos. Am Morgen ist das eine «ich» da, am Nachmittag ein anderes «ich», am Abend ein drittes «ich», aber nie wird dir dieses Durcheinander bewusst; denn wer sollte sich bewusst werden? Es ist kein Zentrum da, das sich bewusst werden kann.

«Yoga ist Disziplin» heisst: Yoga will ein kristallklares Zentrum in dir schaffen. So wie du bist, bist du eine Menschenmasse, und eine Masse hat viele Kriterien. Eines ist, dass man einer Masse nicht glauben kann. Gurdjieff pflegte zu sagen, dass der Mensch keine Versprechungen machen kann. Wer soll denn versprechen? Du bist nicht da. Und wenn du versprichst, wer soll das Versprechen einlösen? Am nächsten Morgen gibt es denjenigen, der versprochen hat, nicht mehr.

Leute kommen zu mir und sagen, «Jetzt werde ich das Gelübde ablegen». Sie sagen, «Ich verspreche, dies oder das zu tun». Ich sage ihnen, «Überlege es dir, bevor du etwas versprichst. Bist zu sicher, dass derjenige, der versprochen hat, im nächsten Moment noch da sein wird?» Du beschliesst, dass du ab morgen früher aufstehen wirst – um vier Uhr. Um vier Uhr sagt jemand in dir, «Gib dir keine Mühe. Draussen ist es so kalt. Und warum die Eile? Ich kann es auch morgen tun». Und du schläfst wieder ein.

Wenn du dann aufstehst, bereust du es. Du denkst, dass das nicht gut ist, und dass du früher hättest aufwachen sollen. Du beschliesst wieder, dass du morgen um vier Uhr aufstehen wirst, aber morgen wird wieder dasselbe passieren, weil derjenige, der das Versprechen gemacht hat, morgens um vier nicht mehr da ist; jemand anders hat den Vorsitz. Du bist wie ein Rotary-Club: Den Vorsitz hat immer jemand anderes. Jede Seite von dir wird abwechselnd Vorsitzender. Es gibt da einen Kreislauf. Jeden Moment übernimmt jemand anders die Leitung.

Gurdjieff pflegte zu sagen, dass das Hauptmerkmal des Menschen darin besteht, dass er keine Versprechungen machen kann. Du kannst ein Versprechen nicht einlösen. Ihr macht weiter Versprechungen, und ihr wisst gut, dass ihr sie nicht einlösen könnt, denn ihr seid nicht einheitlich: ihr seid in Unordnung, ein Chaos. Deshalb sagt Patanjali, «Jetzt die Disziplin des Yoga». Wenn dein Leben zu einem absoluten Elend geworden ist, wenn du erkennst, dass alles, was du tust, die Hölle erschafft, dann ist der Moment gekommen. Dieser Moment kann deine Dimension verändern, deine Lebensrichtung.

Bis jetzt hast du als ein Chaos, eine Masse gelebt. Yoga bedeutet, dass du nun eine Harmonie sein musst; du wirst eins werden müssen. Eine Kristallisierung ist notwendig; eine Zentrierung ist notwendig. Und wenn du nicht zu einem Zentrum gelangst, ist alles, was du tust, nutzlos. Es ist ein Vergeuden von Leben und Zeit. Ein Zentrum ist die erste Notwendigkeit, und nur ein Mensch, der eine Mitte hat, kann selig sein. Jeder bittet um Seligkeit, aber man kann nicht darum bitten. Man muss sie sich verdienen! Jeder sehnt sich nach einem seligen Seinszustand, aber nur eine Mitte kann selig sein. Eine Masse kann nicht selig sein; eine Masse hat kein Selbst. Da gibt es kein atman, kein Selbst; wer also sollte selig sein?

Seligkeit bedeutet absolute Stille, und Stille ist nur möglich, wenn Harmonie da ist – wenn alle uneinigen Bruchstücke eins geworden sind, wenn keine Menge da ist, sondern nur einer. Wenn du allein im Haus bist und niemand anders ist da, wirst du selig sein. Aber vorläufig sind alle andern in deinem Haus. Du bist nicht da; nur Gäste sind da. Der Gastgeber ist immer abwesend, und nur der Gastgeber kann selig sein.

Diese Zentrierung nennt Patanjali – anushasanam. Das Wort «Disziplin» ist schön. Es kommt von derselben Wurzel wie das Wort «discipulus – Schüler». «Disziplin» bedeutet die Fähigkeit zu lernen, die Fähigkeit zu wissen. Aber du kannst nicht wissen, du kannst nicht lernen, wenn du nicht in der Lage bist zu sein.

Einmal kam ein Mann zu Buddha, der ein Gesellschaftsreformer gewesen sein muss – ein Revolutionär. Er sagte zu Budda, «Die Welt ist im Elend. Ich bin ganz deiner Meinung». Buddha hatte nie gesagt, dass die Welt im Elend sei. Buddha hatte gesagt, «Ihr seid das Elend», nicht die Welt. «Das Leben ist das Elend», nicht die Welt. «Der Mensch ist das Elend», nicht die Welt. «Der Verstand ist das Elend», nicht die Welt. Aber dieser Revolutionär sagte, «Die Welt ist im Elend. Ich bin ganz deiner Meinung. Nun sage mir, was kann ich tun? Ich habe tiefes Mitgefühl, und ich möchte der Menschheit dienen».

Dienen muss sein Wahlspruch gewesen sein. Buddha sah ihn an und blieb still. Buddhas Schüler Ananda sagte, «Dieser Mann scheint es ernst zu meinen. Gib ihm einen Rat. Warum schweigst du?» Darauf sagte Buddha zu dem Revolutionär, «Du willst der Welt dienen, aber wo bist du? Ich sehen drinnen niemand. Ich sehe in dich hinein, und da ist niemand.»

Ihr habt kein Zentrum, und wenn ihr nicht zentriert seid, wird, was auch immer ihr tut, mehr Unheil bringen. All eure Sozialreformer, eure Revolutionäre, eure Führer, sie sind die grossen Unheilbringer, Unheilstifter. Die Welt wäre besser, wenn es keine Führer gäbe. Aber sie können nicht anders. Sie glauben, etwas tun zu müssen, weil die Welt im Elend ist. Und sie sind nicht in ihrer Mitte, also erzeugen sie mit allem, was sie tun, noch mehr Unheil. Mitleid allein hilft nicht, Dienen allein hilft nicht. Mitleid von einem zentrierten Wesen ist etwas vollkommen anderes. Mitleid von einer Masse ist ein Unheil. Solches Mitleid ist Gift.

«Jetzt die Disziplin des Yoga». Disziplin bedeutet die Fähigkeit zu sein, die Fähigkeit zu wissen, die Fähigkeit zu lernen. Wir müssen diese drei Dinge verstehen. «Die Fähigkeit zu sein»: Patanjali sagt, wenn du ein paar Stunden ruhig dasitzen kannst, ohne deinen Körper zu bewegen, wächst du in die Fähigkeit zu sein hinein. Warum bewegst du dich? Du kannst nicht einmal ein paar Sekunden sitzen, ohne dich zu bewegen. Dein Körper fängt an sich zu bewegen. Irgendwo juckt es dich; die Beine schlafen ein; vieles fängt an zu passieren. Alles nur Vorwände, damit du dich bewegen kannst.

Du bist nicht der Meister. Du kannst nicht zum Körper sagen, «Jetzt werde ich mich eine Stunde lang nicht bewegen.» Der Körper wird sich sofort auflehnen. Sofort wird er dich zwingen, dich zu bewegen, etwas zu tun, und er wird dir Gründe liefern: «Du musst dich bewegen, weil du gerade von einem Insekt gestochen wirst, usw.» Wenn du das Insekt suchst, kannst du es vielleicht nicht finden. Du bist kein Sein, du bist ein Beben – eine ununterbrochene hektische Aktivität. Patanjalis asanas befassen sich in Wirklichkeit nicht mit irgend einer Art von physiologischer Schulung, sondern mit der inneren Schulung des Seins, einfach damit, wie man sein kann – ohne irgend etwas zu tun, ohne jede Bewegung, ohne jede Aktivität: einfach verharren. Dieses Verharren hilft dabei, in die Mitte zu kommen.

Wenn du in ein und derselben Haltung verharren kannst, wird der Körper zum Sklaven; er wird dir folgen. Je mehr dir der Körper folgt, desto grösser wird das Wesen in dir, desto stärker das Sein in dir. Und denk daran, wenn sich der Körper nicht bewegt, kann sich dein Verstand auch nicht regen, denn Verstand und Körper sind nicht zweierlei. Sie sind zwei Pole eines Phänomens. Du bist nicht Körper und Geist: du bist Körper-Geist. Deine Persönlichkeit ist psychosomatisch – sowohl Körper als auch Geist. Der Geist ist die feinste Seite deines Körpers. Oder man kann es umgekehrt sagen: der Körper ist die gröbste Seite des Geistes.

Was also auch immer im Körper geschieht, geschieht im Geist und umgekehrt: alles was im Geist geschieht, geschieht im Körper. Wenn der Körper unbeweglich ist und du eine Haltung beibehalten kannst, wenn du deinem Körper befehlen kannst, ruhig zu bleiben, dann wird dein Geist still bleiben. Wirklich, dein Geist fängt an sich zu bewegen und versucht, den Körper zu bewegen, denn wenn sich der Körper bewegt, kann sich der Geist bewegen. Bei einem unbeweglichen Körper kann sich der Geist nicht bewegen. Er braucht einen Körper in Bewegung.

Wenn Körper und Geist sich nicht bewegen, dann bist du in der Mitte. Eine unbewegliche Haltung ist nicht nur ein physiologisches Training. Sie ist dazu da, eine Situation zu schaffen, in der eine Zentrierung stattfinden kann, wo du diszipliniert werden kannst. Wenn du *bist*, wenn du dein Zentrum erreicht hast, wenn du weisst, was es heisst, zu *sein*, dann kannst du lernen, weil du dann demütig bist. Dann kannst du dich hingeben. Dann haftet kein falsches Ego an dir, denn sobald du in deinem Zentrum bist, weisst du, dass alle Egos falsch sind. Dann kannst du dich verneigen. Dann ist ein «discipulus», ein Jünger, geboren.

Ein Jünger ist eine grosse Errungenschaft. Nur durch Disziplin wird ein Jünger aus dir. Nur indem du in deiner Mitte bist, wirst du bescheiden. Du wirst empfänglich, du wirst leer, und der Guru, der Meister, kann sich in dich ergiessen. In deine Leerheit, in deine Stille kann er kommen und dich erreichen. Kommunikation wird möglich.

Ein Jünger bezeichnet jemand, der in seiner Mitte ist, demütig, empfänglich, offen, wachsam, abwartend, im Gebet. Beim Yoga ist der Meister sehr, sehr wichtig – absolut wichtig – denn nur wenn du dich in unmittelbarer Nähe zu einem Wesen befindest, das in seinem Zentrum ist, kann sich deine eigene Zentrierung vollziehen.

Das ist die Bedeutung von satsang. Ihr habt das Wort satsang gehört. Es wird vollkommen falsch gebraucht. Satsang heißt: in unmittelbarer Nähe zur Wahrheit; es bedeutet, der Wahrheit nahe zu sein, einem Meister nahe zu sein, der eins geworden ist mit der Wahrheit – einfach ihm nahe zu sein, offen, empfänglich und abwartend. Und wenn dein Warten tief geworden ist, intensiv, dann kann eine tiefe Vereinigung stattfinden.

Der Meister wird nichts dabei tun. Er ist einfach da – erreichbar. Wenn du offen bist, wird er in dich einströmen. Dieses Strömen wird satsang genannt. Bei einem Meister brauchst du nichts anderes zu lernen. Wenn du satsang lernen kannst, ist das genug – wenn du ihm einfach nahe sein kannst, ohne zu fragen, ohne zu denken, ohne zu argumentieren; einfach gegenwärtig, da und erreichbar, so dass das Sein des Meisters in dich einströmen kann. Und Sein kann strömen. Es strömt bereits. Immer wenn ein Mensch Ganzheit erlangt, wird sein Sein zur Strahlkraft. Er strömt. Ob du da bist oder nicht, um das zu empfangen, darum geht es nicht. Er fliesst wie ein Fluss, und wenn du leer bist wie ein Gefäss, bereit, offen, wird er in dich einströmen.

Ein Jünger ist jemand, der bereit ist zu empfangen – der zu einem Schoss geworden ist, so dass der Meister in ihn eindringen kann. Das ist die Bedeutung des Wortes satsang. Es ist im Grunde kein Vortrag: satsang ist kein Vortrag. Reden kann dabeisein, aber Reden ist nur eine Ausrede. Ihr seid hier, und ich werde über Patanjalis Sutras reden, aber das ist nur eine Ausrede.

Wenn ihr wirklich hier seid, dann wird der Vortrag, das Reden nur zu einer Ausrede für eure Anwesenheit hier, dafür, dass ihr hier seid. Wenn ihr wirklich hier seid, beginnt satsang. Ich kann fliessen, und dieses Fliessen ist tiefer als jedes Reden, jede Kommunikation durch Sprache, jede intellektuelle Begegnung mit euch.

Das geschieht, während dein Verstand gefesselt ist. Wenn du ein discipulus bist, wenn du ein diszipliniertes Wesen bist, kann dein Sein sich in satsang befinden, während dein Verstand damit beschäftigt ist, mir zuzuhören. Dann ist dein Kopf besetzt, und dein Herz ist offen. Dann findet eine Begegnung auf einer höheren Ebene statt. Diese Begegnung ist satsang, und alles andere ist nur ein Vorwand, um Mittel und Wege zu finden, dem Meister nahe zu sein.

Aufgeschlossenheit ist alles, aber nur ein Jünger kann aufgeschlossen sein. Nicht jeder kann aufgeschlossen sein, denn Aufgeschlossenheit bedeutet liebevolles Vertrauen. Warum sind wir nicht aufgeschlossen? Weil Angst da ist. Einander nahe zu sein, kann gefährlich sein, zu offen zu sein, kann gefährlich sein, weil du dann verletzbar wirst und dich nur schwer verteidigen kannst. Es ist also nur eine Sicherheitsmassnahme, dass wir zu jedem einen gewissen Abstand halten.

Jeder hat sein eigenes Territorium, und immer, wenn jemand dein Gebiet betritt, bekommst du Angst. Jeder hat einen Raum, den er schützt. Beobachte mal, wenn es passiert, dass du wirklich einen Schreck bekommst. Es gibt da eine Grenze. Wenn jemand an diese Grenze kommt oder über diese Grenze hinausgeht, erschrickst du, bekommst Angst. Du fühlst ein plötzliches Zittern. Der andere darf nur bis zu einem bestimmten Punkt herankommen.

Aufgeschlossen sein bedeutet, dass du nun kein eigenes Territorium mehr hast. Aufgeschlossen sein heisst verletzbar sein, aufgeschlossen sein bedeutet, dass du nicht an Sicherheit denkst, egal, was passiert.

Ein Jünger kann aus zwei Gründen aufgeschlossen sein. Der eine: er ist ein Mensch, der in seinem Zentrum ist; er versucht, in seiner Mitte zu sein. Auch wer versucht in seiner Mitte zu sein, verliert die Angst; er wird furchtlos. Er hat etwas, das man nicht töten kann. Ihr habt nichts, und darum eure Angst. Jeder von euch ist eine Menge. Die Menge kann sich jeden Moment zerstreuen. Ihr habt nichts, was bleibt wie ein Fels, was auch immer geschieht. Ihr existiert ohne einen solchen Felsen, ohne ein Fundament– wie ein Kartenhaus. Ihr müsst notgedrungen immer in Angst leben. Jeder Windstoss, sogar jede Brise kann euch zerstören, also müsst ihr euch schützen.

Und wegen dieser ununterbrochenen Abschirmung könnt ihr nicht lieben, könnt ihr nicht vertrauen, könnt ihr nicht freundschaftlich sein. Ihr mögt viele Freunde haben, aber da ist keine Freundschaft, denn Freundschaft braucht Nähe. Ihr mögt Frauen und Männer und sogenannte Liebhaber haben, aber da ist keine Liebe, denn Liebe braucht Nähe, Liebe braucht Vertrauen. Ihr mögt Gurus, Meister haben, aber da ist keine Jüngerschaft, denn ihr könnt es euch nicht erlauben, einem anderen Wesen total ausgeliefert zu sein. Ihr könnt keine totale Nähe zu seinem Sein, keine Unmittelbarkeit gegenüber seinem Wesen zulassen, so dass er euch überwältigen, euch überfluten kann.

Ein Jünger ist ein Suchender, der keine Menge ist, der versucht, zentriert und kristallklar zu sein, der sich wenigstens bemüht, sich anstrengt – ehrliche Anstrengungen macht, ein Individuum zu werden, sein Wesen zu fühlen, sein eigener Meister zu werden. Alle Disziplinen des Yoga sind eine Anstrengung, dich zu einem Meister deiner selbst zu machen. So wie du bist, bist du nur ein Sklave von vielen, vielen Wünschen. Viele, viele Meister, und du nur ein Sklave – und in viele Richtungen gezerrt.

«Jetzt die Disziplin des Yoga»: Yoga ist Disziplin. Yoga ist eine Anstrengung deinerseits, dich zu verändern. Da gibt es noch viele andere Dinge zu verstehen. Yoga ist keine Therapie. Im Westen sind jetzt viele Psychotherapien verbreitet, und viele westliche Psychologen halten auch Yoga für eine Therapie. Es ist keine! Es ist eine Disziplin. Was ist der Unterschied? Dies ist der Unterschied: eine Therapie wird gebraucht, wenn du krank bist, eine Therapie wird gebraucht, wenn du in Unordnung bist, eine Therapie wird gebraucht, wenn du pathologisch bist. Aber eine Disziplin brauchst du selbst dann, wenn du gesund bist. Ja, nur wenn du gesund bist, kann eine Disziplin helfen.

Yoga taugt nicht für pathologische Fälle. Es ist für diejenigen, die medizinisch gesehen vollkommen gesund sind. Sie sind normal. Sie sind nicht schizophren; sie sind nicht verrückt; sie sind nicht neurotisch. Sie sind normale Menschen – gesunde Menschen mit keinem besonderen Krankheitsbild. Trotzdem ist ihnen bewusst geworden, dass alles, was man so normal nennt, nutzlos ist, dass alles, was man gesund nennt, sinnlos ist. Etwas Zusätzliches ist nötig; etwas Grösseres ist nötig; etwas Heiligeres und Ganzes ist nötig.

Therapien sind für Kranke. Therapien können dir helfen, zu Yoga zu kommen, aber Yoga ist keine Therapie. Yoga ist für einen höheren Gesundheitsgrad da, einen anderen Gesundheitszustand – eine andere Seinsart und Ganzheitlichkeit. Therapie kann dich höchstens anpassen. Freud sagt, dass wir nicht mehr als das tun können. Wir können aus dir ein normales, angepasstes Mitglied der Gesellschaft machen – aber wenn die Gesellschaft selbst pathologisch ist, was dann? Und sie ist es! Die Gesellschaft selbst ist krank. Eine Therapie kann dich in dem Sinne normal machen, dass du an die Gesellschaft angepasst wirst, aber die Gesellschaft selbst ist krank!

So kommt es manchmal vor, dass in einer kranken Gesellschaft ein Gesunder für krank gehalten wird. Ein Jesus wird für krank gehalten, und man unternimmt alles, um ihn anzupassen. Und wenn man merkt, dass er ein hoffnungsloser Fall ist, dann wird er gekreuzigt. Wenn man merkt, dass sich nichts ändern lässt, dass dieser Mann unheilbar ist, dann wird er gekreuzigt. Die

Gesellschaft selbst ist krank, weil die Gesellschaft nichts anderes ist als du im Kollektiv. Wenn alle Mitglieder einer Gesellschaft krank sind, ist die Gesellschaft krank, und jedes Mitglied muss ihr angepasst werden.

Yoga ist nicht Therapie; Yoga will dich in keiner Weise an die Gesellschaft anpassen. Wenn man Yoga als Anpassung definieren will, dann nicht als Anpassung an die Gesellschaft, sondern als Anpassung an die Existenz selbst. Es ist eine Anpassung an das Göttliche!

Es kann passieren, dass euch ein perfekter Yogi verrückt vorkommt. Er mag aussehen wie von Sinnen, als ob er den Verstand verloren hätte, denn jetzt steht er in Verbindung mit einem grösseren – mit einem höheren Geist, mit einer höheren Seinsordnung. Er steht in Verbindung mit dem universalen Geist. So ist es immer gewesen: ein Buddha, ein Jesus, ein Krishna, sie alle fallen immer irgendwie aus dem Rahmen. Sie gehören nicht zu uns; sie scheinen Aussenseiter zu sein.

Darum nennen wir sie avatare – Aussenseiter: es ist, als wären sie von einem andern Planeten gekommen, als ob sie nicht zu uns gehörten. Sie mögen höher stehen, sie mögen gut sein, sie mögen göttlich sein, aber sie gehören nicht zu uns. Sie kommen von anderswo her. Sie gehören nicht fest zu unserer Daseinsweise, zur Menschheit. Immer schon war das Gefühl da, dass sie Aussenseiter sind, aber sie sind keine Aussenseiter. Sie sind die wahren «Insider», weil sie den innersten Kern der Existenz berührt haben. Aber uns kommen sie wie Aussenseiter vor.

«Jetzt die Disziplin des Yoga». Wenn dein Verstand zu der Einsicht gelangt ist, dass alles, was du bis jetzt getan hast, einfach sinnlos war, dass es im schlimmsten Fall ein Alptraum war oder im besten ein schöner Traum, dann tut sich vor dir der Weg der Disziplin auf. Was ist dieser Weg?

Die grundsätzliche Definition ist: Yoga ist der Stillstand des Geistes – yogaschittavrittinirodha.

Ich sagte schon, dass Patanjali ganz mathematisch

vorgeht. In einem einzigen Satz ist er mit euch fertig. Dies ist der einzige Satz, den er für euch gebraucht. Jetzt geht er davon aus, dass ihr euch für Yoga interessiert – nicht als eine Hoffnung, sondern als eine Disziplin, als eine Transformation genau hier und jetzt. Er fährt fort und definiert: «Yoga ist der Stillstand des Geistes.»

Das ist die Definition von Yoga, die beste Definition. Man hat Yoga auf vielerlei Weise erklärt; es gibt viele Definitionen. Manche sagen, Yoga ist die Begegnung des Geistes mit dem Göttlichen; deswegen wird es Yoga genannt, denn Yoga bedeutet Begegnung, Zusammmenführung. Andere sagen, Yoga ist das Fallenlassen des Ego. Das Ego ist das Hindernis, und in dem Moment, wo du das Ego aufgibst, stösst du an das Göttliche. Ihr standet schon in Verbindung, und nur wegen des Ego sah es so aus, als wäre die Verbindung abgebrochen. Es gibt viele Definitionen, aber Patanjalis ist die wissenschaftlichste. Er sagt, «Yoga ist der Stillstand des Geistes.»

Yoga ist der Zustand des Nicht-Geistes. Das Wort «Geist» umfasst alles – euer Ego, eure Wünsche, eure Hoffnungen, eure Philosophien, eure Religionen und eure heiligen Schriften. «Geist» schliesst das alles ein. Alles, was ihr denken könnt, ist Geist. Alles, was bekannt ist, alles, was man wissen kann, alles, was wissbar ist, liegt innerhalb des Geistes. Stillstehen des Geistes bedeutet Stillstand des Bekannten, Stillstand des Wissbaren. Es ist ein Sprung ins Unbekannte. Yoga ist ein Sprung ins Unbekannte, aber es ist nicht ganz richtig, es «das Unbekannte» zu nennen; wir sollten eher sagen: das Unwissbare.

Was ist der Geist? Was tut er? Was ist er? Gewöhnlich glauben wir, dass der Geist etwas Substantielles in unserem Kopf ist. Patanjali stimmt da nicht zu – und niemand, der jemals den Kern des Geistes erkannt hat, wird dem zustimmen. Auch die moderne Wissenschaft ist anderer Meinung. Der Geist ist nichts Reales innerhalb des Kopfes. Der Geist ist nur eine Funktion – nur eine Aktivität.

Du gehst, und ich sage, du gehst gerade. Was ist Gehen? Wenn du anhältst, wo ist das Gehen? Wenn du dich hinsetzt, wo ist das Gehen geblieben? Gehen ist nichts Substantielles; es ist eine Aktivität. Also kann, während du sitzt, niemand fragen, «Wo hast du dein Gehen gelassen? Eben noch bist du gegangen, wo ist also das Gehen geblieben?» Du wirst lachen. Du wirst sagen, «Gehen ist nichts Substantielles, es ist nur eine Aktivität. Ich kann gehen! Ich kann immer wieder gehen, und ich kann aufhören zu gehen. Es ist nur eine Aktivität.»

Geist ist auch eine Aktivität, aber durch das Wort «Geist» sieht es so aus, als wäre da etwas Substantielles. Es wäre besser, es «geisten» zu nennen – so wie «gehen». Geist heisst «geisten», Geist heisst denken. Es ist eine Tätigkeit.

Ich habe immer wieder von Bodhidharma erzählt. Er ging nach China, und der Kaiser von China kam ihn besuchen. Der Kaiser sagte zu ihm, «Mein Geist ist sehr unruhig, sehr durcheinander. Du bist ein grosser Weiser, und ich habe auf dich gewartet. Sage mir, was ich tun soll, um meinen Geist zur Ruhe zu bringen.»

Bodhidharma sagte, «Tu nichts. Bring mir zuerst deinen Geist.» Der Kaiser konnte das nicht verstehen. Er sagte, «Was meinst du damit?» Bodhidharma sagte, «Komme am Morgen um vier Uhr, wenn niemand hier ist. Komme allein und denke daran, deinen Geist mitzubringen.»

Der Kaiser konnte die ganze Nacht nicht schlafen. Oft verwarf er den ganzen Gedanken. Er dachte bei sich, «Dieser Mann scheint verrückt zu sein. Was meint er damit, wenn er sagt, ich soll mit meinem Geist kommen und ihn nicht vergessen!» Aber der Mann war so faszinierend, so charismatisch, dass er die Verabredung nicht rückgängig machen konnte. Wie von einem Magnet angezogen, sprang er um vier Uhr aus dem Bett und sagte, «Was immer passiert, ich muss hingehen. Vielleicht ist etwas an diesem Mann; seine Augen sagen, dass etwas an ihm dran ist. Die Sache sieht ein bisschen verrückt aus, aber ich muss trotzdem gehen und sehen, was passieren kann.»

So kam er dort an, und Bodhidharma sass da mit seinen vielen Anhängern. Er sagte, «Du bist gekommen? Wo ist dein Geist? Hast du ihn mitgebracht oder nicht?»

Der Kaiser sagte, «Du redest Unsinn. Wenn ich hier bin, ist mein Geist hier, und er ist nicht etwas, das ich irgendwo vergessen kann. Er ist in mir.» Bodhidharma sagte, «Okay. Der erste Punkt ist also entschieden – dass der Geist in dir ist.» Der Kaiser sagte, «Okay, der Geist ist in mir.» Bodhidharma sagte, «Jetzt schliesse deine Augen und finde heraus, wo er ist, und wenn du ausfindig machen kannst, wo er ist, dann gib mir das sofort zu verstehen. Ich werde ihn zur Ruhe bringen.»

Der Kaiser schloss seine Augen und mühte und mühte sich und schaute und schaute. Je mehr er schaute, desto bewusster wurde ihm, dass da gar kein Geist ist, dass der Geist eine Aktivität ist. Es ist nichts, was man genau treffen könnte. Aber in dem Moment, wo er bemerkte, dass es nichts ist, wurde ihm die Absurdität seine Suche klar. Wenn es nichts ist, dann kann auch nichts daran geändert werden. Wenn es etwas ist, das du tust, dann tu es einfach nicht; das ist alles. Wenn es wie Gehen ist, dann geh nicht.

Er öffnete die Augen. Er beugte sich vor Bodhidharma nieder und sagte, «Es ist kein Geist da, den man finden könnte.» Bodhidharma sagte, «Dann habe ich ihn zur Ruhe gebracht. Und immer wenn du fühlst, dass du unruhig bist, blicke einfach nach innen und schau dir an, wo diese Unruhe ist.» Der Blick allein ist Anti-Geist, denn Anschauen ist nicht Denken. Wenn du intensiv schaust, wird deine ganze Energie zu einem Blick, und diese selbe Energie kann zur Bewegung und zum Denken werden.

«Yoga ist der Stillstand des Geistes.» Das ist Patanjalis Definition. Wenn kein Denkprozess da ist, bist du im Yoga; wenn der Denkprozess da ist, bist du nicht im Yoga. Du kannst also so viele Stellungen einnehmen, wie du willst, aber wenn das Denken weiter funktioniert, wenn du weiter denkst, bist du nicht im Yoga. Yoga ist der Zustand des Nicht-Denkens. Wenn du ohne Denken sein kannst, ohne dabei irgendeine Yoga-Stellung einzunehmen, bist du ein perfekter Yogi geworden. Das ist vielen geschehen, ohne solche Stellungen einzunehmen, und vielen ist es nicht geschehen, die seit vielen Leben bestimmte Yogaübungen machen.

Man muss diese grundlegende Tatsache verstehen: wenn die Aktivität des Denkens nicht da ist, bist du da. Wenn die Aktivität des Denkens nicht da ist, wenn alle Gedanken verschwunden sind, wenn sie sich aufgelöst haben, genau wie Wolken, dann ist deine Natur freigelegt, die genauso ist wie der Himmel. Sie ist immer da – nur verdeckt von Wolken, verhüllt von Gedanken.

«Yoga ist der Stillstand des Geistes.» Im Westen hat Zen – eine japanische Yogamethode – heute große Anziehungskraft. Das Wort «Zen» kommt von *dhyana*, Meditation. Bodhidharma führte dieses Wort «*dhyana*» in China ein. In der buddhistischen Pali-Sprache wurde *dhyana* zu *jhan*, und dann in China wurde daraus *chan*, und dann reiste das Wort nach Japan und wurde zu *zen*.

Die Wurzel ist *dhyana*. *Dhyana* bedeutet Nicht-Denken, und deswegen dreht sich das ganze Zen-Training in Japan um nichts anderes als darum, wie man das Denken anhalten kann, wie man ein Nicht-Geist sein kann, wie man einfach nur sein kann, ohne zu denken. Versucht es! Wenn ich sage, versucht es, klingt das widersprüchlich, aber es gibt keine andere Möglichkeit, es zu sagen. Wenn man sich anstrengt, kommt eben diese Anstrengung vom Verstand. Du kannst in einer bestimmten Haltung sitzen, und du kannst irgendein *japa* ausprobieren – das Singen eines Mantra – oder du kannst einfach stillsitzen ohne zu denken. Aber dann wird der Versuch, *nicht* zu denken, zum Denken. Du sagst fortwährend, «Ich darf nicht denken; denk nicht; hör auf zu denken», aber das ist alles Denken.

Versucht zu verstehen: wenn Patanjali vom Nicht-

Verstand spricht, dem «Stillstand des Geistes», meint er den totalen Stillstand. Er gestattet nicht, ein japa wie Ram-Ram-Ram zu singen. Er wird sagen, dass das kein Stillstand ist; du benutzt den Verstand! Er wird sagen, «Halt einfach an!» aber du wirst fragen, «Wie? Wie kann ich einfach anhalten?» Der Verstand arbeitet weiter. Sogar wenn du sitzt, läuft der Verstand weiter. Sogar wenn du nichts machst, macht er weiter.

Patanjali sagt, schau einfach zu. Lass den Verstand laufen, lass den Verstand tun, was immer er tut. Sieh einfach hin. Misch dich nicht ein. Sei einfach Zeuge, sei einfach Zuschauer – nicht betroffen, so als gehörte dein Geist nicht zu dir, so als hätte er nichts mit dir zu tun, als wäre er nicht deine Sache. Sei nicht beteiligt! Sieh einfach hin und lass den Verstand laufen. Er läuft aus einem vergangenen Antrieb heraus, weil du immer nachgeholfen hast. Die Aktivität ist von selbst in Schwung gekommen, und nun ist sie in Gang. Nur: Arbeite nicht mir ihr zusammen! Sieh hin und lass die Gedanken laufen.

Viele, viele Leben lang – eine Million Leben vielleicht – hast du mit ihnen zusammengearbeitet, hast du ihnen geholfen, hast du ihnen deine Energie gegeben. Der Strom wird trotzdem fliessen, aber wenn du nicht mit ihm kooperierst, wenn du einfach unbeteiligt zusiehst – Buddhas Wort dafür ist upeksha, Gleich-Gültigkeit: Zusehen ohne jede Betroffenheit, einfach zusehen, in keiner Hinsicht etwas tun – dann werden die Gedanken eine Weile weiterströmen und dann von allein anhalten. Wenn der Antrieb verlorengegangen ist, wenn die Energie verflossen ist, werden die Gedanken anhalten. Und wenn die Gedanken anhalten, bist du im Yoga: du hast die Disziplin erreicht. Das ist die Definition: «Yoga ist der Stillstand des Geistes.»

Dann hat sich der Zeuge in sich selbst eingerichtet.

Wenn das Denken aufhört, hat sich der Zeuge in sich selbst eingerichtet.

Wenn du einfach zusehen kannst, ohne dich mit dem

Denken zu identifizieren, ohne zu urteilen, ohne für gut zu befinden oder zu verdammen, ohne zu wählen – du siehst nur zu, während die Gedanken fliessen – kommt eine Zeit, wo der Verstand von ganz allein, von selbst anhält.

Wenn dein Verstand nicht arbeitet, bist du im Zeugesein zu Hause. Dann bist du ein Zeuge geworden – einfach ein Seher – ein drashta, ein sakchhi. Dann bist du kein Macher, dann bist du kein Denker. Dann bist du nur Sein, reines Sein, das reinste Sein. Dann ist der Zeuge in sich selbst zu Hause.

In allen anderen Zuständen herrscht Identifikation mit den Erscheinungsformen des Geistes

In allen anderen Zuständen, ausser wenn du Zeuge bist, identifizierst du dich mit dem Geist. Du wirst eins mit dem Fluss der Gedanken, du wirst eins mit den Wolken: manchmal mit der weissen Wolke, manchmal mit der schwarzen Wolke, manchmal mit einer regenschwangeren Wolke, manchmal mit einer unfruchtbaren, leeren Wolke, aber was auch immer, du wirst eins mit dem Gedanken, du wirst eins mit der Wolke, und dir entgeht die Klarheit des Himmels, die Klarheit des Raumes. Du wirst bewölkt, und diese Bewölkung geschieht, weil du dich identifizierst; du wirst eins mit den Gedanken.

Es kommt ein Gedanke: du hast Hunger, und der Gedanke taucht plötzlich im Kopf auf. Der Gedanke sagt einfach, dass Hunger da ist, dass der Magen Hunger fühlt. Sofort identifizierst du dich damit. Du sagst, «Ich bin hungrig.» Der Kopf war einfach nur von dem Gedanken erfüllt, dass Hunger da ist, aber du hast dich damit identifiziert. Du sagst, «Ich bin hungrig.» Das ist Identifikation.

Auch Buddha fühlt Hunger, auch Patanjali fühlt Hunger, aber Patanjali wird niemals sagen, «Ich bin hungrig.» Er wird sagen, dass der Körper hungrig ist; er wird sagen, «Mein Magen fühlt sich hungrig»; er wird sagen, dass Hunger da ist. Er wird sagen, «Ich bin ein Zeuge.

Ich bin jetzt Zeuge dieses Gedankens geworden, der vom Bauch ins Gehirn gesendet wurde, dass «ich hungrig bin». Der Bauch ist hungrig. Patanjali wird Zeuge bleiben. Aber ihr identifiziert euch, ihr werdet eins mit dem Gedanken. «Dann hat sich der Zeuge in sich selbst eingerichtet. In allen anderen Zuständen herrscht Identifikation mit den Erscheinungsformen des Geistes!»

Das ist die Definition: «Yoga ist der Stillstand des Geistes.» Wenn das Denken anhält, bist du in deinem beobachtenden Selbst zu Hause. In anderen Zuständen – allen ausser diesem – gibt es Identifikationen. Alle Identifikationen zusammen bilden das *samsar:* sie sind die Welt. Wenn du in diesen Identifikationen bist, bist du in der Welt, im Elend. Wenn du über die Identifikationen hinausgegangen bist, bist du befreit. Du bist ein *Siddha* geworden, ein Erleuchteter. Du bist im Nirvana. Du hast diese Welt des Elends transzendiert und bist in die Welt der Seligkeit eingetreten. Und jene Welt ist hier und jetzt – genau jetzt, genau in diesem Augenblick! Du brauchst nicht einmal einen einzigen Augenblick lang darauf zu warten. Werde einfach Zeuge des Denkens, und du wirst sie betreten haben. Identifiziere dich mit dem Denken, und du hast gefehlt. Das ist die grundlegende Definition.

Erinnert euch an alles, weil wir später, in anderen Sutras, auf die Einzelheiten gehen werden – was zu tun ist, wie es getan werden muss – aber behaltet immer im Auge, dass dies die Grundlage ist.

Man muss einen Zustand des Nicht-Geistes erreichen: das ist das Ziel.

Der wunschlose Weg des Yoga **2**

26. Dezember 1973, Bombay, Indien

Du hast gestern abend gesagt, dass totale Verzweiflung, Frustration und Hoffnungslosigkeit die Ausgangsbasis für Yoga bilden. Dadurch wirkt Yoga pessimistisch. Ist diese pessimistische Einstellung wirklich nötig, um den Weg des Yoga zu beginnen? Kann auch ein Optimist mit dem Yogaweg beginnen?

Yoga ist weder – noch. Es ist nicht pessimistisch, und es ist nicht optimistisch; denn Pessimismus und Optimismus sind zwei Seiten derselben Münze. Ein Pessimist ist jemand, der in der Vergangenheit ein Optimist war; ein Optimist ist jemand, der in der Zukunft ein Pessimist sein wird. Jeder Optimismus führt zu Pessimismus, weil jede Hoffnung zu Hoffnungslosigkeit führt.

Wenn du immer noch Hoffnungen hast, dann ist Yoga nichts für dich. Verlangen ist da; Hoffnung ist da; *samsar* – die Welt – ist da. Dein Verlangen ist die Welt, und deine Hoffnung bindet dich an sie, weil die Hoffnung dir nicht erlaubt, in der Gegenwart zu sein. Sie drängt dich weiter in Richtung Zukunft; sie erlaubt dir nicht, in deiner Mitte zu sein. Sie zieht und schiebt, aber sie gönnt dir keinen ruhigen Augenblick, keinen Zustand der Stille. Sie lässt es nicht dazu kommen.

Wenn ich also von totaler Hoffnungslosigkeit spreche, meine ich damit, dass die Hoffnung versagt hat und ebenfalls die Hoffnungslosigkeit sinnlos geworden ist. Dann ist es totale Hoffnungslosigkeit. Vollkommen ohne Hoffnung zu sein bedeutet, dass nicht einmal Hoffnungslosigkeit da ist, denn wenn du dich hoffnungslos fühlst, ist da noch eine versteckte Hoffnung. Warum solltest du dich sonst hoffnungslos fühlen? Hoffnung ist da; du hältst dich immer noch daran fest: daher die Hoffnungslosigkeit.

Totale Hoffnungslosigkeit bedeutet, dass es jetzt keine Hoffnung mehr gibt. Und wenn es keine Hoffnung gibt, kann es auch keine Hoffnungslosigkeit geben. Du hast einfach das Phänomen überhaupt abgestreift. Du hast beide Seiten hingeworfen; die ganze

Münze wurde fallengelassen. In diesem Geisteszustand kannst du den Weg des Yoga betreten; niemals zuvor. Vorher gibt es keine Möglichkeit. Hoffnung ist Yoga entgegengesetzt.

Yoga ist nicht pessimistisch. Ihr mögt optimistisch oder pessimistisch sein, aber Yoga ist weder das eine noch das andere. Wenn du pessimistisch bist, kannst du den Weg des Yoga nicht antreten, weil ein Pessimist an seinem Elend hängt. Er wird nicht zulassen, dass sein Elend verschwindet. Ein Optimist hängt an seinen Hoffnungen, und ein Pessimist hängt an seinem Elend. Diese Hoffnungslosigkeit ist sein Gefährte geworden. Yoga ist für einen, der weder optimistisch noch pessimistisch ist, für einen, der so vollkommen hoffnungslos geworden ist, dass sogar das Gefühl der Hoffnungslosigkeit sinnlos ist.

Das Gegenteil, das Negative ist nur bemerkbar, wenn man irgendwo in der Tiefe weiter am Positiven festhält. Nur solange man an der Hoffnung festhält, kann man Hoffnungslosigkeit fühlen. Nur solange man an der Erwartung festhält, kann man Enttäuschung fühlen. Aber wenn du einfach zu der Erkenntnis kommst, dass deine Erwartung gar keine Aussicht hat, wo ist dann die Enttäuschung? Dann liegt es einfach in der Natur der Existenz, dass es keine Aussicht für deine Erwartung, keine Aussicht für deine Hoffnung gibt. Wenn dies zur Gewissheit wird, wie kannst du dann hoffnungslos sein? Und dann ist beides – Hoffnung und Hoffnungslosigkeit – verschwunden.

Patanjali sagt, «Jetzt die Disziplin des Yoga». Dieses «Jetzt» wird es nur geben, wenn du weder pessimistisch noch optimistisch bist. Sowohl pessimistische als auch optimistische Einstellungen sind krank, aber es gibt Lehrer, die weiter von Optimismus sprechen – besonders amerikanische christliche Missionare. Sie reden nach wie vor von Hoffnung, Optimismus, Zukunft und Himmel. In Patanjalis Augen ist das einfach unreif, kindisch, weil das nur zu einer neuen Krankheit führt. Ihr ersetzt die alte Krankheit durch eine neue. Ihr seid unglücklich, und irgendwie sucht ihr das Glück. Deswegen folgt ihr jedem, der euch versichert, dass dies der Weg ist, der euch zum Glück führt. Er macht euch Hoffnung. Dabei sind gerade eure früheren Hoffnungen schuld, dass ihr euch so elend fühlt. Er erzeugt schon wieder eine zukünftige Hölle.

Yoga setzt voraus, dass du erwachsener, reifer bist. Yoga sagt, dass jede Erwartung unmöglich ist, dass jegliche Erfüllung in der Zukunft ausgeschlossen ist. Es wartet kein Himmel in der Zukunft auf dich, und kein Gott wartet auf dich mit Weihnachtsgeschenken. Da ist niemand, der auf dich wartet, also sehne dich nicht nach der Zukunft.

Und wenn dir bewusst wird, dass es nichts gibt, was irgendwo in der Zukunft geschehen wird, wachst du hier und jetzt auf, weil du nirgendwo hin musst. Dann gibt es keinen Grund zu zittern. Dann überkommt dich Stille. Plötzlich bist du in tiefer Ruhe. Du kannst nirgendwo hingehen; du bist zu Hause. Alle Bewegung steht still; Ruhelosigkeit verschwindet. Jetzt ist die Zeit für Yoga gekommen.

Patanjali wird dir keinerlei Hoffnung machen. Er achtet dich mehr als du dich selbst. Er setzt voraus, dass du reif bist und dass Spielzeug dir nicht helfen wird. Es ist besser, wach zu sein für das, was ist. Aber sofort, wenn ich von totaler Hoffnungslosigkeit spreche, sagt dein Kopf, «Das sieht nach Pessimismus aus», denn dein Kopf lebt von der Hoffnung, dein Kopf hält am Verlangen, an den Erwartungen fest.

Du bist im Moment so unglücklich, dass du Selbstmord begehen würdest, wenn es keine Hoffnung gäbe. Wenn Patanjali wirklich recht hat, was wird dann aus dir? Wenn es keine Hoffnung gibt, keine Zukunft, und du auf deine Gegenwart zurückgeworfen wirst, dann wirst du Selbstmord begehen. Dann gibt es nichts, wofür du leben kannst. Du lebst für etwas, das irgendwo, irgendwann geschehen wird. Es wird nicht geschehen, aber das Gefühl, dass es geschehen könnte, erhält dich am Leben.

Darum sage ich, dass Yoga in dem Moment möglich wird, wo du an einen Punkt gekommen bist, wo dir Selbstmord einleuchtet, wo das Leben jede Bedeutung verloren hat, wo du dich genausogut umbringen kannst. Denn du bist nicht eher bereit, dich zu verwandeln, als bis dir die extreme Sinnlosigkeit des Lebens begegnet ist. Du bist erst dann bereit, dich zu verändern, wenn du fühlst, dass es keinen andern Weg gibt als Selbstmord oder *sadhana*, entweder Selbstmord zu begehen oder dein Sein zu transformieren. Erst wenn nur noch zwei Alternativen übriggeblieben sind, wirst du dich für Yoga entscheiden; niemals vorher. Aber Yoga ist nicht pessimistisch. Nur wenn du ein Optimist bist, erscheint dir Yoga pessimistisch. Es liegt an dir.

Buddha wird im Westen für den Gipfel des Pessimismus gehalten, denn Buddha sagt, Leben ist *dukkha* – Qual. Deswegen sagen westliche Philosophen über Buddha, er sei ein Pessimist. Sogar ein Mensch wie Albert Schweitzer – ein Mensch, von dem wir erwarten können, dass er bestimmte Dinge weiss – sogar er befindet sich in diesem Irrtum. Er glaubt, der ganze Osten sei pessimistisch. Und das ist ein grosser Kritikpunkt für ihn. Er meint, der ganze Osten ist pessimistisch. Buddha, Patanjali, Mahavir, Laotse, für ihn sind sie alle Pessimisten; sie erwecken den Eindruck, Pessimisten zu sein. Sie erwecken diesen Anschein, weil sie euer Leben für sinnlos erklären. Sie erklären nicht etwa das Leben für sinnlos – sondern nur das Leben, *das ihr kennt*. Und solange dieses Leben nicht absolut sinnlos geworden ist, könnt ihr es nicht transzendieren. Ihr klammert euch daran fest.

Solange ihr nicht über dieses Leben hinausgeht, über diese Art zu sein, wisst ihr nicht, was Seligkeit ist. Aber Buddha oder Patanjali reden nicht so sehr von Seligkeit, einfach weil sie ein tiefes Mitgefühl für euch haben. Wenn sie anfingen, von Seligkeit zu sprechen, würdet ihr wieder eine neue Hoffnung schöpfen. Ihr seid unheilbar: ihr würdet euch wieder eine neue Hoffnung schaffen. Ihr würdet sagen, «In Ordnung! Dann können wir ja dieses Leben aufgeben. Wenn ein reicheres Leben, ein wertvolleres Leben möglich ist, können wir gern die Wünsche aufgeben. Wenn das Aufgeben der Wünsche uns den tiefsten Wunsch erfüllen kann – das Höchste, den Gipfel der Seligkeit zu erreichen – dann können wir die Wünsche aufgeben. Aber wir können es nur für einen grösseren Wunsch aufgeben».

Wo lasst ihr sie dann zurück? Ihr lasst sie überhaupt nicht zurück. Ihr ersetzt einfach die alten Wünsche durch einen neuen. Und der neue Wunsch wird gefährlicher sein als die alten, weil ihr von den alten schon enttäuscht seid. Um von dem neuen enttäuscht zu werden, um an den Punkt zu kommen, wo ihr sagen könnt, die Vorstellung von Gott ist sinnlos, wo ihr sagen könnt, die Vorstellung vom Himmel ist dumm, wo ihr sagen könnt, jede Vorstellung von der Zukunft ist Unsinn, braucht ihr vielleicht noch einige Leben.

Es geht nicht um weltliche Wünsche. Es geht um Wünsche überhaupt. Das Wünschen muss aufhören. Nur so werdet ihr bereit sein; nur so sammelt ihr Mut; nur so öffnet sich die Tür, und ihr könnt eintreten ins Unbekannte. Daher Patanjalis erstes Sutra: «*Jetzt die Disziplin des Yoga.*»

Es heisst, Yoga sei ein atheistisches System. Stimmst du dem zu?

Noch einmal, Yoga ist weder theistisch noch atheistisch. Es ist eine einfache Wissenschaft. Es ist weder theistisch noch atheistisch! Patanjali ist wirklich grossartig – ein Wunder von einem Menschen. Er redet nie von Gott. Und selbst wenn er Gott einmal erwähnt, sagt er, dass Gott nur eine der Methoden ist, die zum Höchsten führen – dass der Glaube an Gott nur eine Methode ist, um das Höchste zu erreichen, und es gibt keinen Gott. An Gott zu glauben ist nur eine Technik für ihn, denn durch den Glauben an Gott wird Gebet möglich, durch den Glauben an Gott wird Hingabe möglich. Das Wesentliche ist ihm Hingabe und Gebet, nicht Gott.

Patanjali ist wirklich unglaublich! Er sagte, dass Gott – der Glaube an Gott, die Vorstellung von Gott – auch eine der vielen Methoden ist, die Wahrheit zu erlangen: *Ishwara pranidhan* – an Gott zu glauben ist nur ein Weg, aber es ist keine Notwendigkeit. Ihr könnt etwas anderes wählen. Buddha erreicht die höchste Wahrheit, ohne an Gott zu glauben. Er wählt einen anderen Weg, wo Gott nicht nötig ist.

Es ist so, als wärest du zu meinem Haus gekommen, und du bist durch eine bestimmte Strasse gegangen. Aber diese Strasse war nicht das Ziel. Sie war nur ein Hilfsmittel. Andere sind über andere Strassen hergekommen. Auf deiner Strasse gibt es vielleicht grüne Bäume, grosse Bäume, und auf anderen Strassen sind keine. Gott ist also nur ein Weg: erinnert euch an diese Unterscheidung. Gott ist nicht das Ziel; Gott ist nur einer der Wege.

Patanjali leugnet nie etwas, er vermutet nie etwas: er ist absolut wissenschaftlich. Für Christen ist es kaum verständlich, wie Buddha die höchste Wahrheit erreichen konnte, weil er nie an Gott geglaubt hat. Und für Hindus ist es kaum glaubwürdig, dass Mahavir Befreiung erlangen konnte, weil er nie an Gott geglaubt hat.

Bevor westliche Denker auf östliche Religionen aufmerksam wurden, haben sie Religion immer als Gott-zentriert definiert. Als sie auf das östliche Denken stiessen, wo ihnen bewusst wurde, dass es zur Erreichung der Wahrheit einen traditionellen Weg gibt, der ein gottloser ist, waren sie schockiert. Für sie war das unmöglich.

H. G. Wells hat über Buddha geschrieben, dass er der gottloseste und gleichzeitig der göttlichste Mensch war. Er war nie gläubig, und er hat nie jemandem erzählt, dass er an irgendeinen Gott glauben solle, und doch ist er selbst der allerhöchste Beweis dafür, dass sich ein göttliches Sein ereignen kann. Und Mahavir begeht ebenso einen Weg, auf dem Gott nicht gebraucht wird.

Patanjali ist absolut wissenschaftlich. Er sagt, dass wir nicht an die Mittel gebunden sind; es gibt tausend Wege. Das Ziel ist die Wahrheit. Manche haben sie durch Gott erreicht, also ist das in Ordnung. Dann glaub an Gott und erreiche das Ziel so, denn wenn das Ziel erreicht ist, wirst du deinen Glauben wegwerfen. Der Glaube ist also nur ein Hilfsmittel. Wenn du nicht glaubst, ist das auch in Ordnung. Dann glaub nicht. Geh den Weg der Glaubenslosigkeit, und erreiche das Ziel so.

Patanjali ist weder Theist noch Atheist; er gründet keine Religion. Er zeigt euch einfach alle Wege, die möglich sind, und alle Gesetze, die zu eurer Umwandlung führen können. Gott ist einer dieser Wege, aber er ist kein Muss. Wenn du gottlos bist, brauchst du dabei nicht unreligiös zu sein. Patanjali sagt, dass du genausogut ankommen kannst; also sei gottlos. Mach dir keine Sorgen um Gott. Hier hast du die Gesetzmässigkeiten und hier die Experimente, und da ist die Meditation. Da geht es lang.

Er besteht auf keiner Weltanschauung. Das ist sehr schwierig durchzuhalten. Genau darum sind Patanjalis *Yoga Sutras* so ungewöhnlich, so einzigartig. Solch ein Buch hatte es nie vorher gegeben, und es ist ausgeschlossen, dass es das noch einmal geben wird; denn alles, was man über Yoga schreiben kann, hat er geschrieben. Er hat nichts ausgelassen. Niemand könnte dem etwas hinzufügen. Es ist ausgeschlossen, in Zukunft ein zweites Werk wie Patanjalis *Yoga Sutras* zu schaffen. Er hat ganze Arbeit geleistet, und er konnte es, weil er nicht einseitig war. Wäre er einseitig gewesen, er hätte es nicht so restlos zu Ende bringen können.

Buddha ist einseitig, Mahavir ist einseitig, Jesus ist einseitig, Mohammed ist einseitig; jeder von ihnen hat einen bestimmten Weg. Aber dass sie einseitig waren, geschah wohl eher um euretwillen – aus einer tiefen Liebe zu euch, einem tiefen Mitgefühl für euch. Sie bestehen auf einem bestimmten Weg; ihr ganzes Leben lang bestehen sie darauf. Sie sagen, «Alles andere ist falsch, und dies ist der richtige Weg», nur um euch Mut zu machen. Ihr seid so mutlos, ihr seid so voll von Zweifeln, dass ihr gar keinem Weg folgen würdet, wenn sie sagten, dass zwar dieser Weg zum Ziel führt, andere Wege aber auch zum Ziel führen. Also bestehen sie darauf, dass nur «dieser Weg» zum Ziel führt.

Das ist nicht wahr. Das ist nur ein Trick um euretwillen – denn wenn ihr die kleinste Unbestimmtheit bei ihnen spürt, wenn sie sagen, «Dieses führt hin, und jenes führt auch hin; dieses ist wahr, und jenes ist auch wahr», werdet ihr unsicher. Ihr seid schon unsicher, deshalb braucht ihr jemanden, der sich absolut sicher ist. Nur um euch sicher zu erscheinen, haben sie so getan, als wären sie einseitig.

Aber wenn man nur einen Weg annimmt, kann man nicht das ganze Terrain erschliessen. Patanjali ist nicht einseitig. Er kümmert sich weniger um euch als um die alten Wegkarten. Er will keine Notlüge; er will keinen Trick; er geht keinen Kompromiss mit euch ein. Kein Wissenschaftler kann Kompromisse eingehen.

Buddha kann einen Kompromiss eingehen; er hat Mitgefühl. Er behandelt euch nicht wissenschaftlich. Er hat ein so tiefes menschliches Gefühl für euch, dass er sogar lügen kann, um euch zu helfen. Und ihr könnt die Wahrheit nicht verstehen, deshalb schliesst er einen Kompromiss mit euch. Aber Patanjali wird keinen Kompromiss mit euch schliessen. Wie auch immer die Wirklichkeit aussieht, er wird über diese Wirklichkeit sprechen. Er kommt keine einzige Stufe herab, um euch abzuholen; er ist absolut kompromisslos. Wissenschaft muss sein. Wissenschaft kann keine Kompromisse eingehen; sonst würde sie selbst zur Religion.

Patanjali ist weder Atheist noch Theist. Er ist weder Hindu noch Mohammedaner noch Christ noch Jaina noch Buddhist. Er ist ein absolut wissenschaftlicher Forscher, der enthüllt, was es auch sei – und es ohne jeden Mythos enthüllt. Er gebraucht kein einziges Gleichnis. Jesus redet immerzu in Geschichten, weil ihr Kinder seid und nur Geschichten verstehen könnt.

Er redet in Gleichnissen. Und Buddha benutzt viele, viele Geschichten, nur um euch zu einem kleinen, kurzen Aufleuchten zu verhelfen.

Ich las gerade von einem Chassiden, einem jüdischen Meister, Baal Shem. Er war ein Rabbi in einem kleinen Dorf, und jedesmal, wenn es dort irgendein Missgeschick gab – eine Krankheit, ein Unglück im Dorf – zog er sich immer in den Wald zurück. Dann ging er zu einem bestimmten Platz unter einem bestimmten Baum. Dort führte er ein bestimmtes Ritual aus und betete dann zu Gott. Und jedesmal geschah es, dass das Unglück das Dorf verliess, die Krankheit aus dem Dorf verschwand, das Leiden aufhörte.

Dann starb Baal Shem. Er hatte einen Nachfolger, und wieder kam ein Problem auf. Das Dorf war in Not. Es gab irgendeine missliche Situation, und die Dorfbewohner baten den Nachfolger, den neuen Rabbi, in den Wald zu gehen und zu Gott zu beten. Der neue Rabbi war sehr verwirrt, weil er den richtigen Platz, den genauen Baum nicht kannte. Er wusste von nichts, ging aber trotzdem unter einen alten Baum. Er zündete ein Feuer an, vollzog das Ritual und betete. Er sagte zu Gott, «Schau, ich weiss nicht genau, wo mein Meister gewöhnlich hinging, aber du weisst es. Du bist allmächtig, du bist allgegenwärtig, also weisst du Bescheid, und es ist nicht nötig, nach dem genauen Platz zu suchen. Mein Dorf ist in Not, also erhöre mich und tu was». Die Sache war behoben!

Als dann dieser Rabbi starb und sein Nachfolger da war, gab es wieder ein Problem. Das Dorf machte gerade eine bestimmte Krise durch, und wieder kamen die Dorfbewohner. Der Rabbi war verwirrt: er hatte sogar das Gebet vergessen. Er ging in den Wald und suchte auf gut Glück einen Platz aus. Er wusste nicht, wie er das rituelle Feuer entfachen sollte, aber irgendwie machte er ein Feuer und sagte zu Gott, «Höre, ich weiss nicht, wie ich das rituelle Feuer anzünden soll, ich kenne den genauen Platz nicht, und ich habe das Gebet vergessen, aber du bist allwissend, also weisst du bereits Bescheid, ich brauch es gar nicht zu wissen. Darum tu bitte alles Notwendige». Er kam zurück, und das Dorf überstand die Krise.

Dann starb er ebenfalls, und auch er hatte einen Nachfolger. Das Dorf war wieder in Not, und so kamen die Leute zu ihm. Er sass in seinem Sessel. Er sagte, «Ich möchte gar nicht erst irgendwo hingehen. Hör zu, Gott! Du bist überall. Ich kenne das Gebet nicht, ich kenne kein Ritual. Aber das macht ja nichts; mein Wissen ist nicht der Punkt. Du weisst alles, was soll dann das Beten, und was soll das Ritual, und was soll der bestimmte heilige Platz? Ich kenne nur die Geschichte meiner Vorgänger. Ich will dir die ganze Geschichte erzählen – das war zu Baal Shems Zeiten los; und das bei seinem Nachfolger, dann das bei dessen Nachfolger: so, nun weisst du die ganze Geschichte. Nun tu, was richtig ist, und das wird reichen! Und das Unglück verschwand.

Es heisst, dass Gott diese Erzählung sehr gefiel.

Die Leute lieben ihre Erzählungen, und ihr Gott liebt sie auch, und die Erzählungen geben euch einen bestimmten Lichtblick. Aber Patanjali gebraucht kein einziges Gleichnis. Wie gesagt, er war Einstein plus Buddha – eine sehr seltene Kombination. Er besass das innere Zeuge sein eines Buddha und den Verstandesmechanismus eines Einstein.

Er ist also weder Theist noch Atheist. Theismus ist die Erzählung; Atheismus ist die Gegen-Erzählung. Das sind nur Mythen, von Menschen erfundene Gleichnisse. Manche fühlen sich von dem einen Weg angezogen, manche vom andern. Patanjali interessiert sich nicht für Geschichten, nicht für Mythen. Er interessiert sich für die nackte Wahrheit. Er bekleidet sie nicht einmal; er steckt sie in keine Kleider; er verbrämt sie nicht. Das ist nicht seine Art: denkt daran.

Wir werden uns auf sehr trockenem Boden bewegen, einem wüstenähnlichen Boden. Aber die Wüste hat ihre eigene Schönheit. Sie hat keine Bäume, sie hat keine Flüsse, aber sie hat ihre eigene Weite. Kein Wald ist mit ihr zu vergleichen. Wälder haben ihre eigene Schönheit, Berge haben ihre eigene Schönheit, Flüsse haben ihre eigene Schönheit. Die Wüste hat ihre eigene weite Unendlichkeit.

Wir werden durch eine Wüstenlandschaft gehen. Dazu gehört Mut. Patanjali wird euch keinen einzigen Baum zum Ausruhen geben, er wird euch keine Geschichte geben: nur die reinen Tatsachen. Er wird nicht ein einziges überflüssiges Wort gebrauchen. Daher das Wort «Sutra»: Sutra bedeutet das wesentliche Minimum.

Ein Sutra ist nicht einmal ein vollständiger Satz. Es ist nur das Essentielle. Es ist, wie wenn du ein Telegramm aufgibst, und du streichst immer mehr überflüssige Wörter weg. Dann wird es zu einem Sutra, weil man nur neun oder zehn Wörter hineinpacken kann. Wenn du einen Brief schreiben wolltest, würdest du zehn Seiten füllen, und auch auf zehn Seiten hättest du noch nicht alles gesagt. Aber in einem Telegramm, mit zehn Wörtern, ist die Botschaft nicht nur vollständig; sie ist mehr als vollständig. Sie trifft den Kern; das Wesentliche ist gesagt.

Patanjalis Sutras – das sind Telegramme. Er ist ein Geizhals; er benutzt kein einziges überflüssiges Wort. Wie kann er da Geschichten erzählen? Er kann es nicht, also erwartet keine. Also fragt nicht, ob er ein Theist oder ein Atheist ist. Das sind nur Geschichten.

Die Philosophen haben viele Geschichten erfunden, und es ist ein Spiel. Wenn dir das Atheismusspiel gefällt, sei ein Atheist. Wenn dir das Theismusspiel gefällt, dann sei Theist. Aber das sind Spiele, nicht die Wirklichkeit. Die Wirklichkeit ist etwas anderes. Die Wirklichkeit hat mit dir zu tun, nicht mit dem, was du glaubst. Die Wirklichkeit bist du, nicht das, was du glaubst. Die Wirklichkeit liegt hinter dem Geist, nicht im Inhalt des Geistes. Theismus ist ein geistiger Inhalt; Atheismus ist ein geistiger Inhalt. Sie sind *etwas im Kopf*. Hinduismus ist ein Kopf-Inhalt. Christentum ist ein Kopf-Inhalt.

Patanjali beschäftigt sich mit dem, was jenseits ist, nicht mit dem Inhalt. Er sagt, «Werft diesen ganzen Kopf weg. Was auch immer er enthält, ist nutzlos». Ihr mögt schöne Philosophien mit euch herumtragen, aber Patanjali sagt, «Werft sie weg. Das ist alles Unsinn». Das ist nicht so leicht. Wenn jemand sagt, eure Bibel ist Quatsch, eure Gita ist Quatsch, eure heiligen Schriften sind Quatsch, Mist, werft sie also weg, dann seid ihr schockiert. Aber genau das wird passieren. Patanjali wird keinen einzigen Kompromiss mit euch eingehen. Er ist kompromisslos, und das ist das Schöne, das ist seine Einzigartigkeit.

Du hast über die Wichtigkeit gesprochen, Jünger auf dem Yogaweg zu sein. Wie kann ein Atheist ein Jünger sein?

Weder ein Theist noch ein Atheist kann ein Jünger sein. Sie haben bereits eine Haltung eingenommen, sie haben schon entschieden; wozu also noch ein Jünger sein? Wenn du schon alles weisst, wie kannst du dann ein Schüler sein? Jüngerschaft bedeutet die Erkenntnis, dass du nicht weisst. Atheisten, Theisten – nein, die können keine Jünger sein.

Wenn du an etwas glaubst, wirst du die Schönheit der Jüngerschaft verfehlen. Wenn du etwas schon weisst, gibt dir dieses Wissen ein Ego. Es macht dich nicht bescheiden. Darum verfehlen grosse Gelehrte und Kenner das Ziel. Manchmal haben Sünder es erreicht, aber Gelehrte niemals. Sie wissen zuviel. Sie sind so klug. Ihre Klugheit ist ihre Krankheit; sie wird zum Selbstmord. Sie hören nicht zu, weil sie nicht zu lernen bereit sind.

Schülerschaft bedeutet, eine Lernhaltung zu haben – sich von Augenblick zu Augenblick bewusst zu bleiben, dass man nicht weiss. Dieses Wissen, dass du nicht weisst, dieses Bewusstsein, dass du unwissend bist, macht dich offen. Dann bist du nicht verschlossen. In dem Moment, wo du sagst, «Ich weiss», bist du ein geschlossener Kreis. Die Tür steht nicht mehr offen. Aber wenn du sagst, «Ich weiss nicht», bedeutet das, dass du bereit bist zu lernen. Es bedeutet: Die Tür steht offen.

Wenn du schon angekommen bist, den Schlussstrich gezogen hast, kannst du kein Schüler sein. Man muss in einer empfänglichen Stimmung sein. Man muss sich ununterbrochen bewusst sein, dass das Wirkliche unbekannt ist und dass alles, was man weiss, trivial ist, nichts als Unsinn. Was weisst du schon? Du hast vielleicht viele Informationen gesammelt, aber das ist kein Wissen. Du hast vielleicht viel Staub angesetzt auf den Universitäten, aber das ist kein Wissen. Du weisst vielleicht von Buddha, du weisst vielleicht von Jesus, aber das ist nicht Wissen. Bevor du nicht zu einem Buddha *wirst*, gibt es kein Wissen. Bevor du nicht zu einem Jesus *wirst*, gibt es kein Wissen.

Wissen kommt durch Sein, nicht durch Gedächtnis. Du magst ein geschultes Gedächtnis haben, aber das Gedächtnis ist nur ein Mechanismus. Es wird dir kein reicheres Sein schenken. Du wirst derselbe bleiben – bedeckt mit viel Staub. Gelehrsamkeit – und vor allem das Ego, das durch Gelehrsamkeit entsteht, das Gefühl, dass «ich weiss» – verschliesst dich. Jetzt kannst du kein Jünger sein. Und wenn du kein Jünger sein kannst, kannst du auch nicht in die Disziplin des Yoga eindringen. Darum komm unwissend zur Tür des Yoga, eingedenk deiner Unwissenheit, eingedenk, dass du nicht weisst. Und ich sage euch, dass dies das einzige Wissen ist, das helfen kann: das Wissen, dass «ich nicht weiss».

Das wird dich bescheiden machen. Eine unmerkliche Demut wird über dich kommen. Das Ego wird nach und nach abklingen. Mit dem Wissen, dass du nicht weisst, wie kannst du da egoistisch sein? Bildung ist die subtilste Nahrung für das Ego: du glaubst, dass du etwas bist. Du kennst dich aus, das macht dich zu jemandem.

Erst vor zwei Tagen weihte ich ein Mädchen aus dem Westen in Sannyas ein. Ich gab ihr den Namen «Yoga dieses Bekenntnis ist auf keine Theorie gerichtet. Es ist allein auf den Menschen gerichtet. Und es ist keine Bedingung; es wird nicht verlangt: vergiss nicht diese Unterscheidung. Es wird nicht verlangt, dass du dich zum Meister bekennen musst; es ist keine Bedingung. Alles, was gesagt wurde, ist dies: Wenn Vertrauen zwischen dir und dem Meister besteht, dann wird *satsang* möglich. Es ist nur eine Situationsbeschreibung, keine Forderung. Nichts wird gefordert.

Es ist genau wie mit der Liebe. Wenn die Liebe passiert, dann kann die Ehe folgen; aber du kannst nicht die Liebe zu einer Bedingung machen. Du kannst nicht sagen: Liebe erst, dann wird die Ehe folgen. Dann würdest du fragen, «Wie soll man das? Wenn es geschieht, geschieht es; wenn es nicht geschieht, geschieht es nicht». Du kannst nichts tun. Und genausowenig kannst du Vertrauen erzwingen.

Zu früheren Zeiten wanderten Sucher in der ganzen Welt herum. Sie zogen von einem Meister zum andern und warteten auf das grosse Ereignis. Du kannst es nicht erzwingen. Du magst durch viele Meister hindurchgehen, immer auf der Suche, bis irgendwo etwas einrastet. Dann ist die Sache passiert, aber es war keine Forderung. Du kannst nicht zu einem Meister gehen und *versuchen*, ihm zu vertrauen. Wie kannst du versuchen zu vertrauen? Der Versuch allein, die Anstrengung allein zeigt, dass du *nicht* vertraust. Wie kannst du versuchen, jemanden zu lieben? Wie willst du das? Wenn du dich anstrengst, ist die ganze Sache schief geworden.

Es passiert einfach. Aber bevor das nicht passiert ist, wird *satsang* nicht möglich sein. Dann kann dir der Meister seine Gnade nicht schenken. Nicht etwa weil er sie dir vorenthält, sondern weil du nicht offen dafür bist, sie zu empfangen. Er kann nichts tun. Du bist nicht offen.

Vielleicht wartet die Sonne vor dem Fenster; aber wenn das Fenster geschlossen ist, was kann die Sonne tun? Die Strahlen prallen ab. Sie kommen, klopfen an

Sambodhi», und ich fragte sie, ob das leicht für sie auszusprechen wäre. Sie sagte, «Ja». Es ist so ähnlich wie das englische Wort «somebody». Aber *Sambodhi* ist genau das Gegenteil. Wenn du niemand wirst, dann tritt *Sambodhi* ein. *Sambodhi* bedeutet Erleuchtung. Wenn du «somebody» – jemand – bist, kommt *Sambodhi* nie und nimmer. Dieses «Jemand-Sein» ist das Hindernis.

Wenn du fühlst, dass du niemand bist, wenn du fühlst, dass du nichts bist, bist du plötzlich zugänglich für viele Mysterien. Deine Türen sind offen. Die Sonne kann aufgehen; die Sonnenstrahlen können in dich eindringen. Deine Schwermut, deine Dunkelheit wird verschwinden. Aber du bist verschlossen. Die Sonne mag an die Tür klopfen, aber es gibt keine Öffnung; nicht einmal ein Fenster ist offen.

Atheisten oder Theisten, Hindus oder Mohammedaner, Christen oder Buddhisten können den Weg nicht betreten. Sie *glauben*. Sie haben ihr Ziel erreicht, ohne irgend etwas erreicht zu haben. Sie haben ihre Schlüsse gezogen, ohne jede Erkenntnis. Sie haben Wörter in ihren Köpfen – Begriffe, Theorien, Schriften. Und je grösser die Last, desto unlebendiger sind sie.

Du sagtest, dass Yoga kein Bekenntnis verlange. Aber wenn sich ein Jünger als Grundvoraussetzung zu einem Meister bekennen muss, sich ihm voll Vertrauen ausliefern muss, wie kann dann die erste Behauptung stimmen?

Ich habe nie gesagt, dass man sich im Yoga zu nichts bekennen soll. Ich sagte, dass Yoga keinen Glauben verlangt. Sich zu etwas bekennen ist vollkommen anders, Vertrauen in etwas zu haben ist vollkommen anders. Glauben ist eine intellektuelle Angelegenheit, aber sich zu bekennen ist etwas sehr Intimes. Das ist nicht intellektuell. Wenn du einen Meister liebst, dann vertraust du ihm und du bekennst dich zu ihm. Aber die Tür und kehren um. Aber vergiss nicht, die Sonne geht nicht auf die Bedingung hin auf, dass du die Tür öffnest. Es ist keine Bedingung! Vielleicht ist die Sonne gar nicht da. Vielleicht ist es Nacht. Du kannst die Sonne nicht einfach dadurch hervorbringen, dass du die Tür öffnest. Dein Öffnen, deine Tür ist nur da, um dich zugänglich zu machen. Wenn die Sonne da ist, kann sie hereinkommen.

Und so zogen die Sucher umher. Sie mussten von einem Meister zum andern gehen. Das einzige, was sie beachten mussten, war, offen zu bleiben und nicht zu urteilen. Wenn du in die Nähe eines Meisters kommst, und du fühlst dich nicht in Einklang mit ihm, dann geh weiter. Aber urteile nicht, denn dein Urteil wird falsch sein. Du hattest nie eine Verbindung mit ihm. Wenn du ihn nicht liebst, kennst du ihn nicht; also urteile nicht. Sage einfach, «Dieser Meister ist nichts für mich; ich bin nichts für diesen Meister. Es ist nicht passiert». Und geh einfach weiter.

Wenn du anfängst zu urteilen, dann verschliesst du dich auch für andere Meister. Vielleicht musst du durch viele, viele Situationen hindurchgehen, aber vergiss nicht dies eine: urteile nicht. Immer wenn du glaubst, dass mit diesem Meister etwas nicht simmt, geh weiter. Das bedeutet, dass du ihm nicht vertrauen kannst. Aber sage nicht, dass der Meister falsch ist; du weisst es nicht. Geh einfach weiter. Das ist genug. Suche irgendwo anders.

Wenn du anfängst zu urteilen, zu verdammen, dir ein Urteil zu bilden, dann wirst du verschlossen sein, und Augen, die urteilen, werden niemals vertrauen können. Sobald du einmal deinem Urteil zum Opfer gefallen bist, wird es dir nie mehr möglich sein zu vertrauen, weil du immer das eine oder andere finden wirst, das dir erlaubt, nicht zu vertrauen, das dir ein Verschliessen möglich macht.

Wenn du also einem Meister nicht vertraust, verurteile ihn nicht. Geh einfach weiter. Wenn du immer weitergehst, muss es passieren – eines Tages, irgendwo, in irgendeinem Augenblick. Denn es gibt Momente, wo du verletzbar bist und wo der Meister in dich strömt. Und du kannst sie nicht verhindern. Du bist verletzbar, also begegnet ihr euch. Zu einem bestimmten Zeitpunkt, einem bestimmten Raum findet die Begegnung statt. Dann wird satsang möglich.

Satsang bedeutet die enge Nähe zu einem Meister, zu einem Menschen, der erkannt hat. Weil er erkannt hat, kann er strömen. Er strömt bereits. Die Sufis sagen, dass das genug ist: einfach in enger Nähe zu einem Meister zu sein, ist genug. Einfach in seiner Nähe zu sitzen, einfach an seiner Seite zu gehen, einfach vor seinem Zimmer zu sitzen, einfach in der Nacht zu wachen vor seiner Wand, sich einfach ständig an ihn zu erinnern ist genug.

Aber dazu gehören Jahre – Jahre des Wartens – und er wird dich nicht gut behandeln. Er wird jede Art von Hindernis schaffen. Er wird dir viele Gelegenheiten bieten, ihn zu verurteilen. Er wird Gerüchte über sich verbreiten, so dass du glaubst, er sei nicht in Ordnung, und du entkommen kannst. Er wird dir in jeder Weise bei der Flucht behilflich sein. Du musst also zuerst alle Hürden nehmen – und sie sind notwendig, weil ein billiges Vertrauen wertlos ist. Aber ein Vertrauen, das gereift ist, das lange gewartet hat, ist ein starker Felsen geworden. Und nur dann kann man in die tiefsten Schichten eindringen.

Patanjali sagt nicht, dass ihr glauben müsst. Glaube ist intellektuell. Man glaubt an den Hinduismus, aber es ist kein Vertrauen. Man ist nur zufällig in eine hinduistische Familie hineingeboren, und so hat man eben von frühester Kindheit an vom Hinduismus gehört. Man ist geprägt worden durch Theorien, Begriffe, Philosophien, Systeme. Sie sind ins Blut übergegangen. Sie sind einfach ins Unbewusste gesunken; man glaubt daran. Aber so ein Glaube ist wertlos, weil er dich nicht verwandelt hat. Er ist leblos, geborgt.

Vertrauen ist niemals etwas Totes. Du kannst dir Vertrauen nicht von deiner Familie borgen. Es ist etwas

Persönliches. Du musst zu ihm gelangen. Der Hinduismus ist traditionell, der Islam ist traditionell, aber für die erste Gruppe um Mohammed – und das waren die wirklichen Moslems – war es eine Frage des Vertrauens. Sie waren persönlich zum Meister gekommen. Sie lebten in enger Nähe zum Meister; sie hatten *satsang*.

Sie glaubten an Mohammed, und Mohammed war kein Mensch, dem leicht zu vertrauen war. Es war schwierig. Wenn ihr zu Mohammed gekommen wäret, wäret ihr geflohen. Er hatte neun Ehefrauen. Es war unmöglich, an solch einen Mann zu glauben. Er hatte ein Schwert in der Hand, und auf dem Schwert stand, «Frieden ist die Parole»: das Wort «Islam» bedeutet Frieden. Wie kann man diesem Mann glauben?

Ihr könnt Mahavir glauben, wenn er über Gewaltlosigkeit spricht; er ist gewaltlos. Ohne weiteres könnt ihr einem Mahavir glauben. Aber wie könnt ihr Mohammed mit dem Schwert in der Hand glauben? Und er sagt, «Die Botschaft ist Liebe, und die Parole ist Frieden». Das könnt ihr nicht glauben. Dieser Mann schuf Hürden.

Mohammed war ein Sufi; er war ein Meister. Er dachte sich alle möglichen Schwierigkeiten aus. Damit man, wenn einem der Verstand noch immer dazwischenfunkte, wenn man zweifelte, wenn man skeptisch war, fliehen konnte. Aber wer blieb und wartete, wer Geduld hatte – und es war eine unendliche Geduld notwendig – der lernte Mohammed eines Tages kennen, der wurde Moslem. Einfach wer ihn erkannte, wurde zum Moslem.

Die erste Gruppe von Jüngern war eine vollkommen andere Kategorie. Die erste Gruppe von Buddhas Jüngern war ebenso eine ganz andere Kategorie. Heute sind die Buddhisten tot, sind die Mohammedaner tot. Sie sind aus Tradition Mohammedaner, aber die Wahrheit lässt sich nicht wie Eigentum vererben.

Deine Eltern können dir die Wahrheit nicht geben. Sie können dir Eigentum geben, weil Eigentum der Welt angehört, aber die Wahrheit gehört nicht der Welt an. Sie können sie dir nicht geben; sie können sie nicht wie einen Schatz bewahren. Sie können sie nicht auf die Bank tun, damit sie dir übertragen werden kann. Du wirst sie auf dich gestellt suchen müssen. Du wirst leiden müssen, du wirst ein Schüler werden müssen, und du wirst durch eine strenge Disziplin hindurchgehen müssen. Es wird etwas sein, das dir persönlich zustösst. Die Wahrheit ist immer persönlich. Sie stösst einem individuellen Menschen zu.

Vertrauen ist das eine, Glauben etwas anderes. Der Glaube wird dir von andern gegeben, aber Vertrauen musst du dir selbst verdienen. Patanjali fordert keinen Glauben, aber ohne Vertrauen kann nichts geschehen, ohne Vertrauen ist nichts möglich. Aber du kannst es nicht erzwingen: begreife das nun. Du kannst dein Vertrauen nicht erzwingen; es liegt nicht in deiner Hand, es zu erzwingen. Wenn du es erzwingst, wird es unecht sein. Und Nicht-Vertrauen ist besser als ein falsches Vertrauen. Mit einem falschen Vertrauen verspielst du dich nur selbst. Es ist besser, irgendwo anders hinzugehen, wo das wahre Vertrauen geschehen kann.

Urteile nicht; geh einfach immer weiter. Eines Tages, irgendwo, erwartet dein Meister dich. Und der Meister kann dir nicht gezeigt werden. Man kann nicht sagen, «Geh da hin, und du wirst deinen Meister finden». Du wirst suchen müssen, du wirst leiden müssen, denn durch Leiden und Suchen wird es dir möglich, ihn zu sehen. Deine Augen werden klar werden, die Tränen werden verschwinden. Deine Augen werden unbewölkt sein, und du wirst erkennen, dass der Meister da ist.

Es wird berichtet, dass einer der Sufis, Junaid, zu einem Fakir kam. Er sagte zu ihm, «Ich habe gehört, dass du ein Wissender bist. Zeig mir den Weg». Der alte Mann erwiderte, «Du hast gehört, dass ich ein Wissender bin. Du weisst nicht, dass ich weiss». Junaid sagte, «Ich kann nichts Besonderes an dir spüren, aber tu dennoch eines: zeige mir den Weg, wo ich meinen Meister finden kann». Der alte Mann sagte, «Gehe zuerst nach Mekka. Pilgere dorthin und suche nach einem solchen Mann. Er wird unter einem Baum sitzen. Seine Augen werden derart sein, dass sie Licht ausstrahlen. Du wirst einen bestimmten Duft, wie Moschus, um ihn wahrnehmen. Geh und suche ihn».

Junaid reiste zwanzig Jahre lang umher. Immer wenn er hörte, dass da und da ein Meister war, ging er hin. Aber er fand weder den Baum noch den Moschusduft noch die Augen, die der alte Mann beschrieben hatte. Die Person, nach der er suchte, war nicht zu finden. Und er hatte eine feste Formel im Kopf; deswegen urteilte er sofort, «Dies ist nicht mein Meister,» und er zog weiter. Nach zwanzig Jahren kam er zu einem bestimmten Baum. Da war der Meister! Moschus umgab den Mann wie eine Aura. Seine Augen waren feurig, und ein rotes Licht ging von ihnen aus. Das war der Mann! Junaid fiel dem Meister vor die Füsse und sagte, «Meister, ich habe zwanzig Jahre lang nach dir gesucht».

Der Meister erwiderte, «Ich habe auch zwanzig Jahre lang auf dich gewartet. Sieh mich noch einmal an». Junaid sah hin. Es war derselbe Mann, der ihm zwanzig Jahre zuvor gezeigt hatte, wie er seinen Meister finden werde. Junaid fing an zu weinen. Er sagte, «Warum hast du das getan? Warum hast du deinen Scherz mit mir getrieben? Zwanzig Jahre sind vergeudet. Warum konntest du nicht sagen, dass du mein Meister bist?»

Der alte Mann erwiderte, «Das hätte nicht geholfen; das hätte nicht viel Sinn gehabt. Denn wenn du keine Augen hast zu sehen, kann nichts helfen. Diese zwanzig Jahre haben dich dazu gebracht, mich zu sehen. Ich bin derselbe Mann, der ich damals war, aber vor zwanzig Jahren hast du mir gesagt, dass du nichts an mir spürtest. Ich bin derselbe, aber nun bist du fähig geworden zu fühlen. Du hast dich verändert. Diese letzten zwanzig Jahre haben dich sehr aufgerieben. Aller Staub ist von dir abgefallen; dein Geist ist klar. Dieser Moschusduft war zu jener Zeit auch da, aber du warst nicht fähig, ihn zu riechen. Deine Nase war verschlossen; deine Augen haben nicht funktioniert; dein Herz hat nicht richtig geschlagen. Deshalb war eine Verbindung damals nicht möglich».

Du selbst weisst es nicht, und niemand kann sagen, wo sich das Vertrauen für dich einstellen wird. Ich sage nicht, vertraue dem Meister. Ich sage nur: Finde einen Menschen, wo sich das Vertrauen einstellt. Der ist dein Meister. Und du kannst nichts tun, um es geschehen zu machen. Du wirst umherwandern müssen. Es muss mit Sicherheit passieren, aber das Suchen ist notwendig, weil das Suchen dich vorbereitet. Nicht etwa, dass das Suchen dich zum Meister führte – das Suchen bereitet dich nur vor, so dass du ihn sehen kannst. Vielleicht ist er dir ganz nahe.

Gestern abend hast du über satsang und über die Wichtigkeit der Nähe des Jüngers zum Guru gesprochen. Bedeutet das physische Nähe? Ist der Jünger, der in einer grossen physischen Entfernung vom Guru lebt, ohne Orientierung?

Ja und nein. Ja, physische Nähe ist am Anfang nötig, weil ihr jetzt, so wie ihr seid, nichts anderes verstehen könnt. Ihr könnt nur den Körper verstehen; ihr könnt die Sprache des Körperlichen verstehen. Ihr existiert im Körperlichen, deswegen ist physische Nähe nötig, ja – am Anfang.

Aber ich sage auch nein, denn wenn ihr anfangt, eine andere Sprache zu lernen, die aus dem Nicht-Physischen kommt, dann ist physische Nähe nicht notwendig. Dann könnt ihr überall hingehen. Dann spielt der Ort keine Rolle. Ihr bleibt in Verbindung. Und nicht nur der Raum, auch die Zeit spielt keine Rolle. Ein Meister kann tot sein, aber dennoch bleibt ihr in Verbindung. Er kann seinen physischen Körper verlassen haben, aber ihr bleibt in Kontakt. Wenn sich Vertrauen einstellt, dann werden Zeit und Raum überschritten.

Vertrauen ist ein Wunder. Ihr könnt Mohammed,

Jesus oder Buddha jetzt nahe sein, wenn Vertrauen da ist. Aber es ist schwierig! Es ist schwierig, weil ihr nicht zu vertrauen versteht. Ihr könnt keinem lebenden Menschen vertrauen, wie also könnt ihr einem Toten vertrauen? Aber wenn sich Vertrauen einstellt, dann könnt ihr Buddha in diesem Augenblick nahe sein. Und für Menschen, die an ihn glauben, lebt Buddha. Für diejenigen, die vertrauen können, stirbt der Meister niemals. Er hilft weiter; er ist immer da. Aber ihr werdet Buddha nicht einmal nahe sein, wenn er physisch da ist, nicht einmal, wenn er hinter euch oder vor euch steht oder einfach neben euch sitzt. Ein weiter Raum wird zwischen euch und Buddha liegen.

Liebe, Vertrauen und Treue zerstören sowohl Raum wie Zeit. Am Anfang, weil ihr keine andere Sprache verstehen könnt, weil ihr nur die Sprache der Körperwelt verstehen könnt, ist physische Nähe notwendig – aber nur am Anfang. Ein Moment wird kommen, wo der Meister selbst euch wegschicken wird. Er wird euch zwingen fortzugehen, weil das genauso notwendig wird. Sonst könntet ihr anfangen, an der Sprache des Physischen festzuhalten.

Während seines Lebens pflegte Gurdjieff seine Schüler fast immer wegzuschicken. Er schuf derart unangenehme Situationen für sie, dass sie gehen mussten. Es war dann unmöglich, mit ihm zu leben. Nachdem ein bestimmter Punkt erreicht war, half er ihnen wegzugehen. Er zwang sie tatsächlich zum Weggehen, denn man sollte nicht zu abhängig vom Physischen sein. Die andere, die höhere Sprache muss sich entwickeln. Ihr müsst anfangen, euch dem Meister nahe zu fühlen, wo immer ihr seid, denn ihr müsst über den Körper hinausgehen. Nicht nur euer Körper, sondern auch der Körper des Meisters muss transzendiert werden.

Aber am Anfang ist physische Nähe eine grosse Hilfe. Wenn die Samen einmal gesät sind, wenn sie einmal Wurzeln geschlagen haben, bist du stark genug. Dann kannst du weggehen, und du kannst den Meister dennoch fühlen. Wenn der Kontakt verlorengeht, nur weil du weggegangen bist, dann war der Kontakt nicht weiter nennenswert. Je weiter du weggehst, desto mehr wird das Vertrauen wachsen; denn egal, wo du bist auf der Welt, du wirst ununterbrochen die Gegenwart des Meisters spüren. Das Vertrauen wird wachsen. Der Meister wird dir jetzt durch verborgene Hände helfen, unsichtbare Hände. Er wird mit dir durch deine Träume arbeiten, und du wirst immer fühlen, dass er dir wie ein Schatten folgt.

Aber das ist eine sehr entwickelte Sprache. Versuch sie nicht gleich von Anfang an, weil du dich dann selbst täuschen kannst. Bewege dich Schritt für Schritt. Immer wenn Vertrauen da ist, schliesse die Augen und folge blind. Tatsächlich hast du in dem Moment, wo das Vertrauen einsetzt, deine Augen geschlossen. Wozu dann noch denken oder argumentieren? Es ist Vertrauen da, und das Vertrauen wird auf nichts hören.

Dann folge und bleibe dem Meister nahe, wenn er dich nicht selbst wegschickt. Und wenn er dich wegschickt, dann klammere dich nicht an. Dann sei folgsam: folge seinen Anweisungen und geh weg, denn er weiss es besser. Er weiss, was hilfreich ist.

Manchmal, in der Nähe des Meisters, mag es schwierig für dich werden zu wachsen. Es ist so wie mit einem jungen Samen, der viele Schwierigkeiten hat, unter einem grossen Baum zu wachsen. Unter einem grossen Baum wird ein neuer Baum verkrüppeln. Sogar Bäume achten darauf, dass sie ihre Samen weit wegwerfen, so dass die Samen spriessen können. Bäume gebrauchen viele Tricks, um die Samen wegzuschicken; denn sonst, wenn der Same unter den grossen Baum fällt, wird er sterben. Da ist so viel Schatten! Keine Sonne gelangt dorthin, keine Sonnenstrahlen gelangen dorthin.

Ein Meister weiss es also besser als du. Wenn er fühlt, dass du weggehen solltest, dann leiste keinen Widerstand. Dann sei einfach folgsam und geh weg. Dieses Weggehen bedeutet in Wirklichkeit, dass du ihm näher kommst. Wenn du folgen kannst, wenn du still und ohne jeden Widerstand folgen kannst, dann wird dieses

Weggehen ein Näherkommen sein. Du wirst eine neue Nähe erlangen.

Wenn du uns ermunterst, irgendeinen Punkt klar zu verstehen, an wen wendest du dich dann? Der Verstand soll zum Stillstand kommen. Darum ist es sinnlos, den Verstand zur Einsicht zu bringen. Wer aber soll dann verstehen?

Ja, der Verstand soll anhalten, aber er steht noch nicht still. Man muss den Verstand bearbeiten; der Verstand muss zur Einsicht gebracht werden. Durch dieses Verstehen wird der Verstand sterben. Dieses Verstehen ist wie Gift. Du nimmst das Gift ein. Du bist derjenige, der es nimmt, und dann tötet das Gift dich. Der Verstand versteht, aber dieses Verstehen ist Gift für den Verstand. Das ist der Grund, warum der Verstand so viel Widerstand leistet. Er versucht immer wieder, nicht zu verstehen. Er erzeugt Zweifel, er kämpft auf jede Weise, er schützt sich, weil Verstehen Gift für ihn ist. Für dich ist es eine Arznei, aber für den Verstand ist es Gift.

Wenn ich also dazu auffordere, klar zu verstehen, meine ich deinen Verstand; nicht dich, denn *du* brauchst überhaupt kein Verstehen. *Du* bist bereits Verstehen. *Du* bist die Weisheit selbst, das *prajna*.

Du brauchst keine Hilfe von mir oder von wem auch sonst. Dein Verstand muss verändert werden. Und wenn im Verstand Verstehen entsteht, wird der Verstand sterben, und mit dem Verstand wird das Verstehen verschwinden. Dann bist du in deiner Reinheit. Dann offenbart dein Sein eine spiegelähnliche Reinheit – ohne Inhalt: inhaltlos. Aber dieses innere Sein braucht kein Verstehen. Es ist bereits der Kern des Verstehens selbst. Es braucht kein Verstehen. Man muss nur den Wolken des Verstandes ein wenig gut zureden.

Was ist Verstehen wirklich? Nur so etwas wie den Verstand zum Gehen zu überreden. Hört genau hin; ich sage nicht: zu bekämpfen, ich sage: zu überreden. Wenn du kämpfst, wird der Verstand nie gehen, denn durch den Kampf zeigst du deine Angst. Wenn du kämpfst, zeigst du damit, dass der Verstand etwas ist, wovor du dich fürchtest. Überrede den Verstand einfach. Alle diese Lehren, alle Meditationen sind ein tiefes Überreden des Verstandes bis zu dem Punkt hin, wo er Selbstmord begehen kann, wo er einfach fällt, wo der Verstand selbst zu einer solchen Absurdität wird, dass du ihn nicht länger mitschleppen kannst. Dann lässt du ihn einfach fallen. Oder es ist besser zu sagen, dass der Verstand von allein fällt.

Wenn ich also sage, dass ich zu euch spreche, um ein klares Verstehen in euch zu wecken, wende ich mich an euren Verstand. Und anders geht es auch nicht. Ich kann mich nur an euren Verstand wenden, weil ihr nicht zugänglich seid. Ihr seid so tief innen verborgen, und nur der Verstand ist an der Tür. Der Verstand muss überredet werden, von der Tür wegzutreten und die Tür offen zu lassen. Dann werdet ihr zugänglich.

Ich spreche den Verstand an – deinen Verstand, nicht dich. Wenn der Verstand wegfällt, brauche ich mich an niemanden zu wenden. Dann kann ich ruhig dasitzen, und du wirst verstehen. Es ist nicht nötig, jemanden anzusprechen. Der Verstand braucht Worte; der Verstand braucht Gedanken; der Verstand braucht etwas Geistiges, das ihn überzeugen kann. Wenn Buddha oder Patanjali oder Krishna zu euch sprechen, richten sie sich an euren Verstand.

Es kommt ein Moment, wo dem Verstand die ganze Absurdität ganz einfach bewusst wird. Es ist genauso wie wenn ich sehe, dass du an deinen Schnürsenkeln ziehst und versuchst, dich selbst an ihnen hochzuziehen, und ich zu dir sage, was für einen Unsinn du da treibst, dass das unmöglich ist. An deinen eigenen Schnürsenkeln kannst du dich selbst doch nicht hochziehen! Es ist einfach unmöglich: da wird nichts draus.

Also bringe ich dich dazu, mehr über die ganze Sache nachzudenken – dass dies absurd ist. Was tust du nur! Aber da ich sehe, wie unglücklich dich das macht, dass nichts passiert, sage ich es dir immer wieder, bleib ich hartnäckig, hämmere ich es dir ein. Eines Tages dann mag es dir vielleicht bewusst werden, und du sagst, «Ja, wie absurd. Was tue ich eigentlich!»

Der ganze Kraftaufwand deines Verstandes ist genau wie wenn du versuchen würdest, dich an deinen eigenen Schnürsenkeln hochzuziehen. Was immer du tust, ist absurd. Es kann dich nirgendwo anders hinführen als zur Hölle, als ins Elend. Es hat dich immer ins Elend geführt, aber du bist dir dessen immer noch nicht bewusst. All diese Kommunikation von meiner Seite dient nur dazu, deinem Verstand klarzumachen, dass deine ganze Anstrengung absurd ist. Wenn du einmal dahin gekommen bist zu spüren, dass die ganze Anstrengung absurd ist, verschwindet sie. Es ist nicht so, dass du dann deine Schnürsenkel loslassen müsstest, dass du dir besondere Mühe geben müsstest und dass es anstrengend wäre: du wirst ganz einfach die Tatsache sehen. Du wirst deine Anstrengungen lassen, und du wirst lachen. Du wirst erleuchtet werden, wenn du deine Schnürsenkel loslassen kannst und einfach dastehst und lachst. Und genauso wird es sein.

Durch Verstehen fällt der Verstand. Plötzlich wird dir bewusst, dass niemand anders für dein Elend verantwortlich war. Du hast es fortwährend erzeugt; in jedem Augenblick warst du sein Schöpfer. Erst hast du das Elend verursacht, und dann hast du gefragt, wie du darüber hinausgehen kannst, wie du es schaffen kannst, dass es dir nicht mehr schlecht geht, wie du Seligkeit erreichen kannst, wie du «samadhi» erlangen kannst. Und während du gefragt hast, hast du Unglück erzeugt. Das blosse Fragen, «Wie kann ich ‹samadhi› erlangen?» schafft Unglück, weil du dann sagst, «Ich habe mir so viel Mühe gegeben und noch nicht ‹samadhi› erreicht. Ich habe alles getan, was man tun kann, und das ‹samadhi› bleibt aus. Wann werde ich erleuchtet?»

Wenn du die Erleuchtung auch zu einem Objekt des Verlangens machst, was absurd ist, schaffst du damit eine neues Unglück. Kein Verlangen wird seine Erfüllung finden. Wenn du das erkennst, fallen die Wünsche weg. Dann bist du erleuchtet. Einmal wunschlos, bist du erleuchtet. Aber mit Wünschen bewegst du dich weiter in einem Teufelskreis.

Du sagtest, dass Yoga eine Wissenschaft ist, eine Methodologie für das innere Erwachen. Aber die Anstrengung, dem Nicht-Verstand näher zu sein, ihm näherzukommen, setzt Motivation und Hoffnung voraus. Selbst der Prozess innerer Wandlung impliziert eine Motivation. Wie kann man den Yogaweg mit Hoffnung und Motivation gehen? Schliesst Warten nicht Motivation ein?

Du kannst den Yogaweg nicht mit Motivation gehen, mit Verlangen, mit Hoffnung. In Wirklichkeit gibt es keine Bewegung auf dem Yogaweg. Wenn du eingesehen hast, dass jedes Verlangen absurd ist, dass jedes Verlangen Elend bedeutet, gibt es nichts zu tun, weil jedes Tun ein neues Verlangen sein wird. Es gibt nichts zu tun! Du kannst einfach nichts tun, weil alles Tun dich nur in neues Elend führen wird. Also tust du es nicht. Die Wünsche werden weggefallen sein, der Verstand wird aufgehört haben. Und das ist Yoga. Dann hast du es betreten. Es ist keine Bewegung; es ist eine Stille. Aber Sprache bringt Probleme mit sich. Wenn ich sage, dass du den Weg betreten hast, sieht es so aus, als hättest du eine Richtung eingeschlagen. Aber wenn das Verlangen aufhört, hört auch jede Bewegung auf. Dann bist du im Yoga: «*Jetzt* die Disziplin des Yoga.»

Mit Motivation im Namen von Yoga schaffst du wieder Unglück.

Jeden Tag sehe ich Leute, Sie kommen und sagen, «Ich praktiziere Yoga seit dreissig Jahren, aber es passiert nichts». Aber wer hat euch gesagt, dass etwas passieren wird? Offenbar wartet ihr darauf, dass etwas passiert; genau darum ist noch nichts passiert. Yoga sagt, wartet nicht auf die Zukunft. Ihr meditiert, aber ihr meditiert mit dem Motiv, dass ihr durch die Meditation irgendwo hingelangen werdet, zu irgendeinem Ziel. Ihr geht am Wesentlichen vorbei. Meditiert und geniesst es. Es gibt nichts darüber hinaus, es gibt kein Ziel, keine Zukunft; nichts liegt vor euch. Meditiert und geniesst es, ohne jede Motivation.

Dann plötzlich ist das Ziel da. Plötzlich verschwinden die Wolken, denn sie wurden von eurem Verlangen erzeugt. Eure Motivation ist der Rauch, der die Wolken bildet. Jetzt werden sie sich auflösen. Deswegen spielt mit der Meditation; geniesst sie. Macht sie nicht zu einem Mittel. Sie ist der Zweck. Das ist alles, was man verstehen muss.

Schafft keine neuen Wünsche. Begreift lieber, dass die eigentliche Natur des Wünschens Unglück ist. Ihr braucht nur zu versuchen, das eigentliche Wesen des Wünschens zu begreifen, und ihr werdet feststellen, dass es Unglück ist. Was bleibt dann noch zu tun? – nichts bleibt zu tun! Indem ihr gewahr werdet, dass Wünschen Unglück ist, fällt das Wünschen von euch ab. «Jetzt die Disziplin des Yoga»: du hast den Weg betreten.

Und es kommt auf deine Intensität an. Wenn deine Erkenntnis, dass alles Wünschen Unglück bedeutet, so tief ist, dass sie total ist, bist du nicht nur ins Yoga eingedrungen, sondern auch ein *Siddha* geworden. Du wirst das Ziel erreicht haben.

Aber das hängt von deiner Intensität ab. Wenn deine Intensität total ist, dann wirst du das Ziel erreicht haben. Wenn deine Intensität nicht so total ist, wirst du «den Weg betreten» haben.

Die fünf Erscheinungsformen des Verstandes

5. *Es gibt fünf Erscheinungsformen des Verstandes. Sie können entweder eine Quelle der Qual oder der Nicht-Qual sein.*

6. *Es sind wahres Wissen, falsches Wissen, Einbildung, Schlaf und Erinnerung.*

27. Dezember 1973, Bombay, Indien

Der Verstand kann entweder die Quelle der Gefangenschaft oder die Quelle der Freiheit sein. Der Verstand wird zum Tor in diese Welt, zum Eingang, aber er kann auch zum Ausgang werden. Der Verstand führt dich zur Hölle, aber er kann dich auch zum Himmel führen. Es hängt also davon ab, wie der Verstand gebraucht wird. Richtiger Einsatz des Verstandes wird zu Meditation; falscher Einsatz des Verstandes wird zu Wahnsinn.

Verstand ist in jedem vorhanden. Die Möglichkeit von sowohl Dunkelheit wie Licht ist darin eingeschlossen. Der Verstand selbst ist weder Feind noch Freund. Du kannst ihn dir zum Freund machen, oder du kannst ihn dir zum Feind machen. Es hängt von dir ab – von dir, der hinter dem Verstand verborgen ist. Wenn du den Verstand zu deinem Werkzeug machen kannst, zu deinem Sklaven, wird er zum Medium, durch das du das Höchste erreichen kannst. Wenn du Sklave wirst und dem Verstand erlaubst, den Herrn zu spielen, dann wird dich dieser Verstand, der zum Herrn geworden ist, zur höchsten Qual und Dunkelheit führen.

Alle Techniken, alle Methoden, alle Yogawege befassen sich im Grunde wirklich nur mit einem Problem: wie der Verstand eingesetzt werden soll. Richtig eingesetzt, kommt der Verstand an einen Punkt, wo er Nicht-Verstand wird. Falsch eingesetzt, kommt der Verstand an einen Punkt, wo er ein einziges Chaos ist – lauter widersprüchliche Stimmen – konträr, verwirrend, verrückt.

Ein Irrer in einer Irrenanstalt und Buddha unter seinem Bodhi-Baum haben beide den Verstand benutzt. Beide haben ihren Weg durch den Verstand genommen, aber Buddha ist an einen Punkt gelangt, wo sich der Verstand auflöst. Richtig gebraucht, löst er sich immer mehr auf, und es kommt ein Moment, wo es ihn nicht mehr gibt. Auch der Irre hat den Verstand eingesetzt. Falsch gebraucht, wird der Verstand gespalten; falsch gebraucht, splittert sich der Verstand in viele Teile auf; falsch gebraucht, wird er eine Vielzahl. Und schliesslich ist nur noch der irre Verstand da, und du bist vollkommen abwesend.

Buddhas Verstand ist verschwunden, aber Buddha ist in seiner Gesamtheit anwesend. Der Verstand eines Irren hat sich zum Ganzen gemacht, und er selbst ist vollkommen abhanden gekommen. Dies sind die beiden Pole. Wenn du mit deinem Verstand koexistierst, dann wirst du im Elend sein. Entweder musst du verschwinden, oder der Verstand muss verschwinden. Wenn der Verstand verschwindet, dann kommst du bei der Wahrheit an; wenn du verschwindest, dann kommst du beim Wahnsinn an. Und darum geht der Kampf: wer von beiden wird verschwinden? Wirst du verschwinden oder der Verstand? Dies ist der Konflikt – die Wurzel allen Kampfes.

Diese Sutras von Patanjali werden euch Schritt für Schritt zum Verständnis des Verstandes führen – was er ist, welche Formen er annehmen kann, welche Erscheinungsformen sich in ihm zeigen, wie ihr ihn einsetzen könnt, und wie ihr über ihn hinausgehen könnt. Und, erinnert euch, ihr habt im Moment nichts anderes – nur den Verstand. Ihr müsst mit ihm umgehen.

Wenn ihr falsch mit ihm umgeht, werdet ihr euch in ein immer tieferes Elend stürzen. Ihr seid im Elend. Das kommt daher, weil ihr euren Verstand seit vielen Leben falsch gebraucht habt. Der Verstand ist zum Herrn geworden, und du bist nur ein Sklave, ein Schatten, der dem Verstand folgt. Du kannst nicht zum Verstand sagen, «Stop!» Du kannst deinem eigenen Verstand nicht gebieten. Dein Verstand gebietet immer nur dir, und du hast ihm zu folgen. Dein Wesen ist zum Schatten geworden, zum Sklaven; und das Werkzeug zum Meister.

Der Verstand ist nichts als ein Werkzeug. Er ist genau wie Hände oder Füsse. Wenn du es deinen Füssen oder deinen Beinen befiehlst, bewegen sie sich. Wenn du «Stop!» sagst, halten sie an. Du bist der Herr. Wenn ich meine Hand bewegen will, bewege ich sie. Wenn ich sie nicht bewegen will, bewege ich sie nicht. Die Hand kann nicht zu mir sagen, «Jetzt möchte ich bewegt werden». Die Hand kann nicht zu mir sagen, «Jetzt werde ich mich bewegen, egal was du tust. Ich werde nicht auf dich hören». Und wenn sich meine Hand gegen meinen Willen zu bewegen anfängt, dann wird es ein Chaos in meinem Körper geben. Aber genau das ist mit dem Verstand passiert.

Du willst nicht denken, aber dein Verstand denkt immerzu. Du möchtest schlafen. Du liegst auf deinem Bett und drehst dich von einer Seite auf die andere. Du willst einschlafen, aber der Verstand macht weiter. Der Verstand sagt, «Nein, ich will über etwas nachdenken». Du sagst immer wieder «Stop!» zum Verstand, aber er hört dir nie zu. Du kannst nichts tun. Der Verstand ist auch nur ein Werkzeug, aber du hast ihm zuviel Macht gegeben. Er ist zum Diktator geworden, und er wird hart kämpfen, wenn du versuchst, ihm den Platz zuzuweisen, der ihm gebührt.

Auch Buddha gebraucht den Verstand, aber er gebraucht seinen Verstand so wie ihr eure Beine gebraucht. Es kommen immer wieder Leute zu mir und fragen, «Was geschieht mit dem Verstand eines Erleuchteten? Verschwindet er einfach? Kann er ihn nicht benutzen?»

Er verschwindet als Herr, aber er bleibt als Sklave. Er bleibt als ein passives Werkzeug. Wenn ein Buddha ihn benutzen will, dann benutzt er ihn. Wenn Buddha zu euch spricht, wird er ihn benutzen müssen, weil Sprache ohne den Verstand nicht möglich ist. Der Verstand muss eingesetzt werden. Wenn du zu Buddha gehst und er dich erkennt – erkennt, dass du schon früher bei ihm gewesen bist – muss er seinen Verstand gebrauchen. Ohne Verstand kann es kein Erkennen geben; ohne Verstand gibt es kein Gedächtnis. Aber er *benutzt* den Verstand, wohlgemerkt: das ist der Unterschied. *Ihr* werdet vom Verstand benutzt. Immer wenn er ihn benutzen will, benutzt er ihn. Immer wenn er ihn nicht benutzen will, benutzt er ihn nicht. Es ist ein passives Werkzeug; es hat ihn nicht in seiner Gewalt.

Buddha bleibt wie ein Spiegel. Wenn du vor den Spiegel trittst, reflektiert der Spiegel dich. Wenn du weggegangen bist, ist auch das Spiegelbild verschwunden, und der Spiegel ist leer. Du aber bist nicht wie ein Spiegel. Du siehst jemanden: der Mann geht weg, aber du denkst über ihn nach, die Reflexion geht weiter. Du denkst weiter über ihn nach. Sogar wenn du aufhören möchtest, wird der Verstand nicht darauf hören.

Beherrschung des Verstandes ist Yoga. Und wenn Patanjali vom «Stillstand des Verstandes» spricht, ist es das, was er meint: das Ende des Verstandes als Herr. Der Verstand hört auf, der Meister zu sein. Dann ist er nicht aktiv. Dann ist er ein passives Werkzeug. Du gibst ihm einen Auftrag, und er führt ihn aus; du gibst ihm keinen Auftrag, und er bleibt still. Er wartet nur. Er kann sich nicht aufspielen. Sein Durchsetzungsvermögen ist verlorengegangen; er hat seine Gewalt verloren. Er versucht nicht, dich zu kontrollieren.

Noch ist das Gegenteil der Fall. Wie nun könnt ihr Herr im Hause werden? Wie könnt ihr den Verstand an seinen Platz stellen, wo ihr ihn benutzen könnt und wo ihr ihn ausser acht lassen und ruhig bleiben könnt? Ihr müsst den ganzen Mechanismus des Verstandes begreifen. Lasst uns jetzt auf dies Sutra eingehen:

Es gibt fünf Erscheinungsformen des Verstandes. Sie können entweder eine Quelle der Qual oder der Nicht-Qual sein.

Was man als erstes verstehen muss, ist die Tatsache, dass der Verstand nichts vom Körper Getrenntes ist, macht euch das klar. Der Verstand ist Teil des Körpers. Er ist Körper, aber höchst subtil. Er ist ein körperlicher Zustand, aber sehr ungreifbar, sehr fein. Man kann ihn nicht fassen, aber durch den Körper ist er zu beeinflussen. Wenn man eine Droge nimmt, wenn man LSD oder Marihuana oder Alkohol oder etwas anderes nimmt, wird plötzlich der Verstand in Mitleidenschaft gezogen. Der Alkohol oder die Droge geht in den Körper, nicht in den Verstand, aber der Verstand ist betroffen. Der Verstand ist der subtilste Teil des Körpers.

Auch das Umgekehrte ist richtig. Beeinflusse den Verstand, und auch der Körper ist betroffen. Das ist es, was bei der Hypnose geschieht. Ein Mensch, der nicht gehen kann, der behauptet, er sei gelähmt, kann unter Hypnose gehen. Du hast keine Lähmung, aber wenn unter Hypnose gesagt wird, dass dein Körper jetzt gelähmt ist, wirst du nicht gehen können. Es wird dir nicht möglich sein zu gehen! Und ein Gelähmter kann unter Hypnose gehen. Was geht da vor? Hypnose geht in den Verstand, die Suggestion geht in den Verstand. Dann gehorcht der Körper.

Was man als erstes verstehen muss: Geist und Körper sind nicht zweierlei. Das ist eine von Patanjalis tiefsten Entdeckungen. Heute erkennt das sogar die moderne Wissenschaft an, aber im Westen ist das noch sehr neu. Heute sagt man, dass es falsch ist, vom Zwiespalt zwischen Körper und Geist zu reden. Man sagt, es ist «Psychosoma»: es ist Geist-Körper. Diese beiden Begriffe sind nur zwei Funktionen ein und desselben Phänomens. Der eine Pol ist Geist, der andere ist Körper, es ist deswegen egal, an welchem man arbeitet, um den anderen zu verändern.

Der Körper hat fünf Handlungsorgane – fünf *indryas*, fünf Werkzeuge für seine Tätigkeiten. Der Verstand hat fünf Erscheinungsformen, fünf Funktionsweisen. Verstand und Körper sind eins. Der Körper ist in fünf Funktionen eingeteilt; auch der Verstand ist in fünf Funktionen eingeteilt. Wir werden jede Funktion im einzelnen betrachten.

Das zweite an diesem Sutra ist, dass die Funktionen des Verstandes entweder eine Quelle der Qual oder der Nicht-Qual sein können. Diese fünf Erscheinungsformen des Verstandes, diese Gesamtheit des Verstandes kann dich in tiefe Qual führen, ins *dukkha* – ins Elend. Oder, wenn du den Verstand und seine Tätigkeit richtig einsetzt, kann er dich aus dem Elend herausführen.

Das Wort «Nicht-Elend» ist sehr bezeichnend. Patanjali sagt nicht, dass der Verstand dich ins *ananda* führen wird – in die Seligkeit – nein! Er kann dich ins Elend führen, wenn du ihn falsch gebrauchst, wenn du sein Sklave wirst. Aber wenn du zum Meister wirst, kann dich der Verstand ins Nicht-Elend führen – nicht in die Seligkeit. Da Seligkeit bereits deine Natur ist, kann der Verstand dich nicht dahin führen. Wenn du allerdings im Nicht-Elend bist, dann kann die innere Seligkeit zu fliessen beginnen.

Die Seligkeit ist immer in dir da; sie ist deine wahre Natur. Sie ist nichts, was es zu erreichen oder zu verdienen gibt; sie ist nichts, was man irgendwo anders erlangen kann. Du bist mit ihr geboren; du hast sie schon; sie ist schon Tatsache. Darum sagt Patanjali nicht, dass der Verstand dich ins Elend oder in die Seligkeit führen kann – nein! Er ist sehr wissenschaftlich, sehr genau. Er benutzt kein einziges Wort, das dir irgendeine unwahre Information geben würde. Er sagt nur, entweder Elend oder Nicht-Elend.

Auch Buddha sagte das viele Male, immer wenn Suchende zu ihm kamen – und Suchende sind hinter der Seligkeit her. Sie pflegten Buddha zu fragen, «Wie können wir zur Seligkeit gelangen, zur höchsten Seligkeit?» Er antwortete dann, «Ich weiss es nicht. Ich kann euch nur den Weg zeigen, der zum Nicht-Elend führt – einfach zur Abwesenheit von Elend. Ich sage nichts über die positive Seligkeit, nur über das Negative. Ich kann euch zeigen, wie ihr in die Welt des Nicht-Elends eingehen könnt».

Das ist alles, was Methoden tun können. Sobald du im Zustand des Nicht-Elends bist, beginnt die innere Seligkeit zu fliessen. Aber das kommt nicht vom Verstand, das kommt von deinem inneren Wesen. Der Verstand hat nichts damit zu tun; der Verstand kann sie nicht erzeugen. Wenn der Verstand im Elend ist, dann wird der Verstand ein Hindernis. Wenn der Verstand im Nicht-Elend ist, dann wird er zum Tor. Aber er ist nicht schöpferisch; er tut nichts.

Du öffnest die Fenster, und die Sonnenstrahlen kommen herein. Durch das Öffnen der Fenster erschaffst du nicht die Sonne. Die Sonne ist schon da. Wäre sie es nicht, könnten die Strahlen nicht allein deswegen hereinkommen, weil du die Fenster öffnest. Und dein Fenster kann im Weg sein. Vielleicht sind die Sonnenstrahlen draussen, aber das Fenster ist geschlossen. Das Fenster kann hindern oder zulassen. Es kann zum Durchgang werden, aber es kann nicht schöpferisch sein. Es kann die Strahlen nicht erschaffen; die Strahlen sind da.

Dein Geist wird, wenn er im Elend ist, verschlossen. Vergesst nicht: eines der Merkmale des Elends ist Verschlossenheit. Immer wenn ihr im Elend seid, werdet ihr verschlossen; immer wenn ihr einen Schmerz fühlt, verschliesst ihr euch gegenüber der Welt. Sogar euren besten Freunden gegenüber seid ihr verschlossen. Wenn ihr im Elend seid, seid ihr sogar eurer Frau gegenüber verschlossen, euren Kindern, eurem Liebhaber, denn das Elend lässt euch innerlich zusammenschrumpfen; ihr zieht euch zurück. Allem gegenüber habt ihr eure Türen versperrt.

Darum denken Leute im Elend leicht an Selbstmord. Selbstmord bedeutet totales Verschliessen. Es gibt keine Möglichkeit irgendeiner Verbindung, keine Möglichkeit irgendeiner Tür. Sogar eine geschlossene Tür ist gefährlich: jemand kann sie öffnen. Und so wird die Tür vernichtet, werden alle Möglichkeiten vernichtet. Selbstmord bedeutet, «Jetzt werde ich alle Möglichkeiten vernichten, dass es irgendeine Öffnung gibt. Jetzt verschliesse ich mich vollkommen».

Immer wenn du im Elend bist, fängst du an, an Selbstmord zu denken. Wenn du glücklich bist, kannst du nicht an Selbstmord denken; du kannst es dir nicht vorstellen. Du kannst dir nicht einmal vorstellen, warum Leute Selbstmord begehen. Das Leben ist ein solches Vergnügen, das Leben ist eine so tiefempfundene Musik, warum nur vernichten Menschen das Leben? Es erscheint ausgeschlossen.

Woher kommt es, dass Selbstmord ausgeschlossen erscheint, wenn du glücklich bist? Weil du offen bist. Das Leben fliesst in dir. Wenn du glücklich bist, hast du eine grössere Seele; die Seele weitet sich aus. Wenn du unglücklich bist, wird die Seele kleiner, zieht sich zusammen.

Wenn jemand unglücklich ist, berühre ihn, nimm seine Hand in deine. Du wirst spüren, dass seine Hand leblos ist. Nichts fliesst hindurch: keine Liebe, keine Wärme. Sie ist nur kalt, als ob sie zu einer Leiche gehörte. Aber wenn jemand glücklich ist und du berührst seine Hand, gibt es eine Verbindung. Es fliesst Energie. Seine Hand ist nicht nur eine leblose Hand, sie ist zu einer Brücke geworden. Durch seine Hand geht etwas auf dich über und überträgt sich, verbindet sich. Wärme fliesst. Er erreicht dich. Er gibt sich alle Mühe, in dich hineinzufliessen, und er erlaubt dir auch, in ihn zu fliessen.

Wenn zwei Menschen glücklich sind, werden sie eins. Darum entsteht bei der Liebe Einheit, und Liebende bekommen das Gefühl, nicht mehr zwei zu sein. Sie sind zwei, aber sie bekommen das Gefühl, nicht zwei zu sein, weil sie vor Liebe so glücklich sind, dass sie verschmelzen. Sie verschmelzen miteinander; sie fliessen ineinander. Grenzen lösen sich auf, Definitionen verschwimmen, und sie wissen nicht, wer wer ist. In diesem Augenblick werden sie eins.

Wenn du glücklich bist, kannst du in andere hineinfliessen, und du kannst andern erlauben, in dich hineinzufliessen; genau das heisst: das Leben als Fest. Wenn du jedem erlaubst, in dich zu fliessen, und du fliesst in jeden, feierst du das Leben. Und so zu feiern ist das grossartigste Gebet, der höchste Gipfel der Meditation.

Im Elend beginnst du, an Selbstmord zu denken; im Elend beginnst du, an Zerstörung zu denken. Im Elend bist du genau am entgegengesetzten Pol des Feierns. Du machst Vorwürfe. Du kannst nicht jubeln. Auf alles hast du einen Groll. Alles ist falsch, und du bist negativ. Du kannst nicht fliessen, du kannst keine Verbindung herstellen, und du kannst niemandem erlauben, in dich hineinzufliessen. Du bist eine Insel geworden – vollkommen abgeschlossen. Das ist ein lebendiger Tod. Leben findet nur statt, wenn du offen bist und fliesst, wenn du unerschrocken, angstfrei, offen und verletzbar bist und das Leben feierst.

Patanjali sagt, dass der Verstand zwei Dinge tun kann: er kann Elend oder Nicht-Elend erzeugen. Ihr könnt ihn so benutzen, dass ihr unglücklich werdet, und so habt ihr ihn bisher benutzt. Darin seid ihr alle Ex-Meister. Darüber braucht nicht viel gesagt zu werden; das wisst ihr schon. Ihr kennt die Kunst, wie man Unglück erzeugt. Auch wenn ihr euch dessen nicht bewusst sein mögt, aber genau das tut ihr – ununterbrochen! Was auch immer ihr berührt, wird zu einer Quelle des Unglücks – was auch immer!

Ich sehe Arme. Natürlich sind sie unglücklich: sie sind arm; die Grundbedürfnisse des Lebens werden nicht erfüllt. Aber dann sehe ich reiche Menschen, und auch sie sind unglücklich. Sie glauben, diese Reichen, dass der Wohlstand nirgendwo hinführt. Aber das stimmt nicht. Wohlstand kann dazu führen, dass man das Leben feiert, aber ihr seid nicht in der geistigen Verfassung zu feiern. Wenn ihr also arm seid, seid ihr unglücklich, und wenn ihr reich werdet, seid ihr noch unglücklicher. In dem Moment, wo ihr Reichtümer berührt, habt ihr sie schon zerstört.

Kennt ihr die griechische Geschichte von König Midas? Was immer er anfasste, wurde zu Gold. Ihr fasst Gold an, und sofort wird es zu Dreck. Es wird zu Staub, und dann glaubt ihr, dass es nichts auf dieser Welt gibt – dass sogar Reichtum nutzlos ist. Das ist er nicht, aber ihr seid nicht in der geistigen Verfassung zu feiern, euer Verstand kann bei keinem Nicht-Elend mitmachen. Selbst wenn ihr in den Himmel eingeladen würdet, fändet ihr dort keinen Himmel vor. Ihr würdet eine Hölle daraus machen. So wie ihr seid, nehmt ihr die Hölle mit euch, wo immer ihr hingeht.

Es gibt ein arabisches Sprichwort, das besagt, dass

Hölle und Himmel keine geographischen Orte sind, sondern Einstellungen. Und niemand tritt in Himmel oder Hölle ein; jeder tritt *mit* Himmel und Hölle ein. Wo du auch hingehst, nimmst du dein Bild von der Hölle und dein Bild vom Himmel mit. Du hast einen Projektor in deinem Innern. Du projizierst sofort.

Aber Patanjali ist vorsichtig. Er spricht von Elend oder Nicht-Elend, von positivem Elend oder negiertem Elend, aber nicht von Seligkeit. Der Verstand kann dir keine Seligkeit geben; niemand kann sie dir geben. Sie ist in dir verborgen, und wenn der Verstand in einem nicht-elenden Zustand ist, fängt die Seligkeit an zu fliessen. Sie kommt nicht vom Verstand, sie kommt von jenseits des Verstandes. Darum können die Erscheinungsformen des Verstandes eine Quelle der Qual oder der Nicht-Qual sein.

Es gibt fünf Erscheinungsformen des Verstandes.

Es gibt wahres Wissen, falsches Wissen, Einbildung, Schlaf und Erinnerung.

Das erste ist *praman* – wahres Wissen. Das Sanskritwort *praman* geht sehr tief und kann nicht richtig übersetzt werden. «Wahres Wissen» ist nur Schatten von seiner Bedeutung, nicht die genaue Bedeutung, weil es keine Worte im Deutschen gibt, die *praman* richtig wiedergeben können. *Praman* kommt von der Wurzel *prama*. Da gibt es vieles zu verstehen.
Patanjali sagt, dass der Verstand eine bestimmte Fähigkeit hat. Wenn diese Fähigkeit richtig eingesetzt wird, dann ist alles Erkannte von sich aus wahr. Aber wir sind uns ihrer nicht bewusst, weil wir sie nie genutzt haben. Diese Gabe ist ungenutzt geblieben. Es ist so, als ob das Zimmer dunkel ist. Du kommst herein, du hast eine Taschenlampe, aber du gebrauchst sie nicht, also bleibt das Zimmer dunkel. Du stolperst weiter über diesen Tisch, über jenen Stuhl, und du hast eine Taschenlampe, aber die Taschenlampe muss angeknipst werden. Wenn die Lampe einmal brennt, verschwindet die

Dunkelheit sofort. Jeder Punkt, auf den die Lampe gerichtet wird, wird dir bekannt. Wenigstens dieser eine Punkt wird sichtbar, unzweifelhaft klar.

Der Verstand hat die Fähigkeit zu *praman* – zu wahrem Wissen, zur Weisheit. Wenn du einmal weisst, wie du sie einschalten kannst, dann wird, ganz gleich, worauf du ihr Licht richtest, nur wahres Wissen offenbar. Und wenn du diese Fähigkeit nicht zu nutzen verstehst, wird alles, was du weisst, falsch sein.

Der Verstand hat auch die Fähigkeit zu falschem Wissen. In Sanskrit wird dieses falsche Wissen *viparyaya* genannt. Es ist unecht – *mithya*. Die Möglichkeit habt auch ihr. Ihr trinkt Alkohol, und was passiert? Die ganze Welt wird ein *viparyaya*: die ganze Welt wird unecht; ihr fangt an, Dinge zu sehen, die nicht vorhanden sind.

Was ist geschehen? Alkohol kann keine Dinge erschaffen. Alkohol bewirkt etwas in deinem Körper und Gehirn. Der Alkohol aktiviert das Zentrum, das Patanjali *viparyaya* nennt. Der Verstand hat ein Zentrum, das alles verdrehen kann. Wenn dieses Zentrum einmal anfängt zu arbeiten, wird alles verdreht.

Das erinnert mich an eine Geschichte. Es geschah einmal, dass Mulla Nasrudin und sein Freund sich in einer Kneipe betranken. Als sie gingen, waren sie stockbetrunken, und Nasrudin war ein alter, erfahrener Trinker. Der andere war neu, deswegen traf es ihn mehr. Er sagte, «Jetzt kann ich nicht mehr richtig sehen, ich kann nicht mehr richtig hören, ich kann nicht einmal mehr richtig gehen. Wie soll ich nach Hause kommen? Sag mir doch, Nasrudin! Bitte führe mich. Wie soll ich nach Hause kommen?»

Nasrudin sagte, «Erst einmal gehst du los. Nach so und so vielen Schritten kommst du an eine Stelle, wo es zwei Wege gibt: einer führt nach rechts, der andere nach links. Du gehst nach links, weil der Weg, der nach rechts führt, gar nicht da ist. Ich bin schon oft genug nach rechts gegangen, aber jetzt bin ich ein erfahrener Mann. Denk daran, du wirst zwei Wege sehen. Nimm den linken; nimm nicht den rechten. Dieser rechte existiert nicht. Ich bin ihn oft gegangen, aber da kommt man nie an. So kommst du nie nach Hause».

Einmal gab Nasrudin seinem Sohn die erste Lektion im Trinken. Der Sohn war neugierig, und so fragte er seinen Vater, «Wann genau muss man aufhören?» Nasrudin sagte, «Sieh dir den Tisch da an. Da sitzen vier Personen. Wenn du anfängst acht zu sehen, dann hör auf!» Der Junge sagte, «Aber Vater, da sitzen doch nur zwei!»

Der Verstand hat diese Fähigkeit. Immer wenn du unter dem Einfluss irgendeiner Droge, irgendeines Rauschmittels stehst, ist diese Fähigkeit in Betrieb. Das ist es, was Patanjali *viparyaya* nennt – falsches Wissen: das Zentrum der Verzerrung.

Genau entgegengesetzt dazu gibt es ein Zentrum, von dem ihr nichts wisst. Genau entgegengesetzt gibt es ein Zentrum: wenn man tief und still meditiert, wird dieses andere Zentrum zu arbeiten anfangen. Dieses Zentrum heisst *praman* – wahres Wissen. Wenn dieses Zentrum funktioniert, ist alles, was du erkennst, richtig. Die Frage ist also nicht, was du siehst, die Frage ist, von wo du es siehst.

Darum sind alle Religionen gegen Alkohol. Nicht etwa aus irgendwelchen moralischen Gründen – nein! Sondern daher, weil Alkohol dies Zentrum der Verzerrung beeinflusst. Und jede Religion ist für Meditation, denn Meditation bedeutet, immer mehr Stille zu erzeugen, immer schweigsamer zu werden.

Alkohol bewirkt genau das Gegenteil: er macht immer unruhiger, aufgeregter, verworrener. Ein Zittern überkommt dich. Ein Betrunkener kann nicht einmal richtig gehen. Er hat sein Gleichgewicht verloren. Nicht nur körperlich, sondern auch geistig hat er sein Gleichgewicht verloren.

Meditation bedeutet, ein inneres Gleichgewicht zu gewinnen. Wenn du ein inneres Gleichgewicht gewinnst, und es gibt kein Zittern, wenn der gesamte Körper-Geist still geworden ist, dann beginnt das Zentrum des wahren Wissens zu arbeiten. Alles, was man durch dieses Zentrum erkennt, ist wahr.

Aber wo seid ihr? Ihr seid keine Alkoholiker, und ihr seid keine Meditierer, also müsst ihr irgendwo dazwischen sein. Ihr seid in keinem Zentrum. Ihr seid zwischen diesen beiden Zentren von falschem Wissen und wahrem Wissen. Darum seid ihr verwirrt.

Manchmal erlebt ihr ein kurzes Aufleuchten. Ihr neigt euch ein wenig dem Zentrum des wahren Wissens zu, und es blitzt flüchtig in euch auf. Oder ihr neigt euch dem Zentrum der Verzerrung zu, und dann wird in euch alles verdreht. Alles mischt sich in euch, ihr seid im Chaos. Darum müsst ihr entweder Meditierer werden, oder ihr müsst Alkoholiker werden, denn Verwirrung ist zu schwer zu ertragen. Und diese beiden Möglichkeiten sind gegeben.

Wenn man sich im Rausch verliert, dann fühlt man sich behaglich. Zumindest hat man ein Zentrum erreicht. Es mag das Zentrum des falschen Wissens sein, aber wenigstens ist man zentriert. Die ganze Welt kann sagen, dass du auf dem falschen Weg bist, aber du glaubst es nicht; du glaubst, die ganze Welt irrt sich. Und wenigstens in solchen Momenten der Unbewusstheit bist du zentriert – wenn auch im falschen Zentrum zentriert. Aber du bist glücklich, da sogar die Zentrierung im falschen Zentrum dir ein gewisses Glücksgefühl verleiht. Du geniesst es: darum hat der Alkohol eine so grosse Anziehungskraft.

Seit Jahrhunderten haben die Regierungen ihn bekämpft. Es wurden Gesetze gemacht, Verbote und alles mögliche, aber nichts hilft. Bevor die Menschheit nicht meditativ wird, kann nichts helfen! Die Menschen werden so weitermachen; sie werden neue Wege und neue Mittel finden, sich zu berauschen. Man kann sie nicht davon abhalten, und je mehr man versucht, sie zurückzuhalten, je mehr Gesetze das verbieten, desto grösser wird die Anziehungskraft des Alkohols sein.

Amerika hat es versucht, aber sie mussten rückfällig werden. Sie haben ihr Bestes versucht, aber es ist fehlgeschlagen. Und auch Indien hat nach der Unabhängigkeit versucht, den Alkohol loszuwerden. Es ist ihnen nicht gelungen, und viele Staaten haben wieder damit angefangen. Es scheint sinnlos.

Bevor der Mensch sich nicht innerlich verändert, kann man ihn in kein Verbot zwängen. Das ist unmöglich, weil der Mensch dann verrückt wird. Das ist seine Art, geistig gesund zu bleiben. Für einige Stunden wird er betäubt, «stoned», dann geht es ihm gut. Dann gibt es kein Elend; dann gibt es keine Qual. Das Elend wird kommen, die Qual wird kommen, aber wenigstens ist sie aufgeschoben. Morgen früh kommt der Katzenjammer, kommt die Qual zurück, und man muss ihr ins Auge sehen. Aber auf den Abend darf man hoffen. Da wird man sich wieder betrinken und sich wohlfühlen.

Das sind die zwei Alternativen. Wenn du nicht meditativ bist, dann wirst du früher oder später eine Droge finden müssen. Und es gibt subtile Drogen. Alkohol ist nicht sehr subtil, er macht stumpf. Aber es gibt subtile Drogen. Sex kann zur Droge für dich werden. Mit Hilfe des Sex kannst du deine Bewusstheit verlieren. Du kannst *alles* als Droge benutzen; aber nur Meditation kann helfen. Warum? Weil Meditation dir zur Zentrierung in dem Zentrum verhilft, das Patanjali *praman* nennt.

Warum legt jede Religion einen so grossen Wert auf die Meditation? Meditation muss ein inneres Wunder vollbringen. Und das Wunder ist dies: Meditation hilft dir, das Licht des wahren Wissens anzuzünden. Dann ist alles, was du erkennst, wahr, wo du auch hingehst, wo auch immer dein Brennpunkt sich konzentriert.

An Buddha wurden Tausende von Fragen gerichtet. Eines Tages sagte jemand zu ihm, «Wir kommen mit immer neuen Fragen zu dir. Wir haben die Frage noch nicht einmal richtig gestellt, und schon fängst du an, sie zu beantworten. Du denkst nie erst nach. Wie kann das sein?»

Buddha sagte, «Es geht nicht darum, nachzudenken. Du stellst eine Frage, und ich sehe es mir einfach an,

Die erste Erscheinungsform des Verstandes ist also wahres Wissen. Dahin führt Meditation. Und nur wenn du wahrhaft zu wissen vermagst, und es ist kein Beweis mehr nötig, kann der Verstand fallen – nicht vorher. Wo keine Beweise nötig sind, wird der Verstand nicht gebraucht; denn der Verstand ist ein logisches Instrument.

Ihr braucht den Verstand jeden Moment. Ihr müsst denken, herausfinden, was falsch und was richtig ist. Jeden Moment gibt es Entscheidungen, Alternativen. Ihr müsst wählen. Erst wenn *praman* funktioniert, wenn das wahre Wissen funktioniert, könnt ihr den Verstand fallenlassen, weil Entscheidungen bedeutungslos geworden sind. Ihr bewegt euch frei von Entscheidungen. Alles Richtige offenbart sich euch.

Ein Weiser ist jemand, der nie eine Wahl trifft. Er zieht nie das Gute dem Bösen vor. Er geht einfach in die Richtung, die das Gute *ist*. Das ist wie bei einer Sonnenblume. Wenn sich die Sonne im Osten befindet, beugt sich die Blume nach Osten. Sie sucht sich das niemals aus. Wenn die Sonne nach Westen wandert, beugt sich die Blume nach Westen. Sie geht einfach mit der Sonne mit. Sie hat sich die Richtung nicht ausgesucht; sie hat sie nicht gewählt. Sie hat nicht die Entscheidung getroffen, «Jetzt muss ich mich drehen, weil die Sonne nach Westen gewandert ist».

Ein Weiser ist genau wie eine Blume. Er bewegt sich einfach immer dahin, wo das Gute ist. Und so ist alles, was er tut, gut. Die Upanishaden sagen: «Fälle kein Urteil über Weise.» Euer gewöhnlicher Massstab langt nicht. *Ihr* müsst das Gute dem Bösen vorziehen, aber der Weise trifft keine Wahl. Er bewegt sich einfach auf alles zu, was gut ist. Und ihr könnt ihn nicht davon abbringen, weil es nicht um Alternativen geht. Wenn ihr sagt, «Dies ist schlecht», wird er sagen, «In Ordnung, es mag schlecht sein, aber so bewege ich mich, so fliesst mein Wesen».

Wer die Wahrheit wusste – und die Leute zur Zeit der Upanishaden wussten sie – hat immer entschieden:

und das Wahre kommt an den Tag. Es geht nicht darum, darüber nachzudenken oder darüber zu brüten. Die Antwort kommt nicht als logischer Vernunftschluss. Sie ist nur das Ergebnis der Sammlung im richtigen Zentrum».

Buddha ist wie ein Scheinwerfer. Gleich, in welche Richtung er sich bewegt, offenbart er, was da ist. Auf die Frage kommt es gar nicht an. Buddha hat das Licht, und immer, wenn das Licht auf irgendeine Frage fällt, wird Antwort enthüllt. Die Antwort kommt aus diesem Licht. Es ist ein einfaches Phänomen, eine Offenbarung.

Wenn jemand dich etwas fragt, musst du darüber nachdenken. Aber wie kannst du denken, wenn du nicht weisst? Und wenn du weisst, brauchst du nicht zu denken. Wenn du nicht weisst, was willst du dann tun? Du wirst in deinem Gedächtnis suchen, und du wirst viele Anhaltspunkte finden. Du wirst einfach ein Flickwerk daraus machen, aber du weisst nicht wirklich. Sonst wäre deine Antwort sofort dagewesen.

Ich habe von einer Lehrerin gehört, einer Lehrerin in einer Grundschule. Sie fragte die Kinder, «Habt ihr irgendwelche Fragen?» Ein kleiner Junge stand auf und sagte, «Ich habe eine Frage, und ich habe darauf gewartet, sie zu stellen, sobald Sie dazu Gelegenheit geben würden: Was ist das Gewicht der gesamten Erde?»

Die Lehrerin war verwirrt, weil sie nie darüber nachgedacht, nie darüber gelesen hatte. Was ist das Gewicht der gesamten Erde? Sie benutzte einen Trick, den alle Lehrer kennen; Lehrer müssen mit Tricks arbeiten. Sie sagte, «Ja, das ist eine gute Frage. Hausaufgabe für morgen: jeder muss die Antwort herausfinden». Sie brauchte Zeit. Sie sagte, «Morgen frage ich euch danach. Für denjenigen, der die richtige Antwort bringt, wird es ein Geschenk geben».

Alle Kinder suchten und suchten, aber sie konnten die Antwort nicht finden. Die Lehrerin rannte zur Bibliothek. Sie suchte die ganze Nacht, und erst am Morgen konnte sie das Gewicht der Erde ausfindig machen. Sie war sehr glücklich. Als sie zurück zur

Schule kam, waren die Kinder schon da. Sie waren erschöpft. Sie sagten, «Wir konnten es nicht herausfinden. Wir haben Mama gefragt, wir haben Papa gefragt, und wir haben jeden gefragt. Niemand weiss es. Es scheint eine sehr schwere Frage zu sein».

Die Lehrerin lachte und sagte, «Gar nicht so schwer. Ich weiss die Antwort, aber ich wollte nur einmal sehen, ob ihr sie herausfinden könnt oder nicht. Das Gewicht der Erde beträgt ...» Der Kleine, der die Frage aufgeworfen hatte, stand wieder auf und fragte, «Mit Menschen oder ohne?»

Buddha könnt ihr nicht in solch eine Lage bringen. Es geht nicht darum, irgendwo die Antwort zu finden; es geht in Wirklichkeit nicht darum, dir zu antworten. Deine Frage ist für ihn nur ein Vorwand. Wenn du ihm eine Frage stellst, richtet er einfach sein Licht auf diese Frage, und was immer sich zeigt, wird sichtbar. Er beantwortet dich: es ist eine tiefe Erwiderung von seinem richtigen Zentrum – *praman*.

Patanjali sagt, dass es fünf Erscheinungsformen des Verstandes gibt. Das erste ist wahres Wissen. Wenn dieses Zentrum des wahren Wissens in dir zu arbeiten beginnt, wirst du ein Weiser, ein Heiliger. Du wirst religiös. Eher kannst du nicht religiös werden.

Genau deshalb machen Jesus oder Mohammed den Eindruck, wahnsinnig zu sein, weil sie nicht diskutieren; sie bringen ihren Fall nicht logisch vor. Sie stellen einfach fest. Wenn man Jesus fragt, «Bist du wirklich der einzige Sohn Gottes?» sagt er, «Ja». Und wenn man ihn auffordert, das zu beweisen, wird er lachen. Er wird sagen, «Ich brauche nichts zu beweisen. Ich weiss es! Es ist eine Tatsache; es ist offensichtlich». Für uns sieht das unlogisch aus. Dieser Mann scheint neurotisch zu sein, er behauptet etwas, ohne jeden Beweis.

Wenn dieses *praman*, dieses Zentrum des *prama*, dieses Zentrum des wahren Wissens zu funktionieren beginnt, wirst du genauso sein: du wirst Aussagen machen können, aber du wirst sie nicht beweisen können. Wie willst du sie beweisen? Wenn du verliebt bist, wie kannst du beweisen, dass du verliebt bist? kannst es einfach feststellen. Wenn du Schmerzen Bein hast, wie kannst du beweisen, daß du Schmerz hast? Du kannst einfach feststellen, «Ich habe Schme zen». Du weisst es irgendwo von innen. Dieses Wiss ist genug.

Ramakrishna wurde gefragt, «Gibt es Gott?» Er sagt «Ja». Der Mann sagte, «Dann beweise es». Ram krishna antwortete, «Das ist nicht nötig. Ich weiss e Für mich ist es nicht notwendig. Aber für dich wohl Für mich konnte es mir beweisen, u darum suche. Niemand konnte es mir beweisen. Ich musste suchen; ic ich kann es dir nicht beweisen. Ich musste suchen; musste finden. Und ich habe gefunden. Gott ist!»

Auf die Art funktioniert das wahre Zentrum. Abe Ramakrishna oder Jesus wirken absurd. Sie behaupte bestimmte Dinge, ohne einen Beweis zu erbringen Aber sie erheben keinen Anspruch; sie fordern nichts Bestimmte Dinge haben sich ihnen offenbart, weil i ihnen ein neues Zentrum tätig ist, das ihr nicht habt Und nur weil ihr es nicht habt, braucht ihr Beweise.

Merkt euch: etwas beweisen beweist, dass ihr kein innere Überzeugung habt; alles muss bewiesen werden sogar Liebe muss bewiesen werden. Und genau das tu die Leute ständig. Ich kenne viele Paare, die das tu Der Ehemann beweist immer wieder, dass er liebt, ab seine Frau ist nicht überzeugt, und die Frau liefe immer wieder Beweise für ihre Liebe, aber der Mann nicht überzeugt. Sie sind nicht überzeugt, und das ein ständiger Konflikt. Jeder fühlt, dass der andere se oder ihre Liebe noch nicht bewiesen hat.

Verliebte erwarten immer wieder Liebesbeweise. schaffen Situationen, in denen der andere seine ihre Liebe beweisen muss. Und nach und nach dieses sinnlose Bemühen um Beweise an, beide zu weilen. Und es lässt sich da nichts beweisen! Wie man Liebe beweisen? Ihr könnt Geschenke ma aber das beweist nichts. Ihr könnt jemanden k und umarmen, ihr könnt singen, und ihr könnt aber das beweist nichts. Vielleicht tust du ja nu

«Wir werden keinen Weisen beurteilen.» Sobald ein Mensch einmal in seine eigene Mitte gekommen ist, sobald ein Mensch einmal zur Meditation gelangt ist, sobald ein Mensch einmal ruhig geworden ist und seinen Verstand fallengelassen hat, befindet er sich jenseits unserer Moral, jenseits von Tradition. Er befindet sich jenseits unserer Begrenzungen. Wenn wir fähig sind, zu folgen, können wir ihm folgen; wenn wir nicht folgen können, ist nichts zu machen. Aber ändern lässt sich nichts, und wir sollten nicht urteilen.

Wenn das wahre Wissen funktioniert, wenn dein Geist die Form des wahren Wissens angenommen hat, wirst du religiös. Seht doch: Patanjali ist vollkommen anders. Patanjali redet nicht von Religion, wenn ihr zur Moschee geht, zum *gurudwara*, zum Tempel, wenn ihr irgendein Ritual vollzieht, irgendein Gebet. Nein, das ist nicht Religion. Ihr müsst dafür sorgen, dass euer Zentrum des wahren Wissens funktioniert. Ob ihr also zum Tempel geht oder nicht, ist unwesentlich; es spielt keine Rolle. Wenn euer Zentrum des wahren Wissens arbeitet, ist alles, was ihr tut, Gebet und überall, wo ihr hingeht, ein Tempel.

Kabir hat gesagt, «Wo ich auch hingehe, finde ich dich, mein Gott. Wohin ich mich auch bewege, bewege ich mich zu dir, stolpere ich über dich. Und was ich auch tue, sogar gehen oder essen, ist Gebet». Kabir sagt, «Diese Spontaneität ist mein Samadhi.
Einfach spontan zu sein ist meine Meditation».

Die zweite Erscheinungsform des Verstandes ist falsches Wissen. Wenn dein Zentrum des falschen Wissens arbeitet, dann wirst du alles, was du machst, falsch machen, und alles, was du wählst, wirst du falsch wählen. Alles, was du entscheidest, wird falsch sein, weil du nicht wirklich entscheidest. Das falsche Zentrum ist in Betrieb.

Es gibt Leute, die sehr unglücklich sind, weil alles, was sie tun, schief geht. Sie wollen es nicht wieder falsch machen, aber das hilft nicht, denn das Zentrum muss verändert werden. Ihr Verstand arbeitet verkehrt.

Sie mögen glauben, dass sie Gutes tun, aber sie tun Schlechtes. Trotz all ihrer guten Vorsätze können sie nichts dran ändern. Sie sind hilflos.

Mulla Nasrudin ging oft zu einem Heiligen. Er besuchte ihn lange, Tag für Tag. Der Heilige war still und sprach gewöhnlich nichts. Schliesslich platzte Mulla Nasrudin heraus, «Ich bin immer wieder zu dir gekommen und habe darauf gewartet, dass du etwas sagst. Und wenn du nicht sprichst, kann ich nicht verstehen. Gib mir also eine Botschaft fürs Leben, eine Richtung, damit ich mich in diese Richtung bewegen kann».

Dieser weise Sufi sagte, «*Neki kar kuyen may dal*»: «Tu Gutes und wirf es in den Brunnen.» Dies ist einer der ältesten Sufi-Sprüche: «Tu Gutes und wirf es in den Brunnen.» Es bedeutet, dass man Gutes tun und es dann sofort vergessen soll. Trage nicht weiter mit dir herum, dass du Gutes getan hast.

Am nächsten Tag half Mulla Nasrudin einer alten Frau, die Strasse zu überqueren, und dann stiess er sie in den Brunnen. «*Neki kar kuyen may dal*»: «Tu Gutes und wirf es in den Brunnen.» Wenn dein falsches Zentrum arbeitet, wird alles, was du tust, falsch sein. Du kannst den Koran lesen, du kannst die Gita lesen, und du wirst solche Bedeutungen herauslesen, dass Krishna schockiert wäre, Mohammed schockiert wäre zu sehen, dass du solche Bedeutungen dafür finden kannst.

Mahatma Gandhi schrieb seine Autobiographie mit der Absicht, anderen Menschen zu helfen. Daraufhin bekam er viele Briefe, denn in dem Buch beschreibt er sein Geschlechtsleben. Er war ehrlich, einer der ehrlichsten Menschen überhaupt, deshalb beschrieb er alles. Er schrieb über alles, was in seiner Vergangenheit geschehen war. Er schrieb darüber, wie er an dem Tag, als sein Vater starb, zu schwach war; er konnte nicht an seinem Sterbebett sitzen bleiben. Selbst an diesem Tag musste er mit seiner Frau ins Bett gehen.

Die Ärzte hatten ihm gesagt, «Dies ist die letzte Nacht. Dein Vater kann den Morgen nicht überleben.

Gegen Morgen wird er tot sein». Aber gegen zwölf oder ein Uhr in der Nacht erwachte ein Verlangen in ihm, ein sexuelles Verlangen. Sein Vater schlief gerade ein, also schlich er sich davon, ging zu seiner Frau und gab dem Sex nach. Und die Frau war schwanger. Es war der neunte Monat. Der Vater lag im Sterben, und auch das Kind starb in dem Moment, wo es geboren wurde. Der Vater starb während der Nacht, und sein ganzes Leben lang bereute Gandhi tief, dass er nicht bei seinem sterbenden Vater geblieben war. Der Sex hatte ihm keine Ruhe gelassen.

Gandhi schrieb alles auf – und nur, um andern zu helfen. Er war ehrlich. Aber er bekam viele Briefe, und diese Briefe waren so, dass er schockiert war. Viele Leute schrieben ihm, «Deine Autobiographie hat etwas, das uns schon durch die Lektüre sexueller gemacht hat. Allein das Durchlesen deiner Autobiographie hat uns sexueller und triebhafter werden lassen. Sie ist erotisch».

Wenn das falsche Zentrum arbeitet, dann kann nichts getan werden. Was du auch tust oder liest, wie du dich auch verhältst, es wird falsch sein. Du wirst dich auf das Falsche zubewegen. Du kannst selbst zu Buddha gehen, aber du wirst etwas Falsches in ihm sehen. Sofort! Nicht einmal Buddha kannst du erkennen. Du wirst sofort etwas Falsches sehen. Du konzentrierst dich auf das Falsche aus einem tiefen Drang, das Falsche überall zu finden, egal wo.

Diese Erscheinungsform des Verstandes nennt Patanjali viparyaya. Viparyaya bedeutet Perversion, Verdrehung. Ihr verdreht alles. Ihr interpretiert alles so, dass daraus eine Perversion wird.

Omar Khayyam schreibt, «Ich habe gehört, dass Gott mitfühlend ist». Das ist schön. Die Mohammedaner wiederholen immer wieder, «Gott ist rehman – Mitgefühl, rahim – Mitleid». Sie wiederholen das ununterbrochen. Also sagt Omar Khayyam, «Wenn er wirklich mitfühlend ist, wenn er Mitgefühl ist, dann brauche ich keine Angst zu haben. Ich kann weiter sündigen.

Wenn er Mitleid ist, wozu dann die Angst? Ich kann tun, was immer ich will, und er wird immer noch Mitgefühl sein. Immer wenn ich vor ihm stehe, werde ich also sagen, *rahim, rehman*: Oh Gott des Mitleids, ich habe gesündigt, aber du bist ja Mitgefühl. Wenn du wirklich Mitgefühl bist, dann habe Mitleid mit mir». Also betrank sich Omar Khayyam weiter; er beging weiter alles das, was er für Sünde hielt. Aber er hatte das in einer sehr verdrehten Weise interpretiert.

Überall auf der Welt haben die Menschen das gleiche getan. In Indien sagen wir, «Wenn du zum Ganges gehst, wenn du im Ganges badest, werden sich deine Sünden auflösen». Das war an sich eine schöne Vorstellung. Sie zeigt vieles an. Sie zeigt, dass Sünde nichts Tiefgehendes ist, dass sie nur wie Staub auf euch liegt. Das besagt, «Lasst sie nicht Besitz von euch ergreifen; fühlt euch nicht schuldig. Sie ist genau wie Staub, und im Innern bleibt ihr rein. Schon das Baden im Ganges kann helfen».

Das ist nur dazu da, euch zu helfen, nicht zu besessen von der Sünde zu werden, wie es die Christenheit geworden ist. Die Schuld ist zu beschwerlich geworden, und so wird schon ein einfaches Bad im Ganges helfen. Ihr braucht euch nicht zu fürchten. Aber was haben wir daraus gemacht? Wir sagen, «Dann ist es in Ordnung, weiter zu sündigen». Und nach einer Weile, wenn ihr das Gefühl habt, dass ihr nun viele Sünden begangen habt, gebt ihr dem Ganges die Möglichkeit, euch zu reinigen. Dann kommt ihr zurück und sündigt von neuem. Das ist das Zentrum der Verdrehung bei der Arbeit.

Die dritte Erscheinungsform des Verstandes ist die Einbildung. Der Verstand hat die Fähigkeit, sich etwas vorzustellen. Das ist gut, es ist schön. Und alles Schöne ist durch die Vorstellungskraft entstanden. Malerei, Kunst, Tanz, Musik – alles, was schön ist, ist durch die Phantasie entstanden. Aber auch alles Hässliche ist durch die Phantasie entstanden: Hitler, Mao, Musso-

und das Wahre kommt an den Tag. Es geht nicht darum, darüber nachzudenken oder darüber zu brüten. Die Antwort kommt nicht als logischer Vernunftschluss. Sie ist nur das Ergebnis der Sammlung im richtigen Zentrum».

Buddha ist wie ein Scheinwerfer. Gleich, in welche Richtung er sich bewegt, offenbart er, was da ist. Auf die Frage kommt es gar nicht an. Buddha hat das Licht, und immer, wenn das Licht auf irgendeine Frage fällt, wird Antwort enthüllt. Die Antwort kommt aus diesem Licht. Es ist ein einfaches Phänomen, eine Offenbarung.

Wenn jemand dich etwas fragt, musst du darüber nachdenken. Aber wie kannst du denken, wenn du nicht weisst? Und wenn du weisst, brauchst du nicht zu denken. Wenn du nicht weisst, was willst du dann tun? Du wirst in deinem Gedächtnis suchen, und du wirst viele Anhaltspunkte finden. Du wirst einfach ein Flickwerk daraus machen, aber du weisst nicht wirklich. Sonst wäre deine Antwort sofort dagewesen.

Ich habe von einer Lehrerin gehört, einer Lehrerin in einer Grundschule. Sie fragte die Kinder, «Habt ihr irgendwelche Fragen?» Ein kleiner Junge stand auf und sagte, «Ich habe eine Frage, und ich habe darauf gewartet, sie zu stellen, sobald Sie dazu Gelegenheit geben würden: Was ist das Gewicht der gesamten Erde?»

Die Lehrerin war verwirrt, weil sie nie darüber nachgedacht, nie darüber gelesen hatte. Was ist das Gewicht der gesamten Erde? Sie benutzte einen Trick, den alle Lehrer kennen; Lehrer müssen mit Tricks arbeiten. Sie sagte, «Ja, das ist eine gute Frage. Hausaufgabe für morgen: jeder muss die Antwort herausfinden». Sie brauchte Zeit. Sie sagte, «Morgen frage ich euch danach. Für denjenigen, der die richtige Antwort bringt, wird es ein Geschenk geben».

Alle Kinder suchten und suchten, aber sie konnten die Antwort nicht finden. Die Lehrerin rannte zur Bibliothek. Sie suchte die ganze Nacht, und erst am Morgen konnte sie das Gewicht der Erde ausfindig machen. Sie war sehr glücklich. Als sie zurück zur

Schule kam, waren die Kinder schon da. Sie waren erschöpft. Sie sagten, «Wir konnten es nicht herausfinden. Wir haben Mama gefragt, wir haben Papa gefragt, und wir haben jeden gefragt. Niemand weiss es. Es scheint eine sehr schwere Frage zu sein».

Die Lehrerin lachte und sagte, «Gar nicht so schwer. Ich weiss die Antwort, aber ich wollte nur einmal sehen, ob ihr sie herausfinden könnt oder nicht. Das Gewicht der Erde beträgt ...» Der Kleine, der die Frage aufgeworfen hatte, stand wieder auf und fragte, «Mit Menschen oder ohne?»

Buddha könnt ihr nicht in solch eine Lage bringen. Es geht nicht darum, irgendwo die Antwort zu finden; es geht in Wirklichkeit nicht darum, dir zu antworten. Deine Frage ist für ihn nur ein Vorwand. Wenn du ihm eine Frage stellst, richtet er einfach sein Licht auf diese Frage, und was immer sich zeigt, wird sichtbar. Er beantwortet dich: es ist eine tiefe Erwiderung von seinem richtigen Zentrum – *praman*.

Patanjali sagt, dass es fünf Erscheinungsformen des Verstandes gibt. Das erste ist wahres Wissen. Wenn dieses Zentrum des wahren Wissens in dir zu arbeiten beginnt, wirst du ein Weiser, ein Heiliger. Du wirst religiös. Eher kannst du nicht religiös werden.

Genau deshalb machen Jesus oder Mohammed den Eindruck, wahnsinnig zu sein, weil sie nicht diskutieren; sie bringen ihren Fall nicht logisch vor. Sie stellen einfach fest. Wenn man Jesus fragt, «Bist du wirklich der einzige Sohn Gottes?» sagt er, «Ja». Und wenn man ihn auffordert, das zu beweisen, wird er lachen. Er wird sagen, «Ich brauche nichts zu beweisen. Ich weiss es! Es ist eine Tatsache; es ist offensichtlich». Für uns sieht das unlogisch aus. Dieser Mann scheint neurotisch zu sein, er behauptet etwas, ohne jeden Beweis.

Wenn dieses *praman*, dieses Zentrum des *prama*, dieses Zentrum des wahren Wissens zu funktionieren beginnt, wirst du genauso sein: du wirst Aussagen machen können, aber du wirst sie nicht beweisen können. Wie willst du sie beweisen? Wenn du verliebt bist, wie kannst du beweisen, dass du verliebt bist? Du kannst es einfach feststellen. Wenn du Schmerzen im Bein hast, wie kannst du beweisen, daß du Schmerzen hast? Du kannst einfach feststellen, «Ich habe Schmerzen». Du weisst es irgendwo von innen. Dieses Wissen ist genug.

Ramakrishna wurde gefragt, «Gibt es Gott?» Er sagte, «Ja». Der Mann sagte, «Dann beweise es». Ramakrishna antwortete, «Das ist nicht nötig. Ich weiss es. Für mich ist es nicht notwendig. Aber für dich wohl – darum suche. Niemand konnte es mir beweisen, und ich kann es dir nicht beweisen. Ich musste suchen; ich musste finden. Und ich habe gefunden. Gott ist!»

Auf die Art funktioniert das wahre Zentrum. Aber Ramakrishna oder Jesus wirken absurd. Sie behaupten bestimmte Dinge, ohne einen Beweis zu erbringen. Aber sie erheben keinen Anspruch; sie fordern nichts. Bestimmte Dinge haben sich ihnen offenbart, weil in ihnen ein neues Zentrum tätig ist, das ihr nicht habt. Und nur weil ihr es nicht habt, braucht ihr Beweise.

Merkt euch: etwas beweisen beweist, dass ihr keine innere Überzeugung habt; alles muss bewiesen werden; sogar Liebe muss bewiesen werden. Und genau das tun die Leute ständig. Ich kenne viele Paare, die das tun. Der Ehemann beweist immer wieder, dass er liebt, aber seine Frau ist nicht überzeugt, und die Frau liefert immer wieder Beweise für ihre Liebe, aber der Mann ist nicht überzeugt. Sie sind nicht überzeugt, und das ist ein ständiger Konflikt. Jeder fühlt, dass der andere seine oder ihre Liebe noch nicht bewiesen hat.

Verliebte erwarten immer wieder Liebesbeweise. Sie schaffen Situationen, in denen der andere seine oder ihre Liebe beweisen muss. Und nach und nach fängt dieses sinnlose Bemühen um Beweise an, beide zu langweilen. Und es lässt sich da nichts beweisen! Wie kann man Liebe beweisen? Ihr könnt Geschenke machen, aber das beweist nichts. Ihr könnt jemanden küssen und umarmen, ihr könnt singen, und ihr könnt tanzen, aber das beweist nichts. Vielleicht tust du ja nur so.

Die erste Erscheinungsform des Verstandes ist also wahres Wissen. Dahin führt Meditation. Und nur wenn du wahrhaft zu wissen vermagst, und es ist kein Beweis mehr nötig, kann der Verstand fallen – nicht vorher. Wo keine Beweise nötig sind, wird der Verstand nicht gebraucht; denn der Verstand ist ein logisches Instrument.

Ihr braucht den Verstand jeden Moment. Ihr müsst denken, herausfinden, was falsch und was richtig ist. Jeden Moment gibt es Entscheidungen, Alternativen. Ihr müsst wählen. Erst wenn *praman* funktioniert, wenn das wahre Wissen funktioniert, könnt ihr den Verstand fallenlassen, weil Entscheidungen bedeutungslos geworden sind. Ihr bewegt euch frei von Entscheidungen. Alles Richtige offenbart sich euch.

Ein Weiser ist jemand, der nie eine Wahl trifft. Er zieht nie das Gute dem Bösen vor. Er geht einfach in die Richtung, die das Gute *ist*. Das ist wie bei einer Sonnenblume. Wenn sich die Sonne im Osten befindet, beugt sich die Blume nach Osten. Sie sucht sich das niemals aus. Wenn die Sonne nach Westen wandert, beugt sich die Blume nach Westen. Sie geht einfach mit der Sonne mit. Sie hat sich die Richtung nicht ausgesucht; sie hat sie nicht gewählt. Sie hat nicht die Entscheidung getroffen, «Jetzt muss ich mich drehen, weil die Sonne nach Westen gewandert ist».

Ein Weiser ist genau wie eine Blume. Er bewegt sich einfach immer dahin, wo das Gute ist. Und so ist alles, was er tut, gut. Die Upanishaden sagen: «Fälle kein Urteil über Weise.» Euer gewöhnlicher Massstab langt nicht. *Ihr* müsst das Gute dem Bösen vorziehen, aber der Weise trifft keine Wahl. Er bewegt sich einfach auf alles zu, was gut ist. Und ihr könnt ihn nicht davon abbringen, weil es nicht um Alternativen geht. Wenn ihr sagt, «Dies ist schlecht», wird er sagen, «In Ordnung, es mag schlecht sein, aber so bewege ich mich, so fliesst mein Wesen».

Wer die Wahrheit wusste – und die Leute zur Zeit der Upanishaden wussten sie – hat immer entschieden:

«Wir werden keinen Weisen beurteilen.» Sobald ein Mensch einmal in seine eigene Mitte gekommen ist, sobald ein Mensch einmal zur Meditation gelangt ist, sobald ein Mensch einmal ruhig geworden ist und seinen Verstand fallengelassen hat, befindet er sich jenseits unserer Moral, jenseits von Tradition. Er befindet sich jenseits unserer Begrenzungen. Wenn wir fähig sind, zu folgen, können wir ihm folgen; wenn wir nicht folgen können, ist nichts zu machen. Aber ändern lässt sich nichts, und wir sollten nicht urteilen.

Wenn das wahre Wissen funktioniert, wenn dein Geist die Form des wahren Wissens angenommen hat, wirst du religiös. Seht doch: Patanjali ist vollkommen anders. Patanjali redet nicht von Religion, wenn ihr zur Moschee geht, zum *gurudwara*, zum Tempel, wenn ihr irgendein Ritual vollzieht, irgendein Gebet. Nein, das ist nicht Religion. Ihr müsst dafür sorgen, dass euer Zentrum des wahren Wissens funktioniert. Ob ihr also zum Tempel geht oder nicht, ist unwesentlich; es spielt keine Rolle. Wenn euer Zentrum des wahren Wissens arbeitet, ist alles, was ihr tut, Gebet und überall, wo ihr hingeht, ein Tempel.

Kabir hat gesagt, «Wo ich auch hingehe, finde ich dich, mein Gott. Wohin ich mich auch bewege, bewege ich mich zu dir, stolpere ich über dich. Und was ich auch tue, sogar gehen oder essen, ist Gebet». Kabir sagt, «Diese Spontaneität ist mein Samadhi.
Einfach spontan zu sein ist meine Meditation».

Die zweite Erscheinungsform des Verstandes ist falsches Wissen. Wenn dein Zentrum des falschen Wissens arbeitet, dann wirst du alles, was du machst, falsch machen, und alles, was du wählst, wirst du falsch wählen. Alles, was du entscheidest, wird falsch sein, weil du nicht wirklich entscheidest. Das falsche Zentrum ist in Betrieb.

Es gibt Leute, die sehr unglücklich sind, weil alles, was sie tun, schief geht. Sie wollen es nicht wieder falsch machen, aber das hilft nicht, denn das Zentrum muss verändert werden. Ihr Verstand arbeitet verkehrt.

Sie mögen glauben, dass sie Gutes tun, aber sie tun Schlechtes. Trotz all ihrer guten Vorsätze können sie nichts dran ändern. Sie sind hilflos.

Mulla Nasrudin ging oft zu einem Heiligen. Er besuchte ihn lange, Tag für Tag. Der Heilige war still und sprach gewöhnlich nichts. Schliesslich platzte Mulla Nasrudin heraus, «Ich bin immer wieder zu dir gekommen und habe darauf gewartet, dass du etwas sagst. Und wenn du nicht sprichst, kann ich nicht verstehen. Gib mir also eine Botschaft fürs Leben, eine Richtung, damit ich mich in diese Richtung bewegen kann».

Dieser weise Sufi sagte, «*Neki kar kuyen may dal*»: «Tu Gutes und wirf es in den Brunnen.» Dies ist einer der ältesten Sufi-Sprüche: «Tu Gutes und wirf es in den Brunnen.» Es bedeutet, dass man Gutes tun und es dann sofort vergessen soll. Trage nicht weiter mit dir herum, dass du Gutes getan hast.

Am nächsten Tag half Mulla Nasrudin einer alten Frau, die Strasse zu überqueren, und dann stiess er sie in den Brunnen. «*Neki kar kuyen may dal*»: «Tu Gutes und wirf es in den Brunnen.» Wenn dein falsches Zentrum arbeitet, wird alles, was du tust, falsch sein. Du kannst den Koran lesen, du kannst die Gita lesen, und du wirst solche Bedeutungen herauslesen, dass Krishna schockiert wäre, Mohammed schockiert wäre zu sehen, dass du solche Bedeutungen dafür finden kannst.

Mahatma Gandhi schrieb seine Autobiographie mit der Absicht, anderen Menschen zu helfen. Daraufhin bekam er viele Briefe, denn in dem Buch beschreibt er sein Geschlechtsleben. Er war ehrlich, einer der ehrlichsten Menschen überhaupt, deshalb beschrieb er alles. Er schrieb über alles, was in seiner Vergangenheit geschehen war. Er schrieb darüber, wie er an dem Tag, als sein Vater starb, zu schwach war; er konnte nicht an seinem Sterbebett sitzen bleiben. Selbst an diesem Tag musste er mit seiner Frau ins Bett gehen.

Die Ärzte hatten ihm gesagt, «Dies ist die letzte Nacht. Dein Vater kann den Morgen nicht überleben.

Gegen Morgen wird er tot sein». Aber gegen zwölf oder ein Uhr in der Nacht erwachte ein Verlangen in ihm, ein sexuelles Verlangen. Sein Vater schlief gerade ein, also schlich er sich davon, ging zu seiner Frau und gab dem Sex nach. Und die Frau war schwanger. Es war der neunte Monat. Der Vater lag im Sterben, und auch das Kind starb in dem Moment, wo es geboren wurde. Der Vater starb während der Nacht, und sein ganzes Leben lang bereute Gandhi tief, dass er nicht bei seinem sterbenden Vater geblieben war. Der Sex hatte ihm keine Ruhe gelassen.

Gandhi schrieb alles auf – und nur, um andern zu helfen. Er war ehrlich. Aber er bekam viele Briefe, und diese Briefe waren so, dass er schockiert war. Viele Leute schrieben ihm, «Deine Autobiographie hat etwas, das uns schon durch die Lektüre sexueller gemacht hat. Allein das Durchlesen deiner Autobiographie hat uns sexueller und triebhafter werden lassen. Sie ist erotisch».

Wenn das falsche Zentrum arbeitet, dann kann nichts getan werden. Was du auch tust oder liest, wie du dich auch verhältst, es wird falsch sein. Du wirst dich auf das Falsche zubewegen. Du kannst selbst zu Buddha gehen, aber du wirst etwas Falsches in ihm sehen. Sofort! Nicht einmal Buddha kannst du erkennen. Du wirst sofort etwas Falsches sehen. Du konzentrierst dich auf das Falsche aus einem tiefen Drang, das Falsche überall zu finden, egal wo.

Diese Erscheinungsform des Verstandes nennt Patanjali viparyaya. Viparyaya bedeutet Perversion, Verdrehung. Ihr verdreht alles. Ihr interpretiert alles so, dass daraus eine Perversion wird.

Omar Khayyam schreibt, «Ich habe gehört, dass Gott mitfühlend ist». Das ist schön. Die Mohammedaner wiederholen immer wieder, «Gott ist rehman – Mitgefühl, rahim – Mitleid». Sie wiederholen das ununterbrochen. Also sagt Omar Khayyam, «Wenn er wirklich mitfühlend ist, wenn er Mitgefühl ist, dann brauche ich keine Angst zu haben. Ich kann weiter sündigen.

Wenn er Mitleid ist, wozu dann die Angst? Ich kann tun, was immer ich will, und er wird immer noch Mitgefühl sein. Immer wenn ich vor ihm stehe, werde ich also sagen, *rahim, rehman*: Oh Gott des Mitleids, ich habe gesündigt, aber du bist ja Mitgefühl. Wenn du wirklich Mitgefühl bist, dann habe Mitleid mit mir». Also betrank sich Omar Khayyam weiter; er beging weiter alles das, was er für Sünde hielt. Aber er hatte das in einer sehr verdrehten Weise interpretiert.

Überall auf der Welt haben die Menschen das gleiche getan. In Indien sagen wir, «Wenn du zum Ganges gehst, wenn du im Ganges badest, werden sich deine Sünden auflösen». Das war an sich eine schöne Vorstellung. Sie zeigt vieles an. Sie zeigt, dass Sünde nichts Tiefgehendes ist, dass sie nur wie Staub auf euch liegt. Das besagt, «Lasst sie nicht Besitz von euch ergreifen; fühlt euch nicht schuldig. Sie ist genau wie Staub, und im Innern bleibt ihr rein. Schon das Baden im Ganges kann helfen».

Das ist nur dazu da, euch zu helfen, nicht zu besessen von der Sünde zu werden, wie es die Christenheit geworden ist. Die Schuld ist zu beschwerlich geworden, und so wird schon ein einfaches Bad im Ganges helfen. Ihr braucht euch nicht zu fürchten. Aber was haben wir daraus gemacht? Wir sagen, «Dann ist es in Ordnung, weiter zu sündigen». Und nach einer Weile, wenn ihr das Gefühl habt, dass ihr nun viele Sünden begangen habt, gebt ihr dem Ganges die Möglichkeit, euch zu reinigen. Dann kommt ihr zurück und sündigt von neuem. Das ist das Zentrum der Verdrehung bei der Arbeit.

Die dritte Erscheinungsform des Verstandes ist die Einbildung. Der Verstand hat die Fähigkeit, sich etwas vorzustellen. Das ist gut, es ist schön. Und alles Schöne ist durch die Vorstellungskraft entstanden. Malerei, Kunst, Tanz, Musik – alles, was schön ist, ist durch die Phantasie entstanden. Aber auch alles Hässliche ist durch die Phantasie entstanden: Hitler, Mao, Mussolini, sie alle sind durch die Vorstellungskraft entstanden.

Hitler stellte sich eine Welt der Übermenschen vor. Er glaubte an Friedrich Nietzsche, der gesagt hat, «Vernichtet alle, die schwach sind. Vernichtet alle, die nicht überdurchschnittlich sind. Lasst nur die Übermenschen auf der Erde». Deswegen vernichtete Hitler. Aber es ist nur Einbildung, nur eine utopische Vorstellung, zu glauben, dass man dadurch, dass man die Schwachen vernichtet, dadurch, dass man das Hässliche zerstört, dadurch, dass man die physisch Verkrüppelten vernichtet, eine schöne Welt haben wird. Gerade die Vernichtung ist das Hässlichste, was es auf der Welt geben kann – gerade diese Zerstörung.

Aber Hitler wirkte durch seine Einbildungskraft. Er hatte Phantasie – eine utopische Vorstellungskraft. Er war ein höchst einfallsreicher Mann! Hitler war einer der Einfallsreichsten. Seine Einbildung wurde so phantastisch und so geisteskrank, dass er um seiner eingebildeten Welt willen versuchte, diese Welt vollkommen zu zerstören. Seine Einbildung war wahnsinnig geworden.

Phantasie kann euch Poesie, Malerei und Kunst schenken, und Phantasie kann euch ebenso zum Wahnsinn führen. Es hängt davon ab, wie ihr sie gebraucht. Alle grossen wissenschaftlichen Entdeckungen sind aus dem Boden der Vorstellungskraft erwachsen – gemacht von Leuten, die sich etwas vorstellen konnten: die sich das Unmögliche vorstellen konnten. Heute können wir fliegen, heute können wir sogar zum Mond fliegen.

Das waren tiefverankerte Vorstellungen gewesen. Seit Jahrhunderten, seit Jahrtausenden hatte der Mensch vom Fliegen geträumt – wie er zum Mond kommen könnte! Jedes Kind hat den Wunsch, zum Mond zu fliegen, den Mond zu erreichen. Und wir haben ihn erreicht. Durch Vorstellungskraft entsteht Kreativität, aber durch Vorstellungskraft entsteht auch Zerstörung.

Patanjali sagt, dass die Einbildung die dritte Erscheinungsform des Verstandes ist. Ihr könnt sie auf die falsche Art benutzen, und dann wird sie euch zerstören. Oder ihr könnt sie auf die richtige Art benutzen. Und dann gibt es noch Meditationen, die mit der Einbildungskraft arbeiten. Sie beginnen mit der Phantasie, aber nach und nach wird die Phantasie immer subtiler und subtiler. Dann wird die Phantasie schliesslich fallengelassen, und du stehst der Wahrheit von Angesicht zu Angesicht gegenüber.

Alle christlichen und mohammedanischen Meditationen beruhen im wesentlichen auf der Einbildungskraft. Anfangs musst du dir etwas vorstellen. Du machst weiter mit dieser Vorstellung, und dann erzeugst du durch die Einbildung eine bestimmte Atmosphäre um dich herum. Ihr könnt es versuchen. Ihr werdet sehen, was durch Einbildung möglich ist. Sogar das Unmögliche ist möglich.

Wenn du glaubst, dass du schön bist, wenn du dir einbildest, dass du schön bist, wird sich eine gewisse Schönheit in deinem Körper einstellen. Deswegen verändert sich eine Frau sofort, wenn ein Mann zu ihr sagt, «Du bist schön». Sie mag vorher nicht schön gewesen sein. Vor diesem Augenblick war sie vielleicht nicht schön – ganz alltäglich, gewöhnlich. Aber dieser Mann hat ihre Vorstellung beflügelt.

Deswegen wird jede Frau, die geliebt wird, schöner, wird jeder Mann, der geliebt wird, schöner. Ein Mensch, der nicht geliebt wird, mag schön sein, aber er wird hässlich, weil er es sich nicht vorstellen kann oder sie es sich nicht vorstellen kann. Und wenn keine Vorstellungskraft da ist, schrumpft man.

Coué, einer der grössten Psychologen des Westens, half Tausenden von Menschen, von vielen, vielen Krankheiten geheilt zu werden, einfach durch den Einsatz der Vorstellungskraft. Seine Formel war sehr einfach. Er pflegte zu sagen, «Fang an zu glauben, dass du in Ordnung bist. Wiederhole einfach immer wieder im Geist, ‹Es geht mir immer besser und besser. Jeden Tag geht es mir besser.› Nachts, während du einschläfst, denke weiter, ‹Ich bin gesund; ich werde in jedem Augenblick gesünder›, und am Morgen bist du der gesündeste Mensch von der Welt. Stell es dir also ständig vor».

Und er half Tausenden. Selbst unheilbare Krankheiten wurden geheilt. Es sah wie ein Wunder aus, aber es war nichts dran. Es ist nur ein fundamentales Gesetz: dein Geist folgt deiner Einbildung.

Heute sagen die Psychologen, dass Kinder abstumpfen, wenn man ihnen sagt, dass sie dumm und schwerfällig sind. Ihr zwingt sie, dumm zu sein, indem ihr ihrer Einbildungskraft suggeriert, dumm zu sein.
Es sind viele Experimente gemacht worden, um dies zu beweisen. Wenn man zu einem Kind sagt, «Du bist dumm: nichts kannst du richtig machen; du kannst diese Rechenaufgabe nicht lösen», und du ihm dann die Aufgabe gibst und es aufforderst, sie zu lösen, wird es nicht dazu fähig sein. Man hat die Tür zugesperrt. Aber wenn man dem Kind sagt, «Du bist so klug, und ich habe noch keinen anderen Jungen gesehen, der so klug ist wie du: für dein Alter bist du überdurchschnittlich intelligent; du zeigst viele Fähigkeiten; du kannst jede Aufgabe lösen», und ihn dann bittest, eine Aufgabe zu lösen, wird er dazu fähig sein. Man hat ihm Vorstellungskraft gegeben.

Heute gibt es wissenschaftliche Beweise, wissenschaftliche Entdeckungen, dass alles, was die Phantasie packt, zu einem Samen wird. Ganze Generationen sind verändert worden, ganze Zeitalter und ganze Länder sind allein durch die Vorstellungskraft verändert worden.

Geht einmal in den Punjab, in Indien. Ich reise einmal von Delhi nach Manali. Mein Fahrer war ein Sikh, ein Sardar. Der Weg, die Strasse war sehr gefährlich, und das Auto war sehr gross. Viele Male bekam der Fahrer Angst. Viele Male sagte er, «Jetzt kann ich nicht mehr weiterfahren. Wir werden zurückfahren müssen». Wir versuchten alles, um ihn zu überreden. An einer Stelle wurde er so ängstlich, dass er das Auto anhielt und ausstieg. Er sagte, «Es ist gefährlich. Dir mag es nicht gefährlich scheinen; du bist vielleicht bereit zu sterben. Aber ich nicht! Ich habe mir geschworen zurückzufahren».

Nur durch Zufall kam auf derselben Strasse einer meiner Freunde an, der auch ein Sardar ist, und zwar ein hoher Polizeibeamter. Er folgte mir, um an dem Meditationscamp in Manali teilzunehmen. Sein Auto kam an die Stelle, wo wir angehalten hatten, und so sagte ich zu ihm, «Unternimm etwas! Der Mann hat das Auto verlassen». Der Polizeibeamte ging zu dem Mann und sagte, «Du – ein Sardar, ein Sikh – und ein Feigling? Steig wieder ein!» Der Mann stieg auf der Stelle ein und startete. Also fragte ich ihn, «Was ist passiert?» Er sagte, «Jetzt hat er mich bei meinem Ego gepackt. Er hat gesagt, ‹Du bist ein Sardar?›» (Sardar bedeutet Menschenführer). «Ein Sikh? Und ein Feigling? Er hat mich bei meinem Selbstbild gepackt! Er hat meinen Stolz angegriffen», sagte der Mann, «Jetzt können wir fahren. Tot oder lebendig, wir werden nach Manali kommen».

Und das ist nicht nur diesem einen Mann so ergangen. Wenn man in den Punjab fährt, wird man sehen, dass es Millionen so ergangen ist. Seht euch die Hindus des Punjab und die Sikhs des Punjab an. Ihr Blut ist das gleiche; sie gehören derselben Rasse an. Vor fünfhundert Jahren waren sie alle Hindus. Aber dann wurde eine andere Art Rasse, eine militärische Rasse geboren. Nur indem du dir einen Bart wachsen lässt, nur indem du dein Gesicht veränderst, kannst du nicht mutig werden. Und trotzdem kannst du so mutig werden! Es ist nur eine Frage der Einbildungskraft.

Nanak gab den Sikhs die Vorstellung, sie wären eine andere Art Rasse. Er erzählte ihnen, «Ihr seid unbesiegbar». Und kaum fingen sie an, es zu glauben, kaum begann die Vorstellung zu wirken, entstand im Punjab innerhalb von fünfhundert Jahren eine neue Rasse, die sich vollkommen von den Punjabi Hindus unterscheidet. In Indien ist niemand mutiger als sie. Die letzten zwei Weltkriege haben bewiesen, dass sich niemand auf der ganzen Welt mit den Sikhs vergleichen lässt. Sie können furchtlos kämpfen.

Was ist geschehen? Nichts anderes, als dass ihre Einbildung ein bestimmtes Umfeld um sie geschaffen hat. Sie halten sich für anders, einfach weil sie Sikhs sind. Phantasie funktioniert! Sie kann einen mutigen Menschen aus dir machen, und sie kann dich zum Feigling machen.

Ich habe gehört, dass Mulla Nasrudin in einer Kneipe sass und trank. Er war kein mutiger Mann; er war einer der grössten Feiglinge. Aber Alkohol gab ihm Mut. Da betrat ein Mann, ein Riese von Mann, die Kneipe. Er sah wild und gefährlich aus. Er sah wie ein Mörder aus. Zu jeder anderen Zeit, wenn er bei Sinnen gewesen wäre, hätte Mulla Angst gehabt. Aber jetzt war er betrunken, deswegen hatte er keinen Funken Angst.

Dieser wild aussehende Mann näherte sich Mulla, und als er sah, dass der überhaupt keine Angst hatte, trat er Mulla auf die Füsse. Mulla wurde ärgerlich, ja wütend und sagte, «Was fällt dir ein! Ist das Absicht, oder soll das ein Scherz sein?»

Der Mann antwortete, «Absicht». Da sagte Mulla Nasrudin, «Da bin ich aber froh. Wenn es Absicht ist, ist es in Ordnung. Denn diese Art Scherz mag ich gar nicht».

Patanjali sagt, dass Einbildungskraft die dritte Fähigkeit ist. Ihr bildet euch ständig etwas ein. Wenn ihr die Einbildungskraft falsch einsetzt, könnt ihr euch in Verblendung einhüllen, in Illusionen, Träume – und ihr könnt euch in ihnen verlieren. LSD und andere Drogen helfen, dieses Zentrum zu aktivieren. Was immer dein Potential in dir ist – dein LSD-Trip wird dir helfen, es ans Licht zu bringen. Die Wirkung von LSD ist völlig unvorhersagbar. Wenn du glückliche Vorstellungen hast, wird der Drogentrip zum glücklichen Trip werden, zum «high». Wenn du unglückliche Vorstellungen hegst, alptraumartige Phantasien, wird der Trip schlecht werden.

Darum berichten viele Leute Widersprüchliches über

LSD. Huxley sagt, es kann dir den Himmel aufschliessen, und Rheiner sagt, es ist die schlimmste Hölle. Es kommt auf dich an. LSD kann nichts dazu. Es springt einfach mitten in dein Phantasiezentrum und wirkt sich dort chemisch aus. Wenn deine Vorstellungskraft zum alptraumartigen Typus gehört, wirst du diesen entfalten, und du wirst durch die Hölle gehen. Und wenn du schönen Träumen verfallen bist, erreichst du vielleicht den Himmel.

Diese Einbildungskraft kann sich entweder als Hölle oder als Himmel auswirken. Du kannst sie so einsetzen, dass du vollkommen wahnsinnig wirst. Was ist mit den Geisteskranken in den Irrenhäusern geschehen? Sie haben ihre Phantasie benutzt, aber sie haben sie so benutzt, dass sie von ihr überwältigt wurden. Ein Geisteskranker kann allein dasitzen und laut mit jemandem sprechen. Nicht nur, dass er erzählt: er antwortet auch. Er fragt und antwortet. Er spricht auch für den anderen, der abwesend ist. Ihr mögt ihn für irr halten, aber er spricht mit einer wirklichen Person. In seiner Einbildung ist die Person real, und er kann nicht beurteilen, was eingebildet und was wirklich ist.

Kinder können das auch nicht beurteilen. Oft mag es passieren, dass ein Kind in einem Traum ein Spielzeug verliert, und dann jammert es am Morgen, «Wo ist mein Spielzeug?» Kinder können nicht unterscheiden, dass ein Traum ein Traum ist und dass die Wirklichkeit Wirklichkeit ist. Sie haben gar nichts verloren; sie haben nur geträumt. Aber die Grenzen sind verwischt. Sie wissen nicht, wo der Traum aufhört und wo die Wirklichkeit anfängt.

Auch für einen Irren sind die Grenzen verschwommen. Er weiss nicht, was wirklich und was unwirklich ist. Wenn die Einbildungskraft richtig eingesetzt wird, weisst du, dass es Einbildung ist, und es bleibt dir bewusst, dass es eine Einbildung ist. Du kannst sie geniessen, aber du weisst, dass sie nicht wirklich ist.

Wenn Leute meditieren, geschieht vieles durch ihre Einbildungskraft. Sie fangen an, Lichter, Farben und

Visionen zu sehen. Sie fangen an, mit Gott persönlich zu reden, oder mit Jesus zu gehen, oder mit Krishna zu tanzen. Dies sind Einbildungen, und ein Meditierender muss sich daran erinnern, dass das Auswirkungen der Vorstellungskraft sind. Man kann sie durchaus geniessen; nichts ist falsch daran. Sie machen Spass; aber glaubt nicht, dass sie real sind.

Denkt daran, nur das beobachtende Bewusstsein ist wirklich. Nichts anderes ist wirklich! Alles, was geschieht, kann schön sein, geniessenswert, also geniess es. Es ist schön, mit Krishna zu tanzen; nichts ist falsch daran. Tanze. Geniess es! Aber erinnere dich fortwährend daran, dass es nur Einbildung ist, ein schöner Traum. Verliere dich nicht in ihm. Wenn du dich verloren hast, dann ist die Einbildung gefährlich geworden. Viele religiöse Leute haben sich in ihrer Einbildung verloren. Sie richten sich in ihrer Einbildung ein und versäumen ihr Leben.

Die vierte Erscheinungsform des Verstandes ist der Schlaf. Schlaf bedeutet Unbewusstheit in bezug auf das aussengerichtete Bewusstsein. Euer Bewusstsein hat sich tief in sich selbst zurückgezogen. Die Tätigkeit hat aufgehört: die bewusste Tätigkeit hat aufgehört. Der Verstand funktioniert nicht. Schlaf ist ein Nicht-Funktionieren des Verstandes. Wenn du träumst, dann ist das kein Schlaf: du befindest dich genau in der Mitte zwischen Wachsein und Schlaf. Du hast das Wachsein verlassen, aber du bist noch nicht in den Schlaf eingedrungen. Du befindest dich genau in der Mitte.

Schlaf ist ein vollkommen inhaltsloser Zustand: mit anderen Worten, keine Tätigkeit, keine Bewegung im Verstand. Der Verstand ist vollkommen versunken. Er ist entspannt. Dieser Schlaf ist herrlich; er ist lebenspendend. Du kannst ihn benutzen. Und wenn du weisst, wie du diesen Schlaf benutzen kannst, kann er zum Samadhi werden. Samadhi und Schlaf unterscheiden sich nicht wesentlich. Der einzige Unterschied besteht darin, dass du im Samadhi bewusst bist. Alles andere ist das gleiche.

Im Schlaf ist alles genauso: nur, dass du nicht bewusst bist. Du befindest dich in der gleichen Seligkeit, in die Buddha eingegangen ist, in der Jesus zu Hause war. Im Tiefschlaf bist du in dem gleichen seligen Zustand, aber du bist nicht bewusst. Am Morgen spürst du, dass die Nacht gut gewesen ist. Am Morgen fühlst du dich erfrischt, vital, verjüngt. Am Morgen spürst du, dass die Nacht einfach schön war, aber das ist nur ein Nachglimmen. Du weisst nicht, was passiert ist, was wirklich geschehen ist. Du warst nicht bewusst.

Der Schlaf kann auf zweierlei Weise genutzt werden: die andere Art ist Schlaf als ein einfaches, natürliches Ausruhen. Aber ihr habt sogar diese Möglichkeit verloren. Die Leute schlafen nicht mehr wirklich. Sie träumen ununterbrochen weiter. Manchmal, für ein paar Sekunden, rühren sie an ihm. Sie berühren ihn, und dann fangen sie wieder an zu träumen. Ihr kennt nicht mehr die Stille des Schlafes, die selige Musik des Schlafes. Ihr habt ihn zerstört. Sogar der natürliche Schlaf ist zerstört. Ihr seid so gebildet und erregt, dass der Verstand nicht in vollkommene Vergessenheit fallen kann.

Aber Patanjali sagt, dass der natürliche Schlaf gut für die Gesundheit des Körpers ist, und wenn du im Schlaf wachsam sein kannst, kann er zum Samadhi werden, kann er zu einer spirituellen Erfahrung werden. Deswegen gibt es Techniken (und wir werden später darüber reden), wie Schlaf zum Erwachen werden kann. Die Gita sagt, dass der Yogi nicht schläft, selbst wenn er schläft. Er bleibt wachsam. Etwas in ihm bleibt ständig bewusst. Der ganze Körper fällt in Schlaf, der Verstand fällt in Schlaf, aber das Zeuge-sein bleibt. Jemand beobachtet: der Wächter auf dem Turm bleibt auf dem Posten. Dann wird Schlaf zum Samadhi. Er wird zur höchsten Ekstase.

Und die letzte Erscheinungsform ist die Erinnerung: Erinnerung ist die fünfte Erscheinungsform des Verstandes. Auch sie kann genutzt oder missbraucht werden. Wenn die Erinnerung missbraucht wird, erzeugt sie Verwirrung. Wirklich, du magst dich an etwas erinnern, aber du kannst nicht sicher sein, ob es sich in dieser Weise ereignet hat oder nicht. Dein Gedächtnis ist nicht verlässlich. Vielleicht fügst du vieles hinzu; vielleicht mischt sich Einbildung mit hinein. Vielleicht lässt du vieles aus; du kannst viel damit machen. Was du «meine Erinnerung» nennst, ist eine sehr bearbeitete, sehr veränderte Sache. Sie entspricht nicht der Wirklichkeit.

Jeder behauptet, dass seine Kindheit das reinste Paradies war, und seht euch Kinder an! Diese Kinder werden später auch behaupten, dass ihre Kindheit paradiesisch war, aber jetzt leiden sie. Und jedes Kind sehnt sich danach, schnell zu wachsen, ein Erwachsener zu werden. Jedes Kind glaubt, dass Erwachsene geniessen, dass sie alles geniessen, was geniessenswert ist. Sie sind mächtig. Sie können alles tun, und das Kind ist hilflos. Kinder glauben, dass sie leiden, aber diese Kinder werden so aufwachsen, wie ihr aufgewachsen seid, und später werden sie dann sagen, dass ihre Kindheit schön war, das reinste Paradies.

Eure Erinnerung ist nicht verlässlich. Ihr bildet euch etwas ein; ihr erfindet einfach eure Vergangenheit. Ihr gebt die Erfahrung nicht wahrhaft wieder, und ihr lasst viele Dinge aus. Alles Hässliche, alles Traurige, alles Schmerzhafte lasst ihr wegfallen, aber an allem Schönen haltet ihr fest. Alles, was euer Ego unterstützt hat, behaltet ihr, und alles, was euer Ego nicht gefördert hat, lasst ihr aus. Ihr vergesst es.

Deswegen hat jeder einen grossen Vorrat von fallengelassenen Erinnerungen. Und was immer ihr sagt, ist nicht wahr, weil ihr euch nicht genau erinnern könnt. Eure Zentren sind alle durcheinander, sie dringen ineinander ein und stören sich gegenseitig.

Richtige Erinnerung: Buddha hat die Worte «richtige Erinnerung» für Meditation gebraucht. Patanjali sagt, dass man vollkommen ehrlich mit sich sein muss, wenn die Erinnerung richtig sein soll. Nur dann kann die Erinnerung stimmen. Gleich, was passiert ist – Gutes oder Schlechtes – verändere es nicht. Erkenne es, so wie es ist. Das ist sehr schwer! Es ist anstrengend! Gewöhnlich wählst du aus und änderst ab. Deine Vergangenheit zu kennen, so wie sie war, wird dein ganzes Leben umwandeln. Wenn du deine Vergangenheit *wie sie war* wirklich erkennst, würdest du sie in Zukunft nicht wiederholen wollen. Im Augenblick ist jeder nur daran interessiert, wie er die Vergangenheit in abgeänderter Form wiederholen kann, aber wenn du deine Vergangenheit genau *so* erkennst, wie sie war, würdest du sie nicht wiederholen wollen.

Richtige Erinnerung wird dir den Antrieb dazu geben, dich von allen Leben zu befreien. Und wenn deine Erinnerung wahr wird, dann kannst du sogar in vergangene Leben hineingehen. Wenn du ehrlich bist, dann kannst du in vergangene Leben hineingehen. Dann wirst du nur einen Wunsch haben: über all diesen Unsinn hinauszugehen. Aber du denkst, dass die Vergangenheit schön war, und du glaubst, dass die Zukunft schön sein wird und dass nur die Gegenwart schlecht ist. Aber die Vergangenheit war vor ein paar Tagen noch die Gegenwart, und die Zukunft wird in ein paar Tagen die Gegenwart sein. Und jede Gegenwart ist schlecht, und die Vergangenheit erscheint immer schön, die Zukunft erscheint immer schön. Das ist falsche Erinnerung. Sieh dir die Vergangenheit direkt an. Verändere sie nicht. Sieh dir die Vergangenheit an *so wie sie war*. Aber wir sind unehrlich.

Jeder Mann hasst seinen Vater, aber wenn du ihn fragst, wird er sagen, «Ich liebe meinen Vater. Ich achte meinen Vater über alles». Jede Frau hasst ihre Mutter, aber frage nach, und jede Frau wird sagen, «Meine Mutter, sie ist einfach göttlich!» Das ist falsche Erinnerung.

Gibran hat eine Geschichte. Eines Nachts wurden eine Mutter und ihre Tochter plötzlich durch ein Geräusch aufgeweckt. Sie waren beide Schlafwandler, und in dem Augenblick, als dieser plötzliche Krach in der Nähe zu hören war, gingen beide gerade schlafend im Garten spazieren. Sie waren Schlafwandler.

Es muss ein Schock gewesen sein! Die alte Frau, die Mutter, hatte nämlich gerade zur Tochter gesagt, «Deinetwegen, du Hexe, deinetwegen habe ich meine Jugend verloren. Du hast mich zerstört. Jetzt sieht jeder, der ins Haus kommt, nur auf dich. Niemand schaut auf mich». Die Mutter drückte eine tiefe Eifersucht aus, die jeder Mutter widerfährt, wenn ihre Tochter jung und schön wird. Das geschieht jeder Mutter, aber sie behält es für sich.

Und die Tochter sagte, «Du ekelhaftes altes Stück! Deinetwegen kann ich das Leben nicht geniessen. Du bist das Hindernis. Überall bist du das Hindernis, stehst du mir im Wege. Ich kann nicht lieben; ich kann mich nicht freuen».

Und plötzlich wurden beide von dem Krach aufgeweckt. Da sagte die alte Frau, «Mein Kind, was machst du hier? Du kannst dich erkälten. Komm herein». Und die Tochter sagte, «Aber was machst du denn hier? Du hast dich nicht gut gefühlt, und dies ist eine kalte Nacht. Komm, Mutter. Komm ins Bett».

Was zuerst geschah, kam vom Unterbewusstsein. Darauf täuschten sie wieder etwas vor. Sie waren geweckt worden. Das Unterbewusste war zurückgegangen, und das Bewusste war wiedergekehrt. Nun waren sie Heuchler. Euer Bewusstes ist heuchlerisch.

Um wahrhaft ehrlich mit seinen Erinnerungen zu sein, muss man durch harte Anstrengungen gehen. Und du musst wahrhaftig sein, was auch passiert. Du musst der nackten Wahrheit begegnen; du musst wissen, was du wirklich über deinen Vater, über deine Mutter, über deinen Bruder, über deine Schwester denkst – was deine wirkliche Meinung ist. Und was dir in der Vergangenheit passiert ist, das verzerre nicht, ändere es nicht ab, beschönige es nicht. Lass es so sein wie es ist. Wenn dies geschieht, dann, sagt Patanjali, wird eine Freiheit daraus. Dann lässt du es fallen. Die ganze Sache ist Unsinn, und du wirst sie nicht wieder auf die Zukunft projizieren wollen.

Und dann wirst du auch kein Heuchler sein. Du wirst

wirklich, wahrhaftig und ehrlich sein: du wirst authentisch werden. Und wenn du authentisch bist, wirst du wie ein Felsen. Nichts kann dich ändern; nichts kann Verwirrung stiften.

Du wirst wie ein Schwert. Du kannst alles zerschneiden, was falsch ist; du kannst alles, was richtig ist, vom Falschen trennen. Und dann hast du Klarheit des Geistes erreicht. Diese Klarheit kann dich zur Meditation führen; diese Klarheit kann zum Fundament deines Wachstums werden – deines Darüber-hinaus-Wachsens.

4

Über den Verstand hinaus zur Bewusstheit

28. Dezember 1973, Bombay, Indien

Du sagtest, dass es nur zwei Alternativen für die Menschen gibt, entweder Wahnsinn oder Meditation, aber Millionen von Leuten auf der Erde sind weder bei dem einen noch bei dem anderen angekommen. Glaubst du, sie werden es?

Sie sind es bereits. Sie sind nicht bei der Meditation angekommen, aber sie sind beim Wahnsinn angekommen! Und der Unterschied zwischen den Wahnsinnigen innerhalb der Irrenhäuser und den Wahnsinnigen ausserhalb ist nur ein gradueller. Es gibt keinen qualitativen Unterschied; der Unterschied ist nur ein quantitativer. Du magst weniger wahnsinnig sein, sie sind vielleicht wahnsinniger, aber der Mensch, so wie er ist, ist wahnsinnig.

Warum sage ich, dass der Mensch, so wie er ist, wahnsinnig ist? Wahnsinn bedeutet vieles. Als erstes, dass du nicht in deiner Mitte bist. Und wenn du nicht in deiner Mitte bist, bist du wahnsinnig. Wenn du nicht in deiner Mitte bist, gibt es viele Stimmen in dir. Du bist viele; du bist eine Vielheit. Niemand ist der Herr im Haus, und jeder Hausdiener behauptet, der Hausherr zu sein. Es gibt Verwirrung, Konflikte, einen ununterbrochenen Kampf. Du befindest dich in einem andauernden Bürgerkrieg. Wenn dieser Bürgerkrieg nicht wäre, dann wärest du in Meditation. Aber er geht Tag und Nacht, vierundzwanzig Stunden lang weiter. Schreibe ein paar Minuten lang alles auf, was in deinem Kopf vor sich geht, und sei dabei ehrlich. Schreibe genau auf, was abläuft, und du wirst selbst merken, dass es wahnsinnig ist.

Ich habe eine besondere Technik, die ich bei vielen Personen anwende. Ich sage ihnen, dass sie sich in einen geschlossenen Raum setzen und anfangen sollen, alles laut auszusprechen, was ihnen in den Kopf kommt. Sage es laut, so dass du es hören kannst. Du brauchst nur fünfzehn Minuten lang zu sprechen, und du wirst das Gefühl haben, einem Verrückten zuzuhören. Absurde, widersprüchliche, unzusammenhängende

Bruchstücke schwimmen dir im Kopf herum. Und das ist dein Verstand! Vielleicht bist du also nur zu neunundneunzig Prozent verrückt, und jemand anders hat die Grenze überschritten: er hat die Hundert-Prozent-Grenze überquert. All die über die Hundert-Prozent-Grenze hinaus sind, stecken wir in Irrenhäuser, aber ihr könnt nicht alle in Irrenhäuser stecken, weil es gar nicht so viele Irrenhäuser gibt – und auch gar nicht geben kann. Die ganze Erde wäre dann ein einziges Irrenhaus.

Kahlil Gibran hat eine kleine Anekdote geschrieben. Er erzählt, dass einer seiner Freunde wahnsinnig wurde und in die Irrenanstalt kam. Aus Liebe und Mitleid ging er ihn besuchen. Er fand ihn im Garten der Irrenanstalt, unter einem Baum, umgeben von einer sehr hohen Mauer. Kahlil Gibran ging hin, setzte sich neben seinen Freund auf die Bank und fragte ihn, «Denkst du je darüber nach, warum du hier bist?» Der Verrückte lachte. Er sagte, «Ich bin hier, weil ich aus der grossen Irrenanstalt da draussen raus wollte. Hier lebe ich in Frieden. In diesem Haus hier, das ihr Irrenhaus nennt, ist niemand verrückt».

Verrückte Leute können sich nicht vorstellen, dass sie verrückt sind: das ist eins der grundsätzlichen Merkmale der Verrücktheit. Wenn du verrückt bist, hast du keine Ahnung, dass du verrückt bist. Solange du denken kannst, dass du verrückt bist, hast du noch eine Chance. Solange du denken und dir vorstellen kannst, dass du verrückt bist, bist du immer noch ein bisschen geistig gesund. Die Verrücktheit ist noch nicht voll eingetreten. Dies ist also das Paradox: Die wirklich geistig Gesunden wissen, dass sie verrückt sind, und die vollkommen Verrückten können sich nicht vorstellen, dass sie verrückt sind.

Ihr haltet euch nie für verrückt. Das ist ein Zeichen der Verrücktheit. Wer nicht in seiner Mitte ist, kann nicht geistig gesund sein. Eure Normalität ist nur oberflächlich, nur Fassade. Nur an der Oberfläche erscheint ihr normal, und darum müsst ihr die ganze Welt um euch herum ununterbrochen täuschen. Ihr müsst vieles verbergen, ihr müsst vieles zurückhalten. Ihr lasst nicht alles aus euch heraus. Ihr unterdrückt es. Ihr denkt das eine und sagt das andere. Ihr verstellt euch, und durch diese Verstellung schafft ihr es, ein Mindestmass an oberflächlich geistiger Gesundheit auszustrahlen; aber innerlich kocht ihr.

Manchmal gibt es Ausbrüche. Wenn du wütend wirst, bricht der Vulkan in dir aus, und der Wahnsinn, den du verborgen hast, kommt zum Vorschein. Er durchbricht alle deine Vorstellungen. Deswegen sagen die Psychologen, dass Wut eine zeitweilige Geisteskrankheit ist. Du wirst dein Gleichgewicht wiedererlangen; du wirst deine Wirklichkeit aufs neue verbergen; du wirst deine Oberfläche wieder aufpolieren; du wirst wieder normal werden. Und dann wirst du sagen, «Es war falsch. Ich wollte das gar nicht. So habe ich es niemals gemeint, deshalb verzeiht mir». Aber du *hast* es so gemeint. Das entsprach mehr der Wirklichkeit. Diese Bitte um Verzeihung ist nur eine Verstellung. Wieder erhältst du deine Fassade, deine Maske aufrecht.

Ein geistig normaler Mensch trägt keine Maske. Sein Gesicht ist ursprünglich; was immer er ist, ist er. Aber ein Verrückter muss seine Gesichter immer wieder wechseln. Jeden Augenblick muss er eine andere Maske für eine andere Situation aufsetzen, für andere Beziehungen. Beobachte dich einmal, wie du deine Gesichter wechselst: wenn du zu deiner Frau kommst, hast du das eine Gesicht; wenn du zu deinem Liebhaber gehst, zu deiner Geliebten, hast du ein vollkommen anderes Gesicht.

Wenn du mit deinem Diener sprichst, trägst du die eine Maske, und wenn du mit deinem Chef sprichst, trägst du eine vollkommen andere. Es kann sein, dass dein Diener zu deiner Rechten steht und dein Chef zu deiner Linken. Dann hast du zur gleichen Zeit zwei Gesichter. Links hast du ein Gesicht, und rechts hast du ein anderes Gesicht, da du dem Diener nicht dasselbe Gesicht zeigen kannst. Das brauchst du ja auch nicht. Du bist der Boss hier, also kehrt die eine Seite deines Gesichtes den Boss heraus. Aber deinem Chef kannst du dieses Gesicht nicht zeigen, weil du bei ihm ein Diener bist, also nimmt deine andere Seite einen unterwürfigen Ausdruck an.

Das geschieht ununterbrochen. Du nimmst es nicht wahr, und darum ist es dir nicht bewusst. Würdest du wahrnehmen, würde dir klar werden, dass du verrückt bist. Du hast gar kein Gesicht. Das ursprüngliche Gesicht ist verlorengegangen, und das Ursprüngliche wiederzugewinnen, genau darum geht es bei Meditation.

Zen-Meister sagen, «Geh und such dein ursprüngliches Gesicht – das Gesicht, das du hattest, bevor du geboren wurdest, das Gesicht, das du haben wirst, wenn du gestorben bist. Zwischen Geburt und Tod hast du falsche Gesichter. Du betrügst fortwährend – und nicht nur andere: wenn du vor einem Spiegel stehst, betrügst du dich selbst. Du siehst nie dein wahres Gesicht im Spiegel. Du hast nicht genügend Mut, um dir selbst gegenüberzutreten. Dieses Gesicht im Spiegel ist auch falsch. Du erschaffst es, du geniesst es, aber es ist eine geschminkte Maske.

Wir täuschen nicht nur andere: wir täuschen auch uns selbst. Wirklich, wir könnten anderen nichts vormachen, wenn wir uns nicht schon selbst etwas vorgemacht hätten. Wir müssen an unsere eigenen Lügen glauben: nur dann können wir andere dazu bringen, sie zu glauben. Wenn du nicht an deine Lügen glaubst, lässt sich auch niemand anders täuschen.

Und dieses ganze Ärgernis, das du dein Leben nennst, führt nirgendwo hin. Es ist eine verrückte Angelegenheit. Du strengst dich zu sehr an. Du überanstrengst dich; du machst und tust. Das ganze Leben lang kämpfst du und erreichst nichts. Du weisst nicht, woher du kommst, und du weisst nicht, worauf du zugehst, wohin du gehst. Wenn du einen Mann auf der Strasse triffst, und du fragst ihn, «Woher kommen Sie, mein Herr?» und er antwortet, «Ich weiss nicht», und du ihn dann fragst, «Wohin gehen Sie?» und er antwortet wieder, «Ich weiss nicht», und im gleichen Atemzug sagt er, «Halte mich nicht auf; ich bin in Eile», was hältst du dann von ihm? Du wirst ihn für verrückt halten.

Wenn du nicht weisst, woher du kommst und wohin du gehst, wozu dann die Eile? Aber in der Situation befindet sich jeder, und jeder ist unterwegs. Das Leben ist eine Straße, und du bist immer mittendrauf. Du weisst nicht, woher du kommst; du weisst nicht, wohin du gehst. Du kennst weder den Ursprung noch das Ziel, aber du bist in grosser Eile und gibst dir jede Mühe, um nirgendwo hinzugelangen.

Was für eine geistige Gesundheit soll das sein? Und mit diesem ganzen Kampf erreichst du nicht einmal kurze Momente des Glücks – nicht einmal ein kurzes Aufleuchten. Du hoffst einfach, dass eines Tages, irgendwo – morgen, übermorgen, oder nach dem Tod, in irgendeinem Nach-Leben – das Glück auf dich wartet. Das ist nur ein Trick, um aufzuschieben, so dass du dich jetzt nicht allzu unglücklich fühlst.

Du hast nicht einmal eine Ahnung von Seligkeit. Was für eine geistige Gesundheit soll das sein? Du bist ständig unglücklich, und dieses Unglück wird von keinem anderen verursacht: du selbst schaffst dir dein eigenes Leiden. Was für eine Normalität soll das sein? Du erzeugst ununterbrochen dein Leiden. Ich nenne das Wahnsinn.

Geistige Gesundheit sieht folgendermassen aus: du wirst dir bewusst, dass du nicht zentriert bist. Das erste also, was getan werden muss, ist: zentriert zu sein, zentriert zu werden, ein Zentrum in dir zu haben, von wo aus du dein Leben lenken kannst, von wo aus du deinem Leben eine Richtung geben kannst; einen Meister in dir zu haben, von dem aus du steuern kannst, so dass du dich fortbewegen kannst. Als erstes musst du dich kristallisieren, zentrieren; und dann wird das zweite sein, dass du dir selbst kein Leid erzeugst. Gib alles auf, was Leid erzeugt – all die Motive, Wünsche und Hoffnungen, die Leid verursachen.

Aber du bist nicht bewusst. Du erzeugst immer neues Leid, aber du siehst nicht, dass du der Schöpfer bist. In allem, was du tust, streust du irgendwelche Samen aus. Und daraus werden dann Bäume, und was immer du gesät hast, das wirst du ernten. Und immer, wenn du etwas erntest, gibt es Leid, aber du siehst nie hin, um zu erkennen, dass die Samen von dir gesät wurden. Immer wenn dir Leid geschieht, denkst du, dass es von irgendwo anders kommt. Du glaubst, dass es ein Zufall ist oder dass irgendwelche bösen Mächte gegen dich arbeiten.

Ihr habt den Teufel erfunden, aber der Teufel ist nur ein Sündenbock; du bist der Teufel. Du schaffst dein eigenes Leid. Aber immer wenn du leidest, schiebst du einfach dem Teufel die Schuld in die Schuhe: der Teufel macht etwas. So wird dir dein törichtes Lebensmuster, dein dummes Lebensmuster nie bewusst.

Oder du nennst es Schicksal, oder du sagst, dass Gott Schicksal ist. Aber du gehst weiterhin der grundsätzlichen Tatsache aus dem Weg, dass du die alleinige Ursache für alles bist, was mit dir passiert, und dass nichts zufällig ist. Alles hat einen ursächlichen Zusammenhang, und die Ursache bist du.

Du verliebst dich zum Beispiel. Liebe gibt dir ein Gefühl, ein Gefühl, dass die Seligkeit irgendwo in der Nähe ist. Du hast zum ersten Mal das Gefühl, dass jemand dich willkommen heisst. Wenigstens bei *einem* Menschen bist du willkommen. Du fängst an aufzublühen. Wenn nur ein Mensch dich willkommen heisst, auf dich wartet, dich liebt, dich von Herzen mag, fängst du an aufzublühen. Aber das ist nur am Anfang so, und dann beginnt sofort dein falsches Muster zu wirken; du willst den Geliebten, die Geliebte, sofort besitzen.

Aber Besitzen ist wie Töten. In dem Moment, wo du Besitz von dem Geliebten ergreifst, hast du die Liebe getötet. Dann leidest du. Dann jammerst und weinst du, und dann denkst du, dass dein Geliebter schuld ist, dass das Schicksal schuld ist, dass die Vorsehung dir nicht wohlgesinnt ist. Aber du erkennst nicht, dass du die Liebe durch den Besitzanspruch, durch das Besitzenwollen vergiftet hast.

Aber jeder Liebende macht das, und jeder Liebende leidet deswegen. Liebe, die dir den grössten Segen bringen kann, wird zum grössten Unglück. Deswegen haben alle Kulturen, insbesondere das Indien der alten Zeiten, das Phänomen der Liebe vollkommen zerstört. Sie arrangierten Kinderehen, damit die Möglichkeit, sich zu verlieben, gar nicht erst auftauchte, da Liebe ins Unglück führt. Das war so bekannt – dass, wenn man Liebe zulässt, diese Liebe ins Unglück führt – dass man es für besser hielt, gar nicht erst die Möglichkeit zuzulassen. Verheiratet die Kinder, die kleinen Kinder! Verheiratet sie, bevor sie sich verlieben können! Sie werden nie wissen, was Liebe ist, und dann werden sie nie unglücklich sein.

Aber das Unglück liegt nicht an der Liebe. Ihr seid es, die sie vergiften. Liebe ist immer Freude, Liebe ist immer ein Fest. Liebe ist die höchste Ekstase, die die Natur dir erlaubt. Aber ihr zerstört sie. Nur damit man nicht ins Unglück stürzte, wurde in Indien und in andern alten, sehr alten Ländern die Möglichkeit zu lieben vollkommen verbaut. Auf diese Weise mochte man zwar nicht ins Unglück stürzen, aber so hatte man auch die einzige Ekstase verfehlt, die die Natur erlaubt. So konnte es nur ein mittelmässiges Leben abgeben. Kein Unglück, kein Glück: man schleppt sich nur irgendwie dahin. Und genau das war die Ehe in vergangenen Zeiten.

Heute versucht Amerika, versucht der Westen, die Liebe wieder zum Leben zu erwecken. Aber das bringt viel Unglück, und früher oder später werden sich die westlichen Länder wieder für die Kinderehe entscheiden müssen. Einige Psychologen haben schon vorgeschlagen, dass die Kinderehe wieder eingeführt werden soll, weil die Liebe soviel Unglück verursacht. Aber ich sage noch einmal, dass es nicht an der Liebe liegt. Liebe kann kein Unglück verursachen. Ihr selbst seid es; es ist eure spezifische Verrücktheit, die das Unglück erzeugt.

Und nicht nur bei der Liebe; überall. Ihr könnt nicht anders, als überall euren Verstand einzubringen.

Zum Beispiel kommen viele Leute zu mir; sie fangen an zu meditieren. Am Anfang gibt es plötzliche Einblicke, aber nur am Anfang. Sobald sie einmal bestimmte Erfahrungen gemacht haben, sobald sie einmal ein bestimmtes kurzes Aufleuchten erfahren haben, hört alles auf. Dann kommen sie jammernd und weinend zu mir und fragen, «Was passiert da? Vorher lief etwas, passierte etwas, aber jetzt hat alles aufgehört. Wir versuchen unser Bestes, aber jetzt kommt nichts, gar nichts dabei heraus».

Ich sage ihnen, «Beim ersten Mal ist es deshalb passiert, weil ihr nichts erwartet habt. Jetzt habt ihr Erwartungen, und so hat sich die ganze Situation verändert. Als ihr das erste Mal das Gefühl der Schwerelosigkeit hattet, dieses Gefühl, von etwas Unbekanntem erfüllt zu sein, das Gefühl, aus eurem toten Leben herausgehoben zu werden, das Gefühl ekstatischer Momente, da hattet ihr es nicht erwartet. Ihr hattet solche Momente noch nie erlebt. Sie kamen zum ersten Mal wie aus heiterem Himmel. Ihr wusstet von nichts, wart ohne Erwartung. Das war die Situation.

Jetzt verändert *ihr* die Situation. Jetzt setzt ihr euch jeden Tag zur Meditation hin, und ihr erwartet etwas. Nun seid ihr listig, schlau, berechnend. Als es zum ersten Mal in euch aufleuchtete, wart ihr unschuldig – genau wie ein Kind. Ihr habt mit der Meditation gespielt, aber es war keine Erwartung da. Und da ist es geschehen. Es wird wieder geschehen, aber erst werdet ihr wieder unschuldig sein müssen.

Jetzt bringt dein Verstand dir Unglück, und wenn du weiter auf dem «Ich muss diese Erfahrung immer wieder machen» bestehst, wirst du sie für immer verlieren. Wenn du sie nicht vollkommen vergisst, mag es Jahre dauern. Nur wenn es dich vollkommen gleichgültig lässt, dass es irgendwo in der Vergangenheit solch ein Ereignis gegeben hat, wird sich die Möglichkeit wieder für dich eröffnen.

Dies nenne ich Wahnsinn: ihr zerstört alles. Was immer euch in die Hände fällt, ihr zerstört es sofort. Und erinnert euch, das Leben hat euch viele Geschenke gemacht, um die ihr nicht gebeten habt. Ihr habt nie das Leben gebeten, und es hat euch viele Geschenke gemacht. Aber ihr zerstört jedes Geschenk, und jedes Geschenk kann immer grösser und grösser werden. Es kann wachsen, weil das Leben euch nie etwas Totes schenkt. Wenn euch Liebe geschenkt wurde, so kann sie wachsen, sie kann in eine unbekannte Dimension hineinwachsen, aber vom ersten Moment an zerstört ihr sie.

Wenn dir Meditation geschehen ist, sei einfach dem Göttlichen dankbar und vergiss es wieder. Sei einfach dankbar und erinnere dich gut, dass es nicht in deiner Macht steht, sie zu bekommen; du hast nicht den geringsten Anspruch auf sie. Sie war ein Geschenk. Sie war ein Überfliessen des Göttlichen. Vergiss es. Erwarte es nicht; fordere es nicht. Es wird am nächsten Tag wiederkommen – tiefer, höher, grossartiger. Die Meditation wird sich weiter ausdehnen, aber gib sie jeden Tag wieder auf.

Ihre Möglichkeiten sind unbegrenzt. Sie wird unendlich werden; der ganze Kosmos wird ekstatisch für dich werden. Aber dein Verstand muss fallen. Dein Verstand ist der Wahnsinn. Wenn ich also sage, dass es nur zwei Alternativen gibt, Wahnsinn oder Meditation, meine ich: Verstand oder Meditation. Wenn du dich weiterhin auf den Verstand beschränkst, wirst du wahnsinnig bleiben. Wenn du nicht über den Verstand hinausgehst, kannst du nicht über den Wahnsinn hinausgehen. Du kannst höchstens ein funktionierendes Mitglied der Gesellschaft sein, das ist alles. Und du kannst nur darum ein funktionierendes Mitglied der Gesellschaft sein, weil die ganze Gesellschaft genauso ist wie du. Jeder ist verrückt, Verrücktheit ist also der Normalfall.

Werde bewusst, und denke nicht, dass *andere* verrückt sind. Fühle tief, dass *du* verrückt bist und dass etwas geschehen muss. Sofort! Es ist ein Notfall! Schieb es nicht auf, denn es mag ein Moment kommen, wo du nichts mehr dran ändern kannst. Vielleicht wirst du so verrückt, dass du nicht mehr fähig bist, irgend etwas zu tun.

Jetzt kannst du noch etwas tun: du bist noch kein hoffnungsloser Fall. Etwas kann getan werden; ein paar wenige Anstrengungen können unternommen werden; das Muster kann verändert werden. Aber es kann ein Moment kommen, wo du nichts mehr tun kannst, wo du vollkommen am Boden zerstört bist und selbst das nicht mehr merkst.

Wenn du spüren kannst, dass du verrückt bist, ist das ein sehr hoffnungsvolles Zeichen. Es zeigt an, dass du dir deiner eigenen Realität bewusst werden kannst. Die Tür ist vorhanden; du kannst wirklich geistig gesunden. Wenigstens soviel geistige Gesundheit ist da – dass du verstehen kannst.

Die Fähigkeit des wahren Wissens ist eine von den fünf Möglichkeiten des Verstandes, aber es ist kein Zustand des Nicht-Verstandes. Wie ist es dann möglich, dass alles, was man durch dieses Zentrum wahrnimmt, wahr ist? Funktioniert dieses Zentrum des wahren Wissens erst nach der Erleuchtung, oder kann auch ein Meditierender, ein sadhak, in diesem Zentrum sein?

Ja, das Zentrum des wahren Wissens, *praman*, befindet sich noch innerhalb des Verstandes. Unwissenheit gehört zum Verstand, und Wissen gehört auch zum Verstand. Wenn du über den Verstand hinausgehst, gibt es weder das eine noch das andere: es gibt weder Unwissenheit noch Wissen. Auch Wissen ist eine Krankheit. Es ist eine gute Krankheit, eine kostbare, aber es ist eine Krankheit! Deswegen kann man in Wirklichkeit nicht sagen, dass Buddha «weiss»; und man kann auch nicht sagen, das er «nicht weiss». Er ist darüber hinausgegangen. Es kann gar nichts darüber ausgesagt werden, ob er weiss oder ob er nicht weiss.

Wenn es keinen Verstand mehr gibt, wie kann man dann wissen oder nicht wissen? Wissen kommt durch den Verstand, Nicht-Wissen kommt auch durch den Verstand. Mit Hilfe des Verstandes kannst du falsches Wissen erwerben, und mit Hilfe des Verstandes kannst du richtiges Wissen erwerben. Aber wenn es keinen Verstand gibt, erlischt beides – Wissen und Unwissenheit. Das mag kaum zu verstehen sein, aber es ist leicht, wenn du folgendes verstehst: Der Verstand weiss, also kann der Verstand auch unwissend sein, aber wenn es gar keinen Verstand gibt, wie kannst du dann unwissend sein und wie kannst du wissen? Du bist; aber Wissen und Nicht-Wissen hat beides aufgehört.

Der Verstand hat zwei Zentren; eins ist das des wahren Wissens. Wenn dieses Zentrum funktioniert – und es beginnt zu funktionieren mit Hilfe von Konzentration, Meditation, Kontemplation, Gebet – dann ist alles, was du weisst, wahr. Es gibt auch ein falsches Zentrum: es arbeitet, wenn du unaufmerksam bist, wenn du in einem Hypnose-ähnlichen Zustand lebst, benommen von diesem oder jenem – Sex, Musik, Drogen oder was es auch sei.

Du kannst dem Essen verfallen sein; dann wird es zum Rauschmittel. Es kann sein, dass du zuviel isst. Du magst versessen sein aufs Essen, besessen davon. Dann wird die Nahrung wie Alkohol. Alles, was Besitz von deinem Verstand ergreift, alles, ohne das du nicht leben kannst, wird zum Rauschmittel. Und wenn du mit Rauschmitteln lebst, dann wirkt dein Zentrum des falschen Wissens, und alles, was du weisst, ist falsch, unwahr. Du lebst in einer Welt von Lügen.

Aber beide diese Zentren gehören dem Verstand an. Wenn der Verstand wegfällt und die Meditation in ihrer Vollkommenheit eingetreten ist, hast du den Nicht-Verstand erreicht. Im Sanskrit haben wir zwei Begriffe:

der eine ist *dhyana*; «*dhyana*» bedeutet totale Meditation. Ein anderer Begriff ist *samadhi*: «*samadhi*» bedeutet totale Meditation, wo selbst das Meditieren unnötig geworden ist, wo es sogar bedeutungslos ist, Meditationen zu machen. Wenn du sie nicht mehr *machen* kannst, wenn du sie *geworden* bist – dann ist das «*samadhi*».

In diesem Zustand des «*samadhi*» gibt es keinen Verstand. Es gibt weder Wissen noch Unwissenheit. Es gibt nur reines Sein. Dieses reine Sein ist eine vollkommen andere Dimension. Es ist keine Dimension des Wissens: es ist eine Dimension des Seins.

Selbst ein Mann wie Buddha oder Jesus muss, wenn er mit dir in Verbindung treten will, den Verstand gebrauchen. Zur Verständigung wird er den Verstand einsetzen müssen. Wenn du ihm eine bestimmte Frage stellst, wird er sein Verstandes-Zentrum gebrauchen müssen, das für das wahre Wissen zuständig ist. Der Verstand ist das Werkzeug der Verständigung, des Denkens, des Wissens.

Aber wenn du nichts fragst, und Buddha sitzt unter seinem Bodhi-Baum, ist er weder unwissend noch ein Wissender. Er ist einfach da. In Wirklichkeit gibt es dann keinen Unterschied zwischen dem Baum und Buddha. Es gibt Unterscheidungsmerkmale, aber in einer Hinsicht gibt es keinen Unterschied. Er ist genau wie ein Baum geworden; er existiert einfach. Es ist keine Bewegung da, nicht einmal die des Wissens. Die Sonne wird aufgehen, aber er wird nicht wissen, dass die Sonne aufgegangen ist. Nicht, dass er unwissend ist – nein! Es ist einfach so, dass dies für ihn nichts mehr in Bewegung setzt. Er ist so ruhig geworden, so still, dass nichts in ihm sich rührt.

Er ist genau wie der Baum: Du kannst sagen, der Baum ist vollkommen unwissend. Oder du kannst sagen, der Baum ist einfach unter der Verstandesgrenze. Sein Verstand hat noch nicht zu funktionieren begonnen. In irgendeinem Leben wird der Baum ein Mensch werden, in irgendeinem Leben wird der Baum so verrückt werden wie du, und in irgendeinem Leben wird der Baum sich in Meditation versuchen, und eines Tages wird der Baum auch ein Buddha werden. Der Baum ist unterhalb des Verstandes, und Buddha, wie er unter dem Baum sitzt, ist jenseits des Verstandes. Beide sind verstandlos. Der eine muss den Verstand erst noch erreichen, der andere hat ihn erreicht und überschritten.

Wenn der Verstand also transzendiert ist, wenn der Zustand des Nicht-Verstandes erreicht ist, bist du reines Sein – *Satchitananda*. Es ereignet sich nichts in dir: es gibt dort weder Handlung noch Wissen. Aber es ist schwierig für uns. Die Schriften sagen immer wieder, dass man dann über jede Dualität hinausgeht.

Wissen gehört auch der Welt der Dualität an – Unwissenheit und Wissen. Aber sogenannte Heilige behaupten immer wieder, dass Buddha «ein Wissender» wurde. Damit klammern sie sich an die Dualität. Aus diesem Grund hat Buddha nie geantwortet. Oft, unzählig oft wurde er gefragt, «Was passiert, wenn ein Mensch zu einem Buddha wird?» Er blieb still. Er sagte, «Werde einer und wisse». Nichts lässt sich darüber aussagen, was passiert, weil alles, was man sagen kann, in eurer Sprache gesagt würde, und eure Sprache ist im Grunde dualistisch. Deswegen wird alles, was sich sagen lässt, unwahr sein.

Wenn man sagt, dass er weiss, ist das unwahr; wenn man sagt, dass er unsterblich geworden ist, ist das unwahr; wenn man sagt, dass er nun die Seligkeit erlangt hat, ist das unwahr – da jede Dualität verschwindet. Unglück verschwindet, Glück verschwindet. Unwissenheit verschwindet, Wissen verschwindet. Dunkelheit verschwindet, Licht verschwindet. Tod verschwindet, Leben verschwindet. Nichts lässt sich sagen. Oder - nur soviel lässt sich sagen: dass alles, was man denken kann, nicht da sein wird, dass alles, was man sich vorstellen kann, nicht da sein wird. Und die einzige Möglichkeit ist die, *das* zu werden. Dann allein wirst du wissen.

Du sagtest, dass wir bei Visionen von Ram oder bei Visionen, dass wir mit Krishna tanzen, uns daran erinnern sollen, dass es nur Einbildung ist. Gestern abend nun sagtest du, dass wir, wenn wir empfänglich wären, augenblicklich mit Christus oder Buddha oder Krishna in Verbindung treten könnten. Handelt es sich da auch um Einbildung, wenn es passiert, oder gibt es meditative Zustände, in denen Christus oder Buddha wirklich da sind?

Als erstes: von hundert Fällen wird es sich bei neunundneunzig Fällen um Einbildung handeln. Ihr bildet es euch ein: aus diesem Grund erscheint Krishna niemals in den Visionen eines Christen, und Mohammed erscheint niemals in den Visionen eines Hindu. Wir können Mohammed und Jesus vergessen; sie sind weit weg. Einem Jaina erscheint in seinen Visionen niemals Ram; der kann gar nicht erscheinen. Einem Hindu erscheint niemals Mahavir. Warum? Weil sie keine Vorstellung von Mahavir besitzen.

Wenn du als Hindu geboren wurdest, bist du mit einer Vorstellung von Ram und Krishna gefüttert worden. Wenn du als Christ geboren wurdest, dann bist du – ist dein Computer, dein Verstand – mit dem Bild von Jesus gefüttert worden. Immer, wenn du anfängst zu meditieren, kommt dir dieses gespeicherte Bild in den Kopf; es blitzt im Kopf auf.

Jesus erscheint dir, aber den Juden erscheint Jesus niemals. Dabei *war* er ein Jude. Er wurde als Jude geboren, er starb als Jude, aber den Juden erscheint er nie, weil sie nie an ihn geglaubt haben. Sie hielten ihn nur für einen Vagabunden; sie kreuzigten ihn wie einen Verbrecher. Deshalb übt Jesus nie eine Anziehungskraft auf Juden aus; dennoch gehörte er den Juden an. Er hatte jüdisches Blut in seinen Adern.

Ich habe folgenden Witz gehört: In Nazi-Deutschland waren Hitlers Soldaten gerade dabei, die Juden einer Stadt umzubringen. Sie hatten viele getötet, aber einige Juden entkamen. Es war Sonntag morgen, deswegen gingen sie, als sie entkommen waren, in eine Kirche, weil sie glaubten, dass dies das beste Versteck wäre – eine christliche Kirche. Die Kirche war voll von Christen. Es war Sonntag morgen, und ungefähr ein Dutzend Juden versteckten sich dort.

Aber die Soldaten bekamen die Nachricht, dass einige Juden in die Kirche gegangen seien und sich dort versteckten, also gingen sie auch in die Kirche. Sie befahlen dem Priester, «Unterbrich den Gottesdienst!» Der Anführer der Soldaten stieg auf die Kanzel und sagte, «Ihr könnt uns nicht täuschen. Es gibt hier ein paar Juden, die sich verstecken. Jeder, der ein Jude ist, soll nach draussen gehen und sich in einer Reihe aufstellen. Wenn ihr unseren Befehlen folgt, könnt ihr euch retten, aber wenn jemand versucht, uns zu täuschen, wird er auf der Stelle getötet.»

Nach und nach kamen die Juden aus der Kirche und stellten sich in einer Reihe auf. Plötzlich bemerkte die ganze Christengemeinde, dass ihr Jesus weg war – ihre Jesusstatue! Er war auch ein Jude, also stand er draussen mit in der Reihe.

Trotzdem erscheint Jesus den Juden nie; dabei war er überhaupt kein Christ. Er gehörte nie einer christlichen Kirche an. Sollte er wiederkommen, würde er eine christliche Kirche nicht einmal erkennen. Er würde sich zu einer Synagoge begeben; er würde zur jüdischen Gemeinde gehen; er würde einen Rabbi aufsuchen. Er kann zu keinem katholischen Priester oder protestantischen Pfarrer kommen. Er kennt sie nicht. Aber den Juden erscheint er nie, weil er ihnen nie als Same in die Phantasie eingepflanzt wurde. Sie lehnten ihn ab; darum ist kein Same da.

Egal also was geschieht, in neunundneunzig Fällen wird es sich wohl um gespeichertes Wissen, um eure Vorstellungen und Bilder handeln. Sie blitzen vor deinem geistigen Auge auf, und wenn du anfängst zu meditieren, wirst du dafür empfänglich. Du wirst so feinfühlig, dass du ein Opfer deiner eigenen Vorstellung werden kannst. Und deine Vorstellungen werden sehr real aussehen, und es gibt keine Möglichkeit zu beurteilen, ob sie wirklich oder unwirklich sind.

Nur bei einem Prozent der Fälle wird es nicht eingebildet sein, aber wie sollst du das erkennen? Bei diesem einen Prozent der Fälle ist in Wirklichkeit kein Bild da. Du wirst nicht das Gefühl haben, dass Jesus gekreuzigt vor dir steht; du wirst nicht das Gefühl haben, dass Krishna vor dir steht oder dass du mit ihm tanzt. Du wirst die Anwesenheit spüren, aber es wird kein Bild da sein, erinnere dich daran. Du wirst ein Herabkommen der göttlichen Präsenz spüren. Du wirst von etwas Unbekanntem erfüllt sein, aber ohne jede Form. Es wird keinen tanzenden Krishna geben, und es wird keinen gekreuzigten Jesus geben, und es wird keinen Buddha geben, der in siddhasan sitzt – nein! Es wird einfach eine Gegenwart da sein, ein Lebensgeist, der in dir fliesst, ein und aus. Du wirst davon überwältigt sein; du wirst in seinem Ozean schwimmen.

Jesus wird nicht in dir sein. Du wirst in Jesus sein: das ist der Unterschied. Krishna kommt nicht als Bild in deinen Kopf: du wirst in Krishna sein. Aber dann ist Krishna formlos. Es wird eine Erfahrung sein, aber kein Bild.

Warum es dann Krishna nennen? Es wird keine Form da sein. Warum es Jesus nennen? Dies sind nur Symbole. Du bist mit dem Wort «Jesus» vertraut, wenn diese Gegenwart dich also erfüllt und du Teil davon wirst – ein mitschwingender Teil davon, wenn du ein Tropfen in diesem Ozean wirst, wie kannst du das ausdrücken? Das schönste Wort mag für dich «Jesus» sein, oder das schönste Wort mag «Buddha» oder «Krishna» sein. Mit diesen Wörtern ist der Verstand gefüttert worden, und so wählst du bestimmte Wörter, um diese Gegenwart anzuzeigen.

Aber diese Gegenwart ist kein Bild; sie ist kein Traum. Sie ist absolut keine Vision. Du kannst Jesus sagen, du kannst Krishna sagen, du kannst Christus sagen, oder welchen Namen auch immer, je nachdem, welchen Namen du mit Liebe verbindest. Das hängt von dir ab. Dieses Wort und dieser Name und dieses Bild werden von deinem Kopf kommen, aber die Erfahrung selbst ist bildlos. Sie ist keine Vorstellung.

Ein katholischer Priester besuchte einmal einen Zen-Meister, Nan-in. Nan-in hatte nie von Jesus gehört, deswegen dachte dieser katholische Priester, «Es wird gut sein, wenn ich hingehe und einige Passagen aus der Bergpredigt vorlese, und ich werde sehen, wie Nan-in reagiert. Die Leute sagen, dass er erleuchtet ist».

Also ging der katholische Priester zu Nan-in und sagte, «Meister, ich bin Christ, und ich habe ein Buch, das ich liebe. Ich würde dir gerne etwas daraus vorlesen, nur um zu wissen, wie du darauf ansprichst, wie du reagierst». Er las ein paar Zeilen aus der Bergpredigt – dem Neuen Testament – und er übersetzte sie ins Japanische, da Nan-in nur japanisch verstehen konnte.

Als er anfing zu übersetzen, veränderte sich der ganze Gesichtsausdruck von Nan-in vollkommen. Aus seinen Augen flossen Tränen, und er sagte, «Dies sind die Worte von Buddha». Der christliche Priester antwortete, «Nein, nein, dies sind die Worte von Jesus». Darauf sagte Nan-in, «Egal, welchen Namen du ihm gibst, ich fühle, dass dies Worte von Buddha sind, weil ich nur Buddha kenne, und diese Worte können nur durch Buddha kommen. Und wenn du behauptest, dass sie durch Jesus gekommen sind, dann war Jesus ein Buddha; das macht keinen Unterschied. Dann werde ich meinen Schülern erzählen, dass Jesus ein Buddhist war».

Genauso wird es sich anfühlen. Wenn du die Anwesenheit des Göttlichen spürst, dann sind Namen einfach unwesentlich. Namen müssen für jeden unterschiedlich sein, denn Namen kommen aus der Erziehung, Namen kommen aus der Kultur, Namen kommen aus der Rasse, der du angehörst. Aber die Erfahrung gehört keiner Gesellschaft an, die Erfahrung gehört keiner Kultur an, die Erfahrung gehört nicht deinem Verstand an, dem Computer. Sie gehört dir.

Darum erinnere dich, wenn du Visionen hast, dass sie Einbildung sind. Wenn du jedoch anfängst, eine Gegenwart zu fühlen – wenn du formlose, existentielle Erlebnisse hast – dann hülle dich in sie, geh auf in ihnen, verschmilz mit ihnen, und dann bist du wirklich in Verbindung.

Du kannst diese Gegenwart Jesus nennen, oder du kannst diese Gegenwart Buddha nennen. Das hängt von dir ab; es macht keinen Unterschied. Jesus ist ein Buddha, und Buddha ist ein Christus. Alle, die über den Verstand hinausgegangen sind, sind auch über Persönlichkeiten hinausgegangen. Sie sind auch über Formen hinausgegangen. Wenn Jesus und Buddha beisammen ständen, wären es zwei Körper, aber eine Seele. Es wären zwei Körper da, aber nicht zwei Präsenzen: nur eine Präsenz.

Es ist genauso, als würdest du zwei Lampen in einen Raum stellen. Es gibt zwei Lampen; sie sind nur die Gegenstände, aber das Licht ist eins. Du könntest nicht abgrenzen, dass dieses Licht zu dieser Lampe und jenes Licht zu jener Lampe gehörte. Das Licht ist ineinander übergegangen. Die materielle Seite der Lampen ist getrennt geblieben, aber die nicht-materielle Seite ist eins geworden.

Wenn sich Buddha und Jesus nahe kommen, wenn sie beisammen stehen, wirst du zwei getrennte Lampen sehen, aber ihr Licht ist bereits ineinander übergegangen. Sie sind eins geworden. Alle, die die Wahrheit erkannt haben, sind eins geworden. Ihre Namen unterscheiden sich für ihre Anhänger, aber für sie gibt es jetzt keine Namen mehr.

Bitte erkläre, ob Bewusstheit auch eine der Erscheinungsformen des Verstandes ist.

Nein, Bewusstheit gehört nicht zum Verstand. Sie fliesst durch den Verstand, aber sie ist nicht Teil des Verstandes. Das ist so wie bei einer Glühbirne: die

Elektrizität fliesst hindurch, aber die Elektrizität ist nicht Teil der Glühbirne. Wenn du die Birne zerbrichst, hast du damit nicht die Elektrizität zerbrochen. Ihr Fluss ist behindert, aber der Anlage nach bleibt sie unsichtbar vorhanden. Wenn du eine andere Glühbirne einsetzt, beginnt die Elektrizität wieder zu fliessen.

Der Verstand ist nur ein Werkzeug. Bewusstheit ist nicht Teil davon, aber Bewusstheit fliesst hindurch. Wenn der Verstand transzendiert ist, bleibt die Bewusstheit bei sich selbst. Darum sage ich, dass sogar Buddha den Verstand benutzen muss, wenn er zu euch spricht, wenn er mit euch in Verbindung tritt, weil er dann einen Kanal braucht – etwas, wodurch sein inneres Wesen strömen kann. Er wird Hilfsmittel, Ausdrucksmittel benutzen müssen, und dann wird der Verstand in Betrieb sein. Aber der Verstand ist nur ein Vermittler.

Du fährst in einem Fahrzeug, aber du bist nicht das Fahrzeug. Du steigst in ein Auto, oder du fliegst in einem Flugzeug, aber du bist nicht das Fahrzeug. Der Verstand ist nur das Transportmittel. Und ihr nutzt den Verstand auch nicht bis zu seiner vollen Leistungskraft. Wenn ihr seine Fähigkeit vollkommen nutzt, wird er zu wahrem Wissen.

Wir benutzen unseren Verstand so wie wenn jemand ein Flugzeug als Bus benutzen würde. Man kann die Flügel des Flugzeuges abschneiden und es wie einen Bus auf der Strasse benutzen; das geht. Es wird wie ein Bus fahren. Aber du machst dich lächerlich. Dieser Bus kann fliegen! Du machst keinen vollen Gebrauch von seinen Möglichkeiten!

Ihr gebraucht euren Verstand für Träume, Einbildungen, Verrücktheit. Ihr gebraucht ihn nicht richtig; ihr habt ihm die Flügel abgeschnitten. Wenn ihr ihn mit den Flügeln benutzt, kann er zu wahrem Wissen werden. Er kann Weisheit werden. Aber auch die ist ein Teil des Verstandes; auch die ist ein Fahrzeug. Dahinter bleibt der Benutzer; der Benutzer kann nicht das Benutzte sein. Du benutzt den Verstand; du selbst bist

Bewusstheit. Und alle Bemühungen um Meditation bedeuten, diese Bewusstheit in ihrer Reinheit zu kennen, ohne jedes Hilfsmittel. Du kannst sie ohne jedes Hilfsmittel kennen, du kannst sie kennen! Aber man kann sie nur kennen, wenn der Verstand aufgehört hat zu funktionieren. Wenn der Verstand seine Arbeit niedergelegt hat, wird dir bewusst, dass Bewusstheit da ist. Du bist davon erfüllt; der Verstand war nur ein Vehikel, ein Durchgang. Jetzt kannst du den Verstand benutzen, wenn du willst; wenn du nicht willst, brauchst du ihn nicht zu benutzen.

Körper und Verstand sind beides Fahrzeuge. Du bist nicht das Fahrzeug: du bist der Herr, der hinter dem Fahrzeug steckt. Aber du hast das vollkommen vergessen. Du bist der Wagen selbst geworden; du bist das Fahrzeug geworden! Das ist es, was Gurdjieff «Identifikation» nennt. Das ist es, was Yogis in Indien *tadatmya* genannt haben – eins werden mit etwas, das du nicht bist.

Bitte erkläre, wie es möglich ist, dass nur durch blosses Hinsehen, durch Zeuge-sein, die Gedächtniseintragungen in den Gehirnzellen, die Quellen des Gedankenprozesses, zu existieren aufhören.

Sie hören nie auf zu existieren; aber allein dadurch, dass du Zeuge bist, wird die Identifikation durchbrochen. Buddha lebte nach seiner Erleuchtung noch vierzig Jahre lang in seinem Körper. Der Körper hörte nicht auf zu sein. Vierzig Jahre lang hielt er Reden, erklärte unermüdlich und machte den Leuten begreiflich, was ihm geschehen war und wie ihnen das gleiche geschehen könnte. Er benutzte den Verstand; der Verstand hatte nicht aufgehört zu funktionieren. Und als er nach zwölf Jahren zurückkam in seine Heimatstadt, erkannte er seinen Vater, erkannte er seine Frau, erkannte er seinen Sohn. Der Verstand war da, das

Gedächtnis war da; sonst wäre ein Wiedererkennen unmöglich gewesen.

Der Verstand stirbt nicht wirklich. Wenn wir sagen, dass der Verstand aufhört, meinen wir damit, dass die Identifikation mit ihm gebrochen ist. Jetzt weisst du, dass jenes der Verstand ist, und dieses ist «ich». Die Brücke ist durchbrochen. Jetzt ist der Verstand nicht mehr Herr im Haus. Er ist nur ein Hilfsmittel geworden; er ist auf seinen angemessenen Platz zurückgefallen. Immer wenn du ihn brauchst, kannst du ihn benutzen. Es ist wie mit einem Ventilator: wenn du ihn benutzen willst, stellst du ihn an, und dann fängt der Ventilator an zu arbeiten. Jetzt benutzt du den Ventilator gerade nicht, deswegen ist er nicht in Betrieb. Aber er ist da; er hat nicht aufgehört zu existieren. Jeden Moment kannst du ihn benutzen. Er ist nicht verschwunden

Indem du einfach Zeuge bist, verschwindet die Identifikation – nicht der Verstand. Aber wenn die Identifikation verschwindet, bist du ein vollkommen neues Wesen. Zum ersten Mal lernst du deine wirkliche Erscheinung, deine wirkliche Realität kennen. Zum ersten Mal hast du erfahren, wer du bist. Jetzt ist der Verstand nur Teil des Funktionssystems um dich herum.

Es ist genauso, als wärest du ein Pilot, der ein Flugzeug fliegt. Du gebrauchst viele Instrumente; deine Augen arbeiten mit vielen Hilfsmitteln zusammen. Sie sind ständig auf dieses oder jenes gerichtet. Aber *du* bist nicht *die Hilfsmittel*.

Dieser Verstand, dieser Körper und viele Funktionen des Körper/Verstandes sind nur um dich herum; sie sind deine Maschinerie. In dieser Maschine kannst du auf zweierlei Weise existieren: die eine Lebensweise besteht darin, dich selbst zu vergessen und das Gefühl zu haben, du wärst die Maschine. Das ist Verfallenheit, das ist Unglück, das ist die Welt – das ist *samsar*.

Eine andere Art, damit umzugehen, besteht darin, dir bewusst zu werden, dass du getrennt davon bist, dass du etwas anderes bist. Dann kannst du die Maschine weiter benutzen, aber es besteht ein wesentlicher Unterschied. Dann bist du nicht die Maschine. Und wenn etwas schief läuft in der Maschine, kannst du versuchen, es in Ordnung zu bringen, aber du selbst wirst nicht dadurch gestört sein. Selbst wenn die ganze Maschine verschwindet, stört dich das nicht.

Wenn Buddha stirbt und wenn du stirbst, sind das zwei verschiedene Ereignisse. Wenn Buddha stirbt, weiss er, dass nur die Maschine stirbt. Er hat sich aufgebraucht, und jetzt besteht kein Bedarf mehr für ihn. Eine Last ist von ihm genommen; er wird frei. Von nun an bewegt er sich ohne Form. Aber wenn du stirbst, ist das ganz etwas anderes. Du leidest, du weinst, weil du das Gefühl hast, dass *du* stirbst, nicht die Maschine. Es ist *dein* Tod. So verursacht er starkes Leid.

Nur dadurch, dass du Zeuge bist, verschwindet der Verstand nicht und werden die Gehirnzellen nicht verschwinden. Eher werden sie lebendiger, da jetzt weniger Konflikt und mehr Energie da ist. Sie werden ursprünglicher. Du wirst sie richtiger einsetzen können, genauer, aber du wirst nicht mit ihnen belastet sein, und sie werden dich nicht zwingen, irgend etwas zu tun. Sie werden dich nicht hin und her schieben und ziehen. Du wirst der Herr sein.

Aber wie kann dies nur dadurch geschehen, dass du Zeuge bleibst? Das Gegenteil – die Knechtschaft – ist dadurch passiert, dass du nicht Zeuge warst. Zur Knechtschaft kam es, weil du nicht wach bist; und so wird die Knechtschaft verschwinden, wenn du wach wirst. Die Knechtschaft ist nichts als Unbewusstheit. Du brauchst nichts weiter, als wachsamer zu werden in allem, was du tust.

Du sitzt hier und hörst mir zu: du kannst mit Bewusstheit zuhören, oder du kannst ohne Bewusstheit zuhören. Ohne Bewusstheit wird es auch eine Art Zuhören geben, aber es wird etwas ganz anderes sein: die Qualität wird anders sein. Dann werden deine

Ohren zuhören, aber dein Kopf wird irgendwo anders beschäftigt sein.

Irgendwie werden dann einige Wörter in dich eindringen. Sie werden durcheinandergewürfelt sein, und dein Verstand wird sie auf seine eigene Weise interpretieren. Er wird seine eigenen Vorstellungen hineinpacken. Alles wird durcheinander und in Unordnung sein. Du hast zwar zugehört, aber vieles ist vorbeigezogen, und vieles hast du nicht aufgenommen. Du triffst eine Auswahl. Dann wird das Ganze verzerrt.

In dem Moment, wo du wachsam wirst, hört das Denken auf. Mit Wachsamkeit kannst du nicht denken. Wenn die gesamte Energie aufgeweckt wird, ist keine Energie mehr zum Denken übrig. Wenn du auch nur für einen einzigen Moment wachsam bist, hörst du einfach zu. Es gibt keine Schranke. Deine eigenen Worte vermischen sich nicht mit dem, was ich gesagt habe. Du brauchst nicht zu interpretieren. Die Wirkung ist unmittelbar.

Wenn du mit Wachsamkeit zuhören kannst, dann mag, was ich sage, Sinn machen oder nicht, aber der eigentliche Sinn wird darin liegen, dass du wachsam zuhörst. Allein diese Wachsamkeit wird deine Bewusstheit zu einem Höhepunkt bringen. Die Vergangenheit wird sich auflösen; die Zukunft wird verschwinden. Du wirst nirgendwo anders sein: du wirst genau hier und jetzt sein. Und in diesem Moment der Stille, wo Denken nicht ist, wirst du in tiefer Verbindung mit deiner eigenen Quelle sein. Und diese Quelle ist Seligkeit, diese Quelle ist göttlich. Das einzige, was getan werden muss, ist also, alles mit Wachsamkeit zu tun.

Wenn du über Laotse sprichst, wirst du zu einem taoistischen Weisen, wenn du über Tantra sprichst, wirst du zu einem Tantriker, wenn du über «bhakti» sprichst, wirst du zu einem erleuchteten «bhakta», und wenn du über Yoga sprichst, wirst du zu einem perfekten Yogi. Kannst du bitte erklären, wie dieses Phänomen möglich geworden ist?

Nur wenn du nicht bist, kann es möglich werden. Wenn du bist, kann es nicht möglich werden. Wenn du nicht bist, wenn der Gastgeber vollkommen verschwunden ist, dann wird der Gast zum Gastgeber. Der Gast mag Laotse sein, der Gast mag Patanjali sein. Der Gastgeber ist nicht da, also nimmt der Gast dessen Platz vollkommen ein: er wird zum Gastgeber. Wenn du nicht bist, dann kannst du Patanjali werden, da gibt es keine Schwierigkeit. Du kannst Krishna werden, du kannst Christus werden. Aber wenn du da bist, dann ist es sehr schwierig. Wenn du da bist, dann wird alles, was du sagst, falsch sein.

Darum sage ich, dass dies keine Kommentare sind; ich lege Patanjali nicht aus. Ich bin ganz einfach abwesend – und lasse Patanjali zu. Dies sind also keine Erläuterungen. Ein Kommentar würde bedeuten, dass Patanjali für sich ist, dass ich für mich bin und dass ich nun meine Meinung zu Patanjali äussere. Dann *muss* es verzerrt sein, denn wie kann ich Patanjali kommentieren? Egal was ich sage, es wird *meine* Äusserung sein, und egal was ich sage, es wird meine Interpretation sein. Sie kann nicht von Patanjali selbst stammen. Und das ist nicht gut. Das ist zerstörerisch. Darum kommentiere ich überhaupt nicht. Ich lasse einfach zu, und dieses Zulassen ist möglich, wenn du nicht bist.

Wenn du ein Zeuge wirst, verschwindet das Ego. Wenn das Ego verschwindet, wirst du ein Gefäss, wirst du ein Kanal, wirst du eine Flöte. Und die Flöte kann an Patanjalis Lippen gesetzt werden, die Flöte kann an Krishnas Lippen gesetzt werden, die Flöte kann an Buddhas Lippen gesetzt werden. Die Flöte bleibt dieselbe, aber wenn sie an Buddhas Lippen ist, dann strömt Buddha in sie ein.

Dies ist also kein Kommentar. Das ist schwer zu verstehen, weil ihr nicht fähig seid, Raum zu geben. Ihr seid innerlich so sehr anwesend, dass ihr es nicht zulassen könnt, dass jemand anderes da ist. Und diese anderen sind keine Personen. Patanjali ist keine Person: Patanjali ist eine Präsenz. Wenn du abwesend bist, kann seine Anwesenheit wirksam werden.

Wenn du Patanjali fragst, wird er dasselbe sagen. Wenn du Patanjali fragst, wird er nicht sagen, dass diese Sutras von ihm geschaffen wurden. Er wird sagen, «Sie sind sehr, sehr alt - *sanatan*». Er wird sagen, «Millionen und Abermillionen von Sehern haben sie erkannt. Ich bin nur ein Vermittler. Ich bin abwesend, und sie sprechen». Wenn du Krishna fragst, wird er sagen, «Ich bin es nicht, der spricht. Dies ist die älteste Botschaft. So ist es immer gewesen». Und wenn du Jesus fragst, wird er sagen, «Mich gibt es nicht mehr, ich bin nicht da».

Warum betonen sie das alle so sehr? Jeder, der nicht mehr da ist, der ein Nicht-Ego wird, beginnt als Vermittler zu wirken, als ein Kanal – ein Kanal für alles, was wahr ist, ein Kanal für alles, was in der Existenz verborgen ist und was fliessen kann. Und was immer ich sage, werdet ihr erst verstehen können, wenn ihr abwesend seid, und sei es nur für Momente.

Wenn ihr zu sehr da seid, wenn euer Ego da ist, dann kann nichts in euch hineinfliessen, was ich auch sage. Es ist nicht nur eine intellektuelle Kommunikation. Es ist etwas Tieferes.

Selbst wenn du nur für einen einzigen Moment ein Nicht-Ego bist, kannst du die Wirkung spüren. Dann ist etwas Unbekanntes in dich eingegangen, und in diesem Moment wirst du verstehen. Und es gibt keine andere Möglichkeit zu verstehen.

5

Wahres und falsches Wissen und der Verstand

7. *Wahres Wissen hat drei Quellen: unmittelbare Erkenntnis, Rückschluss und die Worte der Erwachten.*

8. *Falsches Wissen ist eine falsche Auffassung, die nicht mit der Sache, wie sie ist, übereinstimmt.*

9. *Ein Bild, das ohne jede Substanz dahinter durch Worte heraufbeschworen wird, ist vikalpa – Einbildung.*

10. *Diejenige Erscheinungsform des Verstandes, die auf der Abwesenheit jeglichen Inhalts beruht, ist Schlaf.*

11. *Erinnerung ist das Hervorrufen vergangener Erlebnisse.*

29. Dezember 1973, Bombay, Indien

Wahres Wissen hat drei Quellen: unmittelbare Erkenntnis, Rückschluss und die Worte der Erwachten.

Pratyaksha – unmittelbare Erkenntnis – ist die erste Quelle wahren Wissens. Unmittelbare Erkenntnis bedeutet eine Begegnung Auge-in-Auge, ohne jeden Zwischenträger, ohne jedes Hilfsmittel, ohne jeden Vermittler. Wenn du etwas aus direkter Quelle weisst, steht der Wissende dem Gewussten unmittelbar gegenüber. Es ist keiner da, der die Verbindung herstellt, keine Brücke. Dann ist es wahres Wissen. Aber das ist nun nicht so einfach.

Pratyaksha – unmittelbare Erkenntnis – ist meist sehr falsch übersetzt, interpretiert und erklärt worden. Das Wort *pratyaksha* bedeutet an sich «vor den Augen», «den Augen gegenüber». Aber die Augen selbst sind Vermittler; der Wissende ist dahinter verborgen. Die Augen sind die Zwischenträger. Du hörst mich, aber das ist nicht unmittelbar. Du hörst mich durch die Sinne, durch die Ohren. Du siehst mich durch die Augen.

Deine Augen können dir etwas Falsches melden; deine Ohren können dir etwas Falsches melden. Nichts darf geglaubt werden, keinem Mittelsmann darf man glauben, weil man sich auf Mittelsmänner nicht verlassen kann. Wenn deine Augen krank sind, werden sie etwas anderes melden; wenn deine Augen unter Drogen stehen, werden sie etwas anderes melden; wenn deine Augen voller Erinnerung sind, werden sie etwas anderes melden.

Verliebt siehst du mit anderen Augen. Nicht verliebt siehst du nie so. Eine gewöhnliche Frau kann der schönste Mensch der Welt werden, wenn du mit den Augen der Liebe siehst. Wenn deine Augen voller Liebe sind, melden sie dir etwas anderes. Und dieselbe Person kann hässlich erscheinen, wenn deine Augen voller Hass sind. Deine Augen sind nicht zuverlässig.

Du hörst mit den Ohren, aber die Ohren sind nur Werkzeuge. Sie können falsch funktionieren: sie können etwas hören, das gar nicht gesagt wurde; sie können etwas verpassen, das gesagt wurde. Auf die Sinne kannst du dich nicht verlassen, denn die Sinne sind nur mechanische Vorrichtungen.

Was ist dann *pratyaksha*? Was ist dann unmittelbare Erkenntnis? Unmittelbare Erkenntnis kann es nur geben, wenn kein Zwischenträger da ist, nicht einmal die Sinne. Patanjali sagt, dass es dann wahres Wissen ist. Das ist die erste grundsätzliche Quelle wahren Wissens: wenn du etwas weisst, und du brauchst dich auf niemand anderes zu verlassen.

Nur in tiefer Meditation gehst du über die Sinne hinaus. Dann wird unmittelbare Erkenntnis möglich. Wenn Buddha sein innerstes Wesen erkennt, ist dies innerste Wesen *pratyaksha*, ist dies *unmittelbare* Erkenntnis. Keine Sinne sind darin verwickelt; niemand hat etwas gemeldet; so etwas wie einen Vermittler gibt es nicht. Der Wissende und das Gewusste stehen sich direkt gegenüber. Nichts ist zwischen ihnen. Das ist Unmittelbarkeit, und nur das Unmittelbare kann wahr sein.

Das erste wahre Wissen kann darum nur das des inneren Selbst sein. Du magst die ganze Welt kennen, aber wenn du den innersten Kern deines Wesens nicht kennengelernt hast, dann ist dein ganzes Wissen absurd. Es ist nicht wirklich Wissen. Es kann nicht stimmen, denn das erste grundlegende wahre Wissen hat sich bei dir noch nicht ereignet. Dein ganzes Gebäude ist falsch. Du magst vieles wissen, aber wenn du dich selbst nicht kennengelernt hast, baut all dein Wissen auf Gerüchte, auf Meldungen, die von den Sinnen überbracht werden. Aber wie kannst du sicher sein, dass dir die Sinne das Richtige melden?

In der Nacht träumst du. Während du träumst, beginnst du, an den Traum zu glauben, das ist wahr. Deine Sinne melden dir den Traum; deine Augen sehen ihn; deine Ohren hören ihn; vielleicht kannst du ihn berühren. Deine Sinne erstatten dir Bericht. Darum verfällst du der Illusion, dass er real ist.

Ihr seid hier: es mag nur ein Traum sein. Wie könnt ihr sicher sein, dass ich in Wirklichkeit zu euch spreche? Es ist möglich, dass es nur ein Traum ist, dass ihr von mir träumt. Jeder Traum ist wahr, während man ihn träumt.

Chuang Tse erzählt, dass er einmal träumte, er sei ein Schmetterling geworden. Am Morgen war er traurig. Seine Schüler fragten, «Warum bist du traurig?» Chuang Tse antwortete, «Ich habe Probleme, und zwar Probleme wie noch nie. Das Rätsel scheint unlösbar; es kann nicht gelöst werden. Letzte Nacht habe ich geträumt, ich sei ein Schmetterling geworden.»

Die Schüler lachten. Sie sagten, «Was ist daran so schlimm? Das ist doch kein Rätsel. Ein Traum ist nur ein Traum.» Chuang Tse sagte, «So hört doch. Ich bin verwirrt. Wenn Chuang Tse träumen kann, dass er ein Schmetterling geworden ist, träumt vielleicht gerade jetzt ein Schmetterling, dass er Chuang Tse geworden ist. Wie soll ich also entscheiden, ob ich es jetzt mit der Wirklichkeit zu tun habe oder ob es wieder ein Traum ist? Wenn Chuang Tse ein Schmetterling werden kann, warum kann ein Schmetterling dann nicht träumen, dass er Chuang Tse geworden ist?»

Es ist keine Unmöglichkeit; auch das Umgekehrte kann eintreten. Deswegen könnt ihr euch nicht auf die Sinne verlassen. Im Traum täuschen sie euch. Wenn man eine Droge nimmt, LSD oder etwas anderes, fangen die Sinne an, einem etwas vorzumachen; man sieht Dinge, die gar nicht da sind. Sie können euch in einem Masse täuschen – und ihr könnt anfangen, etwas so absolut zu glauben – dass ihr in Gefahr geraten könnt.

Ein Mädchen ist in New York aus dem sechzigsten Stockwerk gesprungen, weil sie unter LSD glaubte, jetzt fliegen zu können. Chuang Tse hat sich nicht geirrt: das Mädchen flog wirklich aus dem Fenster. Natürlich starb sie. Sie wird nie erkennen können, dass sie unter dem Einfluss der Droge von ihren Sinnen getäuscht wurde.

Selbst ohne Drogen haben wir Illusionen. Du gehst

eine dunkle Strasse entlang, und plötzlich bekommst du Angst, weil da eine Schlange ist. Du fängst an zu laufen, und später erfährst du, dass gar keine Schlange da war, dass da nur ein Seil auf der Strasse lag. Aber als du glaubtest, dass da eine Schlange sei, *war* da eine Schlange. Deine Augen haben gemeldet, dass eine Schlange da war, und du hast dich dementsprechend verhalten: du bist vor dem Ort geflohen.

Den Sinnen kann man nicht glauben. Was ist dann aber unmittelbare Erkenntnis? Unmittelbare Erkenntnis ist etwas, das ohne Sinne erkannt wird. Deswegen kann das erste wahre Wissen nur das des inneren Selbst sein, denn nur da werden die Sinne nicht benötigt. Sonst werden sie überall gebraucht. Wenn du mich sehen willst, wirst du deine Augen gebrauchen müssen, aber wenn du dich selbst sehen willst, werden die Augen nicht benötigt. Sogar ein Blinder kann sich selbst sehen. Wenn du mich sehen willst, wird Licht nötig sein, aber wenn du dich selbst sehen willst, ist Dunkelheit okay; du brauchst dazu kein Licht.

Noch in der dunkelsten Höhle kannst du dich selbst erkennen. Kein Hilfsmittel – weder Licht noch Augen oder sonst etwas – ist nötig. Die innere Erfahrung ist unmittelbar, und diese unmittelbare Erfahrung ist die Grundlage allen wahren Wissens.

Bist du einmal in dieser inneren Erfahrung verwurzelt, werden dir viele Dinge geschehen; aber im Augenblick wirst du sie nicht verstehen können. Wenn jemand in seinem Zentrum verwurzelt ist, in seinem inneren Sein, wenn jemand dahin gekommen ist, eine unmittelbare Erfahrung davon zu machen, können die Sinne ihn nicht mehr täuschen. Er ist erwacht. Dann können ihn seine Augen nicht täuschen, dann können ihn seine Ohren nicht täuschen, dann kann nichts ihn täuschen. Alle Täuschung ist abgefallen.

Du kannst getäuscht werden, weil du in Verblendung lebst, aber sobald du einmal ein wirklich Wissender geworden bist, kannst du nicht mehr irregeführt werden. Du kannst nicht getäuscht werden! Dann nimmt nach und nach alles die Form wahren Wissens an. Wenn du dich einmal selbst kennst, dann wird alles, was du weisst, automatisch wahr sein, weil *du* nun wahr bist. Diese Unterscheidung sollte man sich merken: wenn du wahr bist, wird auch alles andere wahr; wenn du falsch bist, dann wird alles falsch. Es geht also nicht darum, etwas außen zu tun, es geht darum, etwas innen zu tun.

Du kannst einen Buddha nicht täuschen – das ist unmöglich. Wie kannst du einen Buddha irreführen? Er wurzelt in sich selbst. Für ihn bist du durchsichtig; du kannst ihn nicht täuschen. Er kennt dich, bevor du dich selbst kennst. Der leiseste Schimmer eines Gedankens in dir wird klar von ihm gesehen. Er durchdringt dich bis in dein innerstes Wesen.

Du kannst in andere nur so weit eindringen, wie du in dich selbst eindringen kannst. So wie du in dich selbst eindringen kannst, so kannst du in demselben Mass in alles eindringen. Je tiefer du nach innen gehst, desto tiefer kannst du nach außen gehen. Aber ihr seid noch nie auch nur einen einzigen Zentimeter nach innen gegangen; und darum ist alles, was ihr nach aussen hin tut, wie ein Traum.

Patanjali sagt, die erste Quelle wahren Wissens ist unmittelbare, direkte Erkenntnis – *pratyaksha*. Er hat nichts mit den *charvakas* zu tun, den alten Materialisten, die behaupteten, dass *pratyaksha* – nur das, was man vor Augen hat – wahr ist.

Wegen dieses Wortes *pratyaksha* – unmittelbare Erkenntnis – hat es viele Missverständnisse gegeben. Die indische Schule der Materialisten nennt sich *charvakas*. Der indische Materialismus begann mit Brihaspati – ein sehr scharfsinniger Denker, aber ein Denker; ein sehr tiefgründiger Philosoph, aber ein Philosoph – keine verwirklichte Seele. Er sagte, dass nur *pratyaksha* wahr ist, und mit *pratyaksha* meinte er alles, was man durch die Sinne erkennt. Und er sagt, dass es keine Möglichkeit gibt, irgendetwas ohne die Sinne zu erkennen, darum ist für den *charvakas* nur die sinnliche Wahrnehmung wirklich.

Folglich bestritt Brihaspati, dass es einen Gott geben kann, da niemand Gott je gesehen hat. Nur was man wahrnehmen kann, kann wirklich sein; was man nicht wahrnehmen kann, kann nicht wirklich sein. Gott gibt es nicht, weil du ihn nicht sehen kannst, die Seele gibt es nicht, weil du sie nicht sehen kannst. Brihaspati sagt, «Wenn es Gott gibt, so bringt ihn mir vor die Augen, so dass ich ihn sehen kann. Wenn ich ihn sehen kann, dann ist er, denn nur Sehen ist Wahrheit.»

Auch er gebraucht das Wort *pratyaksha* – unmittelbare Erkenntnis, aber seine Bedeutung ist vollkommen anders. Wenn Patanjali das Wort *pratyaksha* gebraucht, liegt seine Bedeutung auf einer ganz und gar anderen Ebene. Er sagt, dass nur solches Wissen wahr ist, das von keinem Hilfsmittel hergeleitet ist, das auf kein Medium zurückzuführen ist, das un-medial ist. Und hat sich dieses Wissen erst einmal eingestellt, bist du wahr geworden. Jetzt kann dir nichts Falsches mehr geschehen. Wenn du wahr bist, authentisch in der Wahrheit verwurzelt, dann werden Illusionen unmöglich.

Darum wird gesagt, dass Buddhas niemals träumen: jemand, der erwacht ist, träumt nie. Selbst Träume können ihm nicht passieren; er kann nicht irregeführt werden. Er schläft, aber nicht wie ihr. Er schläft auf eine völlig andere Art; die Qualität ist anders. Nur sein Körper schläft und entspannt sich. Sein Wesen bleibt wach.

Diese Wachsamkeit lässt keinen Traum zu. Du kannst nur träumen, wenn die Wachheit verlorengegangen ist. Wenn du nicht bewusst bist, wenn du tief hypnotisiert bist, dann fängst du an zu träumen. Träume können nur kommen, wenn du vollkommen unbewusst bist. Je mehr Unbewusstheit da ist, desto mehr Träume werden da sein; je mehr Bewusstheit, desto weniger Träume. Wenn du voll bewusst bist, gibt es keine Träume. Sogar das Träumen wird unmöglich für einen, der in sich selbst ruht, der das innere Wesen unmittelbar erkannt hat.

Das ist die erste Quelle wahren Wissens. Die zweite

Quelle ist Rückschluss. Sie ist sekundär, aber auch sie ist erwähnenswert: denn so wie du jetzt bist, weisst du nicht, ob es ein Selbst in dir gibt oder nicht. Du hast keine unmittelbare Kenntnis von deinem inneren Wesen, aber was kannst du tun? Es gibt zwei Möglichkeiten. Die eine: du kannst einfach leugnen, dass dein Sein einen inneren Kern hat, dass es eine Seele gibt, wie es die *charvakas* tun, oder wie es im Westen Epikur, Marx, Engels und andere getan haben.

Oder es gibt eine andere Möglichkeit. Patanjali sagt: wenn du *weisst*, brauchst du keine Rückschlüsse; wenn du jedoch nicht weisst, hilft es, Schlüsse zu ziehen. Descartes zum Beispiel, einer der grössten Denker des Westens, setzte bei seinen philosophischen Nachforschungen beim Zweifel an. Von Anfang an nahm er den Standpunkt ein, dass er nichts glauben würde, was nicht ausser Zweifel stand. Alles Bezweifelbare würde er bezweifeln. Und er würde versuchen, den Punkt herauszufinden, der nicht mehr angezweifelt werden konnte, und nur auf diesen Punkt würde er das gesamte Gebäude seines Denkens aufbauen. Eine schöne Art der Suche – ehrlich, anstrengend, gefährlich.

Er leugnete Gott, weil man Gott anzweifeln kann. Viele haben gezweifelt, und niemand hat je ihre Zweifel zerstreuen können. Er leugnete alles. Was immer bezweifelt werden konnte – was als zweifelhaft angesehen werden konnte – das leugnete er. Jahrelang befand er sich in ständigem inneren Aufruhr. Schliesslich stolperte er über einen Punkt, der unzweifelhaft war: er konnte sich selbst nicht leugnen; das war unmöglich. Du kannst nicht sagen, «Ich bin nicht.» Wenn du das sagst, beweist gerade deine Aussage, dass du bist. Das war also sein Grundstein – dieses «Ich kann mich selbst nicht leugnen; ich kann nicht sagen, dass ich nicht bin. Denn *wer* sagt es? Auch wenn ich zweifle, muss es mich geben.»

Das ist «Rückschluss». Das ist keine unmittelbare Erkenntnis. Sie entsteht durch logische Beweisführung, aber sie gibt dir eine Spur, sie gibt dir eine Ahnung, sie gibt dir eine Möglichkeit – eine Öffnung. Damit hatte Descartes den Felsen, und auf diesen Felsen konnte ein grosser Tempel gebaut werden. Mit einer unzweifelhaften Tatsache kannst du die absolute Wahrheit erreichen. Wenn du jedoch mit etwas Zweifelhaftem anfängst, wirst du nirgendwo hingelangen. An der Basis bleibt der Zweifel bestehen.

Patanjali sagt, dass Rückschluss die zweite Quelle wahren Wissens ist. Richtige Logik, richtiges Zweifeln, richtige Beweisführung kann dir etwas geben, das auf dem Weg zu wirklichem Wissen hilfreich sein kann. Diese Dinge sind es, was er Rückschluss nennt – *anuman*. Du hast nicht unmittelbar erkannt, aber alles weist darauf hin, dass es so sein muss. Die Umstände beweisen, dass es so sein muss.

Du siehst dich zum Beispiel im weiten Universum um. Du magst unfähig sein zu erkennen, dass es einen Gott gibt, aber du kannst nicht bestreiten – der einfachste Rückschluss macht es dir unmöglich zu bestreiten – dass die ganze Welt ein System ist, ein zusammenhängendes Ganzes, ein Plan. Das kann nicht bestritten werden. Der Plan ist so offensichtlich, dass selbst die Wissenschaft ihn nicht leugnen kann. Im Gegenteil, die Wissenschaft findet eher immer mehr und mehr Baupläne, mehr und mehr Gesetzmässigkeiten.

Wenn die Welt nur ein Zufall ist, dann ist Wissenschaft unmöglich. Aber die Welt sieht nicht so aus, als wäre sie Zufall. Sie scheint geplant, und sie läuft nach bestimmten Gesetzen ab, und diese Gesetze werden niemals durchbrochen.

Patanjali wird sagen, dass dieser Plan im Universum nicht geleugnet werden kann, und wenn du einmal fühlst, dass es einen Plan gibt, stellt sich die Frage nach dem Planer. Aber das ist ein Rückschluss. Du hast ihn nicht unmittelbar erkannt, du hast nur den Entwurf des Universums erkannt, die Geplantheit, die Gesetzesmässigkeiten, die Ordnung. Und die Ordnung ist so brillant! Sie ist so exakt, so grossartig, so unermesslich! Die Ordnung ist vorhanden; alles summt nach einem

Plan. Es herrscht eine musikalische Harmonie des ganzen Universums. Jemand scheint sich dahinter zu verstecken, aber das ist eine Folgerung.

Patanjali sagt, dass auch Rückschlüsse eine Hilfe auf dem Weg zu wahrem Wissen sein können, aber es müssen die richtigen sein. Logik ist gefährlich: sie ist zweischneidig. Man kann die Logik falsch einsetzen und auch so zu Schlussfolgerungen kommen.

Zum Beispiel habe ich euch erzählt, dass es einen Plan gibt, dass ein Entwurf da ist. Die Welt hat eine Ordnung, eine wunderschöne Ordnung – perfekt. Die richtige Folgerung wäre die, dass jemand seine Hand dabei im Spiel zu haben scheint. Wir mögen uns dessen nicht unmittelbar bewusst sein, wir mögen nicht in unmittelbarer Berührung mit dieser Hand sein, eine Hand scheint dennoch da zu sein, verborgen. Das ist die richtige Schlussfolgerung.

Aber von denselben Voraussetzungen aus kannst du auch falsche Schlüsse ziehen. Es gab Denker, die gesagt haben – Diderot hat gesagt, «Gerade der Ordnung wegen kann ich nicht glauben, dass es Gott gibt. Es scheint eine perfekte Ordnung in der Welt zu geben. Wegen dieser Ordnung kann ich nicht an Gott glauben.» Wie sieht seine Logik aus? Er sagt, wenn eine Person dahinter steckte, könnte keine so grosse Ordnung herrschen. Wenn ein Mensch dahinter steckte, dann würde er manchmal Fehler begehen. Manchmal würde er launisch werden, durchdrehen. Manchmal würde er alles umstürzen. Gesetze können nicht so perfekt sein, wenn jemand dahinter steckt. Gesetze können nur perfekt sein, wenn niemand dahinter steckt und sie einfach mechanisch ablaufen.

Auch das hat seine Anziehungskraft. Wenn alles perfekt läuft, sieht es mechanisch aus, weil man vom Menschen sagt, dass irren menschlich ist. Wenn ein Mensch da ist, dann muss er sich manchmal irren: bei soviel Perfektion würde es ihm langweilig werden. Und manchmal würde er das Bedürfnis haben, die Dinge umzuändern.

Das Wasser kocht bei hundert Grad. Es kocht seit Tausenden von Jahren bei hundert Grad, seit eh und je. Gott muss sich langweilen. Wenn jemand hinter den Gesetzen des Universums steckt, muss er sich langweilen, sagt Diderot. Deshalb wird er, nur zur Abwechslung, eines Tages sagen, «Von jetzt an wird das Wasser bei neunzig Grad kochen.» Aber das ist nie passiert, darum scheint keine Person im Spiel zu sein.

Beide Argumente sehen perfekt aus, aber Patanjali sagt, der richtige Rückschluss ist der, der dir Möglichkeiten zum Wachstum gibt. Es geht nicht darum, ob die Logik perfekt ist oder nicht. Es geht darum, dass deine Rückschlüsse dazu führen, dass du dich öffnest. Wenn es keinen Gott gibt, führen sie zu Verschlossenheit. Dann kannst du nicht wachsen. Wenn du den Schluss ziehst, dass es eine verborgene Hand gibt, dann wird die Welt zu einem Mysterium. Dann bist du nicht nur durch Zufall hier. Dann wird dein Leben bedeutungsvoll. Dann bist du Teil eines grossartigen Planes. Dann ist etwas möglich: du kannst etwas tun; du kannst an Bewusstheit zunehmen.

Ein richtiger Rückschluss ist einer, der dir zum Wachstum verhelfen kann, zu dem, was dich wachsen lässt; und ein falscher Rückschluss ist alles, was dich dem Wachstum verschliesst, wie perfekt er auch aussehen mag. Auch ein Rückschluss kann eine Quelle wahren Wissens sein. Sogar Logik kann als eine Quelle wahren Wissens dienen, aber du mußt sehr bewußt damit umgehen. Wenn du *nur* logisch bist, kann es sein, dass du durch sie Selbstmord begehst. Logik kann zu Selbstmord werden. Vielen ergeht es so.

Erst vor ein paar Tagen war ein Suchender aus Kalifornien hier. Er war weit gereist. Er war hierher gekommen, um mich zu sehen. Er sagte, «Ich habe gehört, dass du jeden, der zu dir kommt, zur Meditation anspornst; deswegen habe ich, bevor ich meditiere oder bevor du von mir verlangst, dass ich meditiere, bevor du mich anspornst, viele Fragen.» Er hatte eine Liste mit mindestens hundert Fragen. Ich glaube nicht, dass er irgendeine mögliche Frage ausgelassen hat. Er hatte Fragen über Gott, über die Seele, über die Wahrheit, über Himmel, Hölle und alles andere – ein Blatt voller Fragen. Er sagte, «Wenn du mir diese Fragen nicht erst beantwortest, werde ich nicht meditieren.»

Auf eine Art ist er logisch; denn er sagt, «Solange meine Fragen unbeantwortet bleiben – wie kann ich da meditieren? Wenn ich mir nicht sicher bin, dass du recht hast, dass du meine Zweifel zerstreut hast, wie kann ich da in die Richtung gehen, in die du zeigst und hinweist? Vielleicht irrst du dich. Nur indem du meine Zweifel auflöst, kannst du mir beweisen, dass du recht hast.»

Aber seine Zweifel sind derart, dass sie sich nicht auflösen können. Das ist also das Dilemma: wenn er meditiert, können sie verschwinden, aber er sagt, er will nur meditieren, wenn seine Zweifel nicht mehr da sind. Was tun? Er sagte, «Zuerst beweise, dass es Gott gibt.» Niemand hat das je bewiesen, niemand wird es je können. Was nicht bedeutet, dass Gott nicht da ist; aber er kann nicht bewiesen werden. Er ist nichts Beliebiges, was sich beweisen oder widerlegen lässt. Er ist etwas so Entscheidendes, dass du ihn *leben* musst, um ihn zu erkennen. Kein Beweis kann helfen.

Aber logisch betrachtet hat er recht. Er sagt, «Wenn du keinen Beweis bringst, wie kann ich anfangen? Wenn es keine Seele gibt, wer soll meditieren? Beweise also erst, dass es ein Selbst gibt; dann kann ich meditieren.»

Dieser Mann begeht Selbstmord. Niemand wird je in der Lage sein, ihm zu antworten. Er hat alle denkbaren Schranken aufgebaut, und wegen dieser Schranken wird er nicht wachsen können. Aber er ist logisch. Was soll ich mit so einem Menschen machen? Wenn ich anfange, seine Fragen zu beantworten, dann ist so ein Mensch, der hundert Zweifel vorbringen kann, auch in der Lage, Millionen zu produzieren; denn zweifeln ist eine Geisteshaltung. Du kannst eine Frage beantworten, und er wird deine Antwort zum Anlass nehmen, zehn weitere hervorzubringen. Denn der Verstand bleibt derselbe.

Er ist der Typ, der nach dem Zweifel sucht, und wenn ich logisch antworte, päppele ich nur seinen logischen Verstand und stärke ihn noch mehr. Ich gebe ihm Nahrung. Das wird nicht helfen. Man muss ihn aus dem logischen Denken herausholen.

Deshalb fragte ich ihn, «Bist du je verliebt gewesen?» Er sagte, «Warum? Du wechselst das Thema.» Ich sagte, «Ich werde auf deine Punkte zurückkommen, aber auf einmal ist es mir sehr wichtig zu fragen, ob du je geliebt hast.» Er sagte, «Ja!» Sein Gesicht veränderte sich. Ich fragte ihn, «Hast du zuerst geliebt, oder hast du alles erst angezweifelt, bevor du dich verliebt hast?»

Da war er verstört. Er war verlegen. Er sagte, «Nein, ich hatte vorher nie darüber nachgedacht. Ich habe mich einfach verliebt, und erst dann bin ich mir der Liebe bewusst geworden.» Ich sagte, «Tu jetzt das Gegenteil. Denk erst über die Liebe nach – ob Liebe möglich ist, ob Liebe existiert, ob Liebe existieren *kann*. Versuch zuerst, sie zu beweisen. Und mach es dir zur Bedingung, dass du niemanden lieben wirst, bevor sie nicht bewiesen ist.»

Er sagte, «Was redest du da? Du wirst mein Leben zerstören. Wenn ich das zur Bedingung mache, dann werde ich überhaupt nicht mehr lieben können.» Ich sagte ihm, «Aber genau das machst du ja! Meditation ist genau wie Liebe. Zuerst musst du sie kennenlernen. Gott ist genau wie Liebe. Darum sagt Jesus immer wieder, dass Gott Liebe ist. Es ist genau wie bei der Liebe: als erstes muss man die Erfahrung machen.»

Ein logischer Verstand kann verschlossen sein, und zwar so logisch begründet, dass er nie das Gefühl haben wird, dass er sich selbst seine Türen zu jedem Wachstum versperrt hat. Rückschluss, *anuman*, bedeutet also, das Denken so einzusetzen, dass das Wachstum unterstützt wird. Dann kann es zu einer Quelle wahren Wissens werden.

Die dritte Quelle wahren Wissens ist die schönste.

Nirgendwo sonst ist das zu einer Quelle wahren Wissens gemacht worden: die Worte der Erwachten – *agama*. Über diese dritte Quelle hat es langandauernde Kontroversen gegeben. Patanjali sagt, dass du erstens unmittelbar erkennen kannst, und dann ist es in Ordnung. Zweitens kannst du richtige Schlüsse ziehen, und auch dann bist du auf dem richtigen Weg und wirst zur Quelle kommen.

Aber es gibt ein paar Dinge, die du nicht einmal durch Schlüsse erläutern kannst und die du noch nicht erkannt hast. Aber du bist nicht der erste auf dieser Erde, du bist nicht der erste, der auf der Suche ist. Millionen suchen seit Millionen von Zeitaltern – und nicht nur auf diesem Planeten, sondern auch auf anderen Planeten. Die Suche ist ewig, und viele sind angekommen. Sie haben das Ziel erreicht; sie haben den Tempel betreten. Auch ihre Worte sind eine Quelle wahren Wissens.

Agama bedeutet: die Worte derer, die erkannt haben. Buddha sagt etwas, oder Jesus sagt etwas: wir wissen nicht wirklich, was sie sagen. Wir haben es nicht erfahren, darum haben wir keine Möglichkeit, es zu beurteilen. Wir wissen nicht, was wir folgern und wie wir aus ihren Worten richtig folgern sollen. Und die Worte sind widersprüchlich, deshalb kann man alles aus ihnen schliessen, was man will.

So gibt es Leute, die glauben, dass Jesus neurotisch war. Westliche Psychiater haben zu beweisen versucht, dass er neurotisch war, dass er ein Geistesgestörter war. Er behauptete, «Ich bin der Sohn Gottes – und zwar der einzige Sohn.» Also muss er ein manischer Egozentriker gewesen sein, neurotisch. Es lässt sich beweisen, dass er neurotisch war, denn es gibt eine Menge Neurotiker, die solche Dinge behaupten. Man kann das nachprüfen. In den Irrenhäusern gibt es viele solcher Leute.

In Baghdad geschah es einmal zu der Zeit, als der Kalif Omar herrschte, dass ein Mann auf den Strassen Baghdads verkündete, «Ich bin der ‹Paigambar›: Ich bin der Messias, ich bin der Prophet. Jetzt hat Mohammed ausgedient, denn jetzt bin ich da. Ich bin das letzte Wort, die letzte Botschaft des Göttlichen. Jetzt wird Mohammed nicht mehr gebraucht. Er ist einfach nicht mehr zeitgemäss. Bis jetzt war er der Überbringer, aber nun bin ich gekommen, deswegen könnt ihr Mohammed vergessen.»

Das war kein hinduistisches Land. Hindus können alles hinnehmen; niemand hat so viel hingenommen wie die Hindus. Sie können alles hinnehmen, weil sie sagen, «Wenn wir es nicht genau wissen, können wir nicht ja sagen, und wir können nicht nein sagen. Vielleicht ist er der Messias; wer weiss?»

Aber Mohammedaner sind anders – sehr dogmatisch. Sie können nichts hinnehmen. Deswegen warf Kalif Omar, nachdem der neue Prophet festgenommen war, ihn ins Gefängnis und sagte zu ihm, «Ich gebe dir vierundzwanzig Stunden. Überleg's dir noch einmal. Wenn du sagst, dass nicht du der Prophet bist, dass Mohammed der Prophet ist, dann kommst du frei. Aber wenn du auf deinem Wahnsinn bestehst, dann komm ich in vierundzwanzig Stunden ins Gefängnis, und du wirst getötet.»

Der Mann lachte, er sagte, «Siehe da! Das steht schon in den heiligen Schriften – dass Propheten immer so behandelt werden, wie du mich gerade behandelst.» Er war logisch. Mohammed selber war so behandelt worden, es war also nichts Neues. Der Mann sagte zu Omar, «Das ist nichts Neues. Das ist der natürliche Lauf der Dinge. Und ich bin überhaupt nicht imstande, es mir zu überlegen. Das steht nicht in meiner Macht; ich bin nur der Überbringer. Nur Gott kann etwas dran ändern. In vierundzwanzig Stunden kannst du kommen. Du wirst mich als denselben vorfinden. Nur er, der mich berufen hat, kann das ändern.»

Während dieses Gesprächs fing ein anderer Irrer, der an eine Säule gekettet war, an zu lachen. Omar fragte, «Warum lachst du?» Der andere sagte, «Dieser Mann lügt absolut. Ich habe ihn niemals berufen! Ich kann das nicht dulden. Nach Mohammed habe ich keinen anderen Boten mehr gesandt.»

Die Worte eines Erwachten sind so widersprüchlich und unlogisch! Jeder Mensch, der erkannt hat, ist gezwungen, sich widersprüchlich, paradox auszudrükken, denn die Wahrheit ist so beschaffen, dass sie nur durch Paradoxa ausgedrückt werden kann. Solche Aussagen sind nicht klar; sie sind mysteriös. Man kann alles aus ihnen schliessen: Du ziehst zwar deine Schlüsse, aber *du* bist es, der die Schlüsse zieht. Du hast deinen Verstand, und so wird die Folgerung deine Folgerung sein.

Patanjali sagt, es gibt eine dritte Quelle. Du selbst weisst nicht. Wenn du unmittelbar wissen könntest, dann stellte sich die Frage nicht. Dann wäre keine andere Quelle nötig. Wenn du unmittelbare Erkenntnis hast, sind weder Rückschlüsse noch die Worte von Erleuchteten notwendig: dann bist du selbst erleuchtet worden. Dann kannst du auf die andern beiden Quellen verzichten. Wenn dies nicht geschehen ist, dann kannst du Rückschlüsse ziehen, der Rückschluss wird der deine sein. Wenn du verrückt bist, dann werden deine Rückschlüsse verrückt sein. Dann lohnt es sich, die dritte Quelle zu versuchen – die Worte der Erleuchteten.

Du kannst sie nicht beweisen, du kannst sie nicht widerlegen. Du kannst nur ein gewisses Vertrauen haben, und dieses Vertrauen ist hypothetisch. Das ist sehr wissenschaftlich. Auch bei der Wissenschaft kannst du nicht ohne eine Hypothese vorgehen. Aber eine Hypothese ist kein Glaube. Sie ist nur eine Vorgehensweise. Eine Hypothese ist nur eine Richtung; du wirst experimentieren müssen. Wenn das Experiment sich als richtig erweist, dann wird aus der Hypothese eine Theorie. Wenn das Experiment sich als unrichtig herausstellt, dann wird die Hypothese verworfen. Die Worte von Erleuchteten müssen auf Treu und Glauben angenommen werden – wie eine Hypothese. Dann lass sie in deinem Leben wirksam werden. Wenn sie sich als richtig erweisen, dann wird die Hypothese zur Überzeugung; wenn sie sich als falsch erweisen, dann muss die Hypothese verworfen werden.

Du gehst zu einem Buddha. Er wird sagen, «Warte! Sei geduldig, meditiere und stelle zwei Jahre lang keine Fragen.» Das musst du auf Treu und Glauben hinnehmen. Es gibt keine andere Möglichkeit.

Du kannst denken, «Vielleicht betrügt mich dieser Mann nur. Dann werden zwei Jahre meines Lebens vergeudet sein. Wenn sich nach zwei Jahren herausstellt, dass dieser Mann nur Hokus-Pokus trieb – nur ein Betrüger war oder sich selbst betrog mit der Illusion, erleuchtet zu sein – dann werden meine zwei Jahre vergeudet gewesen sein.» Aber es gibt keine andere Wahl, du musst das Risiko eingehen. Und wenn du dableibst, ohne Buddha zu vertrauen, werden diese zwei Jahre umsonst sein – denn wenn du nicht vertraust, kannst du nicht arbeiten. Die Arbeit ist so intensiv, dass du nur mit Vertrauen ganz hineingehen kannst, total hinein. Wenn du kein Vertrauen hast, wenn du immer etwas zurückhältst, dann wird dich dieses Zurückhalten hindern, das zu erfahren, was dir Buddha zeigen wollte.

Das Risiko ist da, aber das Leben selbst ist Risiko. Für ein höheres Leben wird es höhere Risiken geben. Du machst eine gefährliche Gratwanderung. Aber denk daran, man kann nur einen Fehler im Leben machen, und der ist, sich überhaupt nicht zu bewegen, sich überhaupt nicht von der Stelle zu rühren, vor lauter Angst, dass etwas schiefgehen könnte, wenn du auch nur einen Schritt machst: «Besser sitzen zu bleiben und zu warten.» Das ist der einzige Fehler. Du bist dann zwar nicht in Gefahr, aber es ist auch kein Wachstum möglich.

Patanjali sagt, dass es Dinge gibt, die du nicht weisst, und es gibt Dinge, auf die du durch deine Logik nicht rückschliessen kannst. Du musst sie auf Treu und Glauben annehmen. Weil es diese dritte Quelle gibt, wird der Guru, wird der Meister, wird jemand, der *weiss*, zu einer Notwendigkeit. Du musst also das Risiko eingehen, und ich sage, es *ist* ein Risiko, denn es gibt keine Garantie. Die ganze Sache mag sich als reine Zeitverschwendung herausstellen, aber es ist besser, das Risiko einzugehen – denn selbst wenn es sich als Bluff herausstellt, wirst du viel gelernt haben. So leicht wird dich jetzt kein anderer mehr irreführen können. Wenigstens soviel wirst du gelernt haben.

Und wenn du mit Vertrauen herangehst, wenn du total hineingehst, wenn du Buddha wie ein Schatten folgst, beginnt vielleicht auch etwas bei dir zu passieren; denn es ist etwas bei jenem Menschen passiert: bei jenem Gautam Buddha, Jesus, Mahavir. Bei ihnen ist es passiert, und nun kennen sie den Weg; sie sind ihn ganz gegangen. Wenn du mit ihnen kämpfst, wirst du der Verlierer sein. *Sie* können nicht die Verlierer sein. Sie werden dich einfach stehenlassen.

In diesem Jahrhundert war das bei Gurdjieff so: viele, viele Leute fühlten sich zu ihm hingezogen; aber er schuf gewöhnlich eine derartige Situation für neue Schüler, dass sie, wenn sie nicht total vertrauen konnten, gezwungen waren, sofort wieder zu gehen, ausser wenn sie den absurdesten Dingen vertrauen konnten. Und diese Absurditäten waren Absicht. Gurdjieff log z. B. in einem fort. Morgens sagte er das eine, nachmittags das Gegenteil. Und man durfte keine Fragen stellen! Er wollte deinen logischen Verstand vollkommen erschüttern.

Am Morgen sagte er etwa, »Heb diesen Graben aus. Keine Widerrede! Abends muss er fertig sein.« Und den ganzen Tag lang warst du dann mit Graben beschäftigt. Du gabst dir alle Mühe, du warst müde, du schwitztest, du nahmst keine Nahrung zu dir; und am Abend kam er dann und sagte, «Schaufele den ganzen Dreck zurück in den Graben! Und mach es fertig, bevor du ins Bett gehst.»

Spätestens jetzt würde jeder gewöhnliche Kopf sagen, «Was soll das heissen? Ich habe den ganzen Tag vergeudet. Ich glaubte, es handelte sich um etwas sehr

Dringendes, weil es am Abend fertig sein musste, und nun sagst du, ‹Schaufle den ganzen Dreck zurück!›» Wer so etwas zu ihm sagte, dem antwortete Gurdjieff dann, «Verschwinde einfach! Geh! Ich bin nichts für dich; du bist nichts für mich.»

Es geht nicht um die Arbeit oder den Graben. Was er zu erkennen versucht, ist, ob du ihm vertrauen kannst, selbst wenn er absurd ist. Erst wenn er einmal wusste, dass man ihm vertrauen und mit ihm gehen konnte, wo immer er hinführte, folgten gewöhnlich die wirklichen Dinge. Dann war der Test vorüber: du bist geprüft und für authentisch befunden worden – ein wahrer Sucher, der arbeiten kann und der vertrauen kann. Dann können wirkliche Dinge mit dir passieren, nie zuvor.

Patanjali ist ein Meister, und diese dritte Quelle kennt er sehr gut aus seiner eigenen Erfahrung mit Tausenden und Abertausenden von Schülern. Er muss mit vielen, vielen Schülern und Suchern gearbeitet haben, denn nur so war es möglich, eine Abhandlung wie die *Yoga Sutras* zu schreiben. Sie sind nicht das Werk eines Denkers. Sie stammen von einem, der mit allen möglichen Verstandestypen experimentiert hat und der viele, viele Verstandesschichten durchdrungen hat, bei jedem Menschentyp, mit dem er gearbeitet hat. Dies macht er also zur dritten Quelle: die Worte der Erwachten.

Falsches Wissen ist eine falsche Auffassung, die nicht mit der Sache, wie sie ist, übereinstimmt.

Hier einige Definitionen, die später hilfreich sein werden. Die Definition von *viparyaya* – falschem Wissen: Falsches Wissen ist eine falsche Auffassung von etwas, das nicht mit der Sache übereinstimmt so, wie sie ist. Wir alle haben eine grosse Last von falschem Wissen, denn bevor wir auf eine Tatsache treffen, haben wir schon Vorurteile.

Wenn du ein Hindu bist, und jemand wird dir vorgestellt, und es wird gesagt, dass er ein Mohammedaner ist, hast du sofort die falsche Haltung angenommen, dass dieser Mann sich irren muss. Wenn du ein Christ bist, und jemand wird dir als ein Jude vorgestellt, wirst du diesen Menschen nicht akzeptieren; du wirst diesem bestimmten Menschen gegenüber nicht offen sein. Allein durch die Aussage «ein Jude» hat dein Vorurteil eingesetzt. Du hast das Gefühl, diesen Mann bereits zu kennen. Jetzt brauchst du ihn gar nicht mehr kennenzulernen. Du weisst, was das für ein Mensch ist: ein Jude.

Du hast einen Verstand voller vorgefasster Meinungen und Vorurteile, und dieser voreingenommene Verstand gibt dir falsches Wissen. Alle Juden sind nicht schlecht; genauso wenig wie alle Christen gut sind und alle Mohammedaner schlecht sind oder alle Hindus gut. In Wirklichkeit haben Gut und Böse nichts mit einer Rasse zu tun, sondern mit Personen, Individuen. Es mag schlechte Mohammedaner oder schlechte Hindus geben, gute Mohammedaner oder gute Hindus. Gut und Böse haben mit keiner Nation zu tun, keiner Rasse, keiner Kultur. Sie haben mit einzelnen, mit Persönlichkeiten zu tun. Aber es ist schwierig, einem Menschen *ohne* jedes Vorurteil gegenüberzutreten. Wenn du das kannst, wirst du eine Offenbarung haben.

Mir ist einmal etwas passiert, als ich auf Reisen war... Ich betrat mein Abteil. Viele Leute waren gekommen, um mich zur Bahn zu begleiten, und so berührte die Person, die schon in dem Abteil war, der andere Fahrgast, sofort meine Füsse und sagte, «Du musst ein grosser Heiliger sein. So viele Menschen sind gekommen, um dich zu verabschieden!»

Ich erzählte dem Mann, «Ich bin ein Mohammedaner. Ich mag ein grosser Heiliger sein, aber ich bin ein Mohammedaner.» Er war schockiert! Er hatte die Füsse eines Mohammedaners berührt, und er war ein Brahmane! Er fing an zu schwitzen. Er war nervös. Er sah mich noch einmal an und sagte, «Nein, du machst Spass!» Nur um sich selbst zu trösten sagte er, «Du machst Spass.» «Ich mache keinen Spass. Warum sollte ich Spass machen?» sagte ich, «Du hättest dich darüber erkundigen sollen, bevor du meine Füsse berührt hast.»

Dann waren wir beide zusammen in dem Abteil. Immer wieder sah er mich an und holte lang und tief Luft. Er muss daran gedacht haben, hinzugehen und ein Reinigungsbad zu nehmen. Er sah mich nicht, wie ich war. Ich war da, aber er war mit seiner Vorstellung von einem Mohammedaner beschäftigt und damit, dass er ein Brahmane war – dass er unrein geworden war, indem er mich berührte.

Niemand begegnet den Dingen, den Menschen, so wie sie sind. Du hast ein Vorurteil. Diese Vorurteile erzeugen *viparyaya*: diese Vorurteile erzeugen falsches Wissen. Was immer du denkst, wird, wenn du nicht unvoreingenommen dem Faktum begegnest, falsch sein. Bring nicht deine Vergangenheit rein, bring nicht deine Vorurteile rein. Lass deinen Verstand beiseite und begegne dem Tatsächlichen. Sieh einfach, was immer es zu sehen gibt. Projiziere nicht.

Wir projizieren ständig. Unser Verstand ist eben seit unserer frühesten Kindheit vollkommen vollgestopft und festgelegt. Alles ist uns vorgefertigt gegeben worden, und durch dieses Konfektions-Wissen wird das ganze Leben zur Illusion. Du begegnest nie einem wirklichen Menschen, du siehst nie eine wirkliche Blume. Wenn du nur hörst, «Dies ist eine Rose», sagst du mechanisch, «Schön!» Du hast die Schönheit nicht gefühlt; du hast die Schönheit nicht empfunden; du hast diese Blume nicht berührt. Du hast einfach «Rosen sind schön» in deinem Kopf; und so braucht der Verstand nur «Rose» zu hören, und schon projiziert er und sagt: «Sie ist schön!»

Du magst glauben, dass du von selbst darauf gekommen bist, dass die Rose schön ist, aber das ist nicht so. Das ist falsch. Sieh sie dir nur an. Aus diesem Grund kommen Kinder tiefer an die Dinge heran als erwachsene Leute: Weil sie keine Namen kennen. Sie sind noch nicht voreingenommen. Nur wenn eine Rose schön ist, werden sie denken, dass sie schön ist. Nicht alle Rosen sind schön für sie. Kinder kommen näher an die Dinge heran. Ihre Augen sind ungetrübt. Sie sehen die Dinge, wie sie sind, weil sie nicht wissen, wie man etwas projiziert.

Aber wir haben es immer eilig, Erwachsene aus ihnen zu machen, sie zu «reifen» Menschen zu machen. Wir stopfen ihre Köpfe voll mit Kenntnissen, mit Informationen. Eine der neuesten Entdeckungen der Psychologen ist die, dass Kinder, wenn sie in die Schule eintreten, mehr Intelligenz besitzen als wenn sie die Universität verlassen. Die letzten Untersuchungsergebnisse beweisen das. In der ersten Klasse, wo sie anfangen, haben die Kinder mehr Intelligenz. Je mehr ihre Bildung zunimmt, desto mehr nimmt ihre Intelligenz ab.

Wenn sie dann schliesslich Abiturienten und Magister und Doktoren werden, sind sie erledigt. Wenn sie mit einem Doktortitel zurückkehren, einem Dr. phil., haben sie ihre Intelligenz irgendwo auf der Universität gelassen. Sie sind tot. Sie sind angefüllt mit Wissen, vollgestopft mit Wissen, aber dieses ganze Wissen ist falsch – Voreingenommenheit gegenüber allem. Jetzt können sie nichts mehr direkt fühlen: sie können lebendige Menschen nicht direkt fühlen; sie können sich nicht mehr direkt beziehen. Alles ist verbal, in Worten erstickt. Nichts ist mehr real; alles ist mental geworden.

«Falsches Wissen ist eine falsche Auffassung, die nicht mit der Sache, wie sie ist, übereinstimmt.» Tu deine Vorurteile, deine Bildung, deine Auffassungen, deine vorformulierten Informationen beiseite und sieh mit ungetrübten Augen. Werde wieder zu einem Kind. Tu dies von Moment zu Moment, denn jeden Moment sammelst du Staub an.

Einer der ältesten Yoga-Aphorismen ist dieser: Stirb jeden Moment, so dass du jeden Moment wiedergeboren werden kannst. Stirb jeden Moment der Vergangenheit, wirf allen Staub ab, den du angesammelt hast, und sieh mit neuen Augen. Aber das muss ununterbrochen geschehen, da sich der Staub schon im nächsten Moment wieder angesammelt hat.

Zu der Zeit, als Nan-in ein Sucher war, war er auf der

Suche nach einem Zen-Meister. Dann lebte er viele Jahre bei seinem Meister, und eines Tages sagte der Meister, «Alles ist in Ordnung. Du hast es fast erreicht.» Aber der Meister sagte «fast»; deshalb fragte Nan-in, «Was meinst du?» Der Meister sagte, «Ich werde dich für ein paar Tage zu einem anderen Meister schicken müssen. Das wird dir den letzten Schliff geben.»

Nan-in war sehr aufgeregt. Er sagte, «Schick mich sofort hin!» ein Brief wurde ihm mitgegeben, und er war sehr aufgeregt, weil er dachte, dass er zu jemand geschickt würde, der ein grösserer Meister war als sein eigener. Als er ankam, entdeckte er, dass es sich um niemand Besonderen handelte – nur der Inhaber eines Wirtshauses, ein Gastwirt.
Nan-in war sehr enttäuscht, und er dachte, «Das muss irgendein Scherz sein. Dieser Mann soll mein letzter Meister sein? Er soll mir den letzten Schliff geben?» Aber Nan-in war nun einmal gekommen, deswegen dachte er, «Es ist besser, für ein paar Tage hier zu sein, um wenigstens auszuruhen. Dann werde ich zurückgehen. Es war eine lange Reise.» Darum sagte er zu dem Gastwirt, «Mein Meister schickt diesen Brief.»

Der Gastwirt sagte, «Aber ich kann nicht lesen, du kannst deinen Brief ruhig behalten. Er ist nicht nötig. Und du kannst sowieso hierbleiben.» Nan-in sagte, «Aber ich bin geschickt worden, um etwas von dir zu lernen.»

Der Gastwirt erwiderte, «Ich bin nur ein Gastwirt, ich bin kein Meister; ich bin kein Lehrer. Da muss irgendein Missverständnis sein. Du bist vielleicht an den Falschen geraten. Ich bin nur ein Gastwirt. Ich kann nicht lehren; ich weiss gar nichts. Aber da du nun einmal gekommen bist – schau mir doch einfach zu. Das nützt vielleicht was. Bleib einfach da und schau zu.»

Aber es gab nichts zum Zuschauen. Morgens schloss er jedesmal die Tür des Gasthauses auf. Dann kamen die Gäste, und er machte ihre Sachen sauber – die

Töpfe, das Geschirr und alles – und er bediente. Und nachts, wenn alle verschwunden waren, und die Gäste ins Bett gegangen waren um zu schlafen, machte er wieder alles sauber: die Töpfe, das Geschirr, alles. Dann am Morgen wieder das gleiche.

Am dritten Tag fing Nan-in an sich zu langweilen. Er sagte, «Da gibt es nichts zu sehen: du machst ständig Geschirr sauber, du machst ständig gewöhnliche Arbeit; darum muss ich gehen.» Der Gastwirt lachte, aber er sagte nichts.

Nan-in kam zurück. Er war sehr böse mit seinem Meister und sagte, «Warum? Warum wurde ich auf eine so weite Reise geschickt – und sie war so ermüdend – wo dieser Mann nur ein Gastwirt war? Und er hat mich nichts gelehrt. Er sagte bloss, ‹Schau zu›, und es gab nichts zu sehen.»

Der Meister sagte, «Aber dennoch warst du drei oder vier Tage dort. Selbst wenn es nichts zu beobachten gab, musst du zugesehen haben. Was hast du getrieben?» Er sagte, «Ich habe beobachtet. Nachts machte er das Geschirr, die Töpfe sauber. Dann stellte er alles weg, und am Morgen war er wieder dabei, sauberzumachen.»

Der Meister sagte, «Dies, genau dies ist die Lehre! Dafür bist du geschickt worden! Er hatte die Töpfe in der Nacht gereinigt, aber am Morgen war er schon wieder dran, diese sauberen Töpfe zu reinigen. Was bedeutet das? Während der Nacht, selbst wenn nichts geschehen war, waren sie wieder unsauber geworden, es hatte sich wieder etwas Staub darauf gelegt. Du magst also rein sein: jetzt bist du es. Du magst unschuldig sein, aber in jedem Moment musst du mit dem Reinigen fortfahren. Du magst gar nichts tun, wirst aber durch den blossen Lauf der Zeit unrein. Von einem Moment zum andern, durch den blossen Zeitablauf, auch wenn du gar nichts tust – nur unter einem Baum sitzt – wirst du unrein. Und diese Unreinheit kommt nicht daher, dass du etwas Schlechtes oder Falsches getan hättest. Sie kommt einfach mit dem Ablauf der

Zeit. Staub sammelt sich an. Darum musst du weitermachen mit dem Saubermachen, und das ist der letzte Schliff. Er ist notwendig, da ich das Gefühl habe, dass du stolz darauf geworden bist, rein zu sein, und jetzt merkst du nicht, dass es ständig nötig ist, für das Sauberzumachen zu sorgen.

Von Moment zu Moment muss man sterben und wiedergeboren werden. Nur dann bist du vom falschen Wissen befreit.

Ein Bild, das ohne jede Substanz dahinter heraufbeschworen wird, ist vikalpa – Einbildung.

Einbildung entsteht nur durch Worte, Verbalstrukturen. Du erfindest eine Sache, aber sie ist nicht da, sie ist keine Realität. Du erschaffst sie durch deine mentalen Bilder. Und du kannst sie dir bis zu einem solchen Grad vorstellen, dass du selbst davon getäuscht wirst und sie für real hältst. Das geschieht in der Hypnose. Wenn du einen Menschen hypnotisierst und ihm irgendetwas sagst, beschwört er ein Bild herauf, und dieses Bild wird real. Ihr könnt das. Ihr tut es auf vielerlei Weise.

Eine der berühmtesten amerikanischen Schauspielerinnen, Greta Garbo, hat ihre Memoiren geschrieben. Sie war ein einfaches Mädchen, nur ein alltägliches, schlichtes Mädchen, sehr arm. Für nur wenig Geld arbeitete sie in einem Friseurgeschäft, und gewöhnlich seifte sie die Gesichter der Kunden ein. Das tat sie drei Jahre lang.

Eines Tages kam ein amerikanischer Filmregisseur in das Friseurgeschäft. Sie seifte gerade sein Gesicht ein, und wie Amerikaner nun mal sind – er mag es nicht einmal ernst gemeint haben – sah er sich ihr Spiegelbild an und sagte, «Wie schön!» Und in dem Moment war Greta Garbo geboren!

Sie schreibt: Plötzlich wurde sie anders. Sie hatte sich selbst nie für schön gehalten; sie konnte sich das nicht vorstellen. Und sie hatte vorher nie jemanden sagen hören, dass sie schön war. Zum ersten Mal schaute auch sie in den Spiegel. Ihr Gesicht hatte sich verändert: dieser Mann hatte sie schön gemacht. Darauf veränderte sich ihr ganzes Leben. Sie folgte dem Mann und wurde eine der berühmtesten Filmschauspielerinnen.

Was geschah? Nur eine Hypnose; eine Hypnose, die durch das Wort «schön» wirksam wurde. Es wirkt; es wird chemisch. Jeder glaubt etwas von sich. Dieser Glaube wird Realität, da dieser Glaube beginnt, sich in dir auszuwirken.

Einbildung ist eine Kraft, aber sie ist eine heraufbeschworene Kraft, eine eingebildete Kraft. Du kannst sie gebrauchen, oder du kannst von ihr missbraucht werden. Wenn du sie gebrauchen kannst, wird sie hilfreich sein, aber wenn du von ihr missbraucht wirst, ist das fatal, gefährlich. Einbildung kann zu Wahnsinn werden, aber Einbildung kann hilfreich sein, wenn du mit ihrer Hilfe eine Situation für dein inneres Wachstum, deine Kristallisierung herstellen kannst.

Es geschieht durch Worte, dass du Dinge heraufbeschwörst. Für die Menschen sind Worte, Sprache, Verbalkonstruktionen so wichtig geworden, dass ihnen heute nichts wichtiger ist. Wenn jemand plötzlich «Feuer!» ruft, wird euch das Wort «Feuer» auf der Stelle verändern. Es mag gar kein Feuer da sein, aber dennoch werdet ihr aufhören, mir zuzuhören, und ihr werdet anfangen hin und her zu laufen. Das Wort «Feuer» wird Besitz von eurer Phantasie ergriffen haben.

Und so werdet ihr durch Worte beeinflusst. Die Leute in der Werbebranche wissen, welche Worte sie benutzen müssen, um bestimmte Vorstellungen heraufzubeschwören. Mit solchen Worten fangen sie euch, sie fangen ganze Massen. Und es gibt viele solcher Worte. Sie wechseln ständig mit der Mode.

In den letzten Jahren war «neu» das Wort; deswegen ist in der Werbung alles «neu» – die «neue» Lux Seife. «Lux Seife» reicht nicht aus. Das Neue zieht sofort an. Jeder ist für das Neue; jeder sucht nach dem Neuen, nach etwas Neuem, weil jeder sich mit dem Alten langweilt. Darum hat alles Neue Anziehungskraft. Es ist vielleicht gar nicht besser als das Alte. Es mag schlechter sein, aber allein das Wort «neu» eröffnet geistige Perspektiven.

Solche Worte und ihr Einfluss müssen bis in die Wurzel verstanden werden. Ein Mensch, der auf der Suche nach der Wahrheit ist, muss sich der Macht der Worte bewusst sein. Politiker, Werbefachleute – sie benutzen Worte, und sie können durch Worte Phantasien auslösen, dass ihr fähig seid, euer Leben dafür aufs Spiel zu setzen, ja, euer Leben wegzuwerfen – nur für Worte.

Was sind denn «Nation», «die Nationalflagge», «Hinduismus»? – nur Worte! Du kannst sagen, «Der Hinduismus ist in Gefahr!» und auf einmal sind viele Leute bereit, etwas zu unternehmen oder sogar zu sterben. Ein paar Worte reichen, und unsere Nation ist beschimpft. Was ist unsere «Nation»? Nur Worte. Eine Flagge ist nichts als ein Stück Stoff, aber eine ganze Nation kann für die Flagge sterben, weil jemand sie beleidigt, entwürdigt hat. Was für ein Unsinn geht in dieser Welt vor wegen Worten! Worte sind gefährlich. Ihr Einfluss auf euch hat tiefe Wurzeln. Sie lösen etwas in euch aus, und ihr könnt gefangengenommen werden.

Man muss verstehen, was Einbildung ist, sagt Patanjali, weil Worte auf dem Weg der Meditation wegfallen müssen, damit die Beeinflussung durch andere wegfallen kann. Denkt daran: Worte werden von anderen gelehrt; ihr werdet nicht mit Worten geboren. Sie werden euch beigebracht, und mit den Worten dringen viele Vorurteile ein. Durch Worte wird Religion, durch Worte werden Mythen, wird alles eingegeben. Worte sind das Medium – das Vehikel der Kultur, der Gesellschaft, das Vehikel der Information.

Ihr könnt keine Ameisen dazu anstacheln, für eine Nation zu kämpfen. Ihr könnt sie nicht aufhetzen; denn sie wissen nicht, was eine «Nation» ist. Aus diesem Grund gibt es keine Kriege im Reich der Tiere. Es gibt keine Kriege, keine Flaggen, keine Tempel, keine Moscheen. Und wenn die Tiere uns beobachten könnten, müssten sie meinen, dass der Mensch von Worten besessen ist, da ununterbrochen Kriege stattfinden und Millionen nur der Worte wegen getötet werden.

Jemand ist Jude, also «Tötet ihn!» – nur wegen des Wortes «Jude». Aber ändert das Etikett, nennt ihn einen Christen, und schon braucht er nicht getötet zu werden. Aber er selbst ist nicht bereit, das Etikett zu ändern. Er wird sagen, «Ich würde mich lieber töten lassen, als mein Etikett zu ändern. Ich bin ein Jude.» Er ist genauso unnachgiebig wie die andern. Dabei sind «Christ» oder «Jude» beides nur Worte.

Der Titel, den Jean Paul Sartre seiner Autobiographie gegeben hat, ist «Die Wörter». Und das ist schön; denn was den Kopf anbelangt, besteht die gesamte Autobiographie eines jeden Kopfes aus Worten und sonst nichts. Und Patanjali sagt, dass man sich dessen bewusst sein muss, denn auf dem Weg der Meditation muss man die Wörter zurücklassen. Nationen, Religionen, Schriften, Sprachen müssen zurückbleiben, und der Mensch muss unschuldig werden, frei von Wörtern. Wenn du frei von Wörtern bist, gibt es keine Einbildung, und wenn es keine Einbildung gibt, kannst du der Wahrheit gegenübertreten. Wenn nicht, wirst du dich nur weiterhin Einbildungen überlassen.

Wenn du soweit bist, Gott zu begegnen, musst du dich ihm ohne jedes Wort stellen. Wenn du Worte parat hast, passt er vielleicht nicht in deine Vorstellung von ihm hinein, stimmt nicht mit ihr überein. Hindus glauben, dass Gott eintausend Hände hat, und wenn Gott mit nur zwei Händen kommt, wird ein Hindu ihn zurückweisen und sagen, «Du bist auf keinen Fall Gott. Du hast nur zwei Hände? Gott hat tausend Hände. Zeige mir deine anderen Hände. Erst dann kann ich an dich glauben.»

Einer der schönsten Menschen dieses vergangenen Jahrhunderts war Sai Baba von Shirdi. Sai Baba war ein Mohammedaner. Oder eigentlich weiss niemand sicher, ob er ein Mohammedaner oder ein Hindu war, aber da er in einer Moschee lebte, wird angenommen, dass er ein Mohammedaner war. Er hatte einen Freund

und Anhänger, einen hinduistischen Anhänger, der ihn liebte und verehrte, der eine grosse Treue zu Sai Baba hatte. Er pflegte jeden Tag zu Sai Baba zu kommen, um seinen *darshan* zu empfangen, und ohne ihn gesehen zu haben, ging er nie weg. Manchmal geschah es, dass er den ganzen Tag lang warten musste, aber er wollte nicht gehen, ohne ihn gesehen zu haben; er nahm dann keine Nahrung zu sich, ehe er Sai Baba nicht gesehen hatte.

Einmal geschah es, dass der ganze Tag vergangen war, und es waren viele Leute versammelt, eine grosse Menge – so gross, dass er nicht hineinkommen konnte. In der Nacht, als alle gegangen waren, berührte er Sai Babas Füsse.

Sai Baba sagte zu ihm, «Warum wartest du unnötigerweise? Es ist nicht notwendig, mich hier aufzusuchen: ich kann zu dir kommen. Lass das von morgen an sein. Nun werde ich zu dir kommen. Bevor du jeden Tag dein Essen zu dir nimmst, wirst du mich sehen.»

Der Schüler war sehr glücklich. Am nächsten Tag wartete und wartete er, aber nichts geschah. In Wirklichkeit geschahen viele Dinge, aber nichts geschah, was seiner Vorstellung entsprach. Gegen Abend war er sehr ärgerlich. Er hatte sein Essen noch nicht zu sich genommen, und da Sai Baba noch nicht erschienen war, suchte er ihn wieder auf. Er sagte, «Du machst Versprechungen und erfüllst sie nicht?»

Sai Baba sagte, «Aber ich bin dreimal erschienen, nicht nur einmal. Als ich das erste Mal kam, war ich ein Bettler. Du sagtest zu mir, ‹Mach dich fort! Komme nicht hierher!› Als ich das zweite Mal zu dir kam, war ich eine alte Frau, und du wolltest mich einfach nicht ansehen. Du hast deine Augen geschlossen.» Der Schüler hatte die Angewohnheit, keine Frauen zu sehen: er übte sich darin, keine Frauen zu beachten, darum hatte er die Augen geschlossen. Sai Baba sagte, «Ich war gekommen, aber was erwartest du? Sollte ich in deine Augen eindringen – in deine geschlossenen Augen? Ich stand genau vor dir, aber du hast deine Augen geschlossen. In dem Moment, wo du mich gesehen hast, hast du deine Augen geschlossen. Dann beim dritten Mal kam ich zu dir als Hund, aber du wolltest mich nicht hereinlassen. Du standest mit einem Stock an der Tür.»

Und diese drei Dinge waren wirklich geschehen. Derartige Dinge widerfahren der gesamten Menschheit. Das Göttliche kommt in vielen Formen, aber du hast ein Vorurteil; du hast ein vorformuliertes Konzept; du kannst nicht sehen. Gott muss *deinen* Vorstellungen gemäss erscheinen, und er erscheint nie so, wie du willst. Er wird nie nach deinen Wünschen erscheinen. Du kannst nicht sein Mass sein, und du kannst keine Bedingungen stellen.

Wenn jede Vorstellung wegfällt, nur dann erscheint die Wahrheit. Ansonsten schreibt die Einbildung weiterhin die Bedingungen vor, und die Wahrheit kann sich nicht zeigen. Nur in einem entblößten Geist, in einem nackten, leeren Geist, erscheint die Wahrheit, weil du sie dann nicht verzerren kannst.

Diejenige Erscheinungsform des Verstandes, die auf der Abwesenheit jeglichen Inhalts basiert, ist Schlaf.

Dies ist die Definition von Schlaf – die vierte Erscheinungsform des Verstandes, bei der es keinen Inhalt gibt. Ausser im Schlaf ist der Verstand immer mit Inhalt erfüllt. Das eine oder andere ist da. Irgendein Gedanke regt sich; irgendeine Leidenschaft rührt sich, irgendein Verlangen bewegt sich; irgendeine Erinnerung, irgendeine Vorstellung von der Zukunft, irgendein Wort, irgendetwas meldet sich. Irgendetwas geht ununterbrochen vor. Nur wenn du fest schläfst, tief schläfst, hören die Inhalte auf. Der Verstand verschwindet, und du bist ohne jeden Inhalt in dir selbst.

Das muss man sich klarmachen, denn dies wird auch der Zustand des Samadhi sein, mit nur einem Unterschied: du wirst bewusst sein. Im Schlaf bist du unbewusst; der Verstand geht vollkommen in die Nicht-Existenz über. Du bist allein, in Ruhe gelassen. Es gibt keine Gedanken, nur dein Sein. Aber du bist nicht bewusst. Der Verstand ist nicht da, um dich zu stören, aber du bist nicht bewusst.

Sonst könnte Schlaf zur Erleuchtung werden. Ein inhaltsloses Bewusstsein ist da, aber das Bewusstsein ist nicht wach. Es ist verhüllt – erst im Keim. Im Samadhi ist das Samenkorn aufgebrochen; das Bewusstsein wird wach. Und wenn das Bewusstsein wach ist und es keinen Inhalt gibt, ist dies das Ziel. Schlaf mit Bewusstheit ist das Ziel.

Dies ist die vierte Erscheinungsform des Verstandes – Schlaf. Aber das Ziel, Schlaf mit Bewusstheit, ist keine Erscheinungsform des Verstandes, sondern liegt jenseits des Verstandes: Bewusstheit liegt jenseits des Verstandes. Wenn du Schlaf und Bewusstheit miteinander verbinden kannst, wirst du erleuchtet sein.

Aber das ist schwierig; denn selbst tagsüber, wenn wir wach sind, sind wir nicht bewusst. Selbst wenn wir wach sind, sind wir nicht wach. Das Wort ist falsch. Wie können wir wach sein, wenn wir schlafen? Selbst wenn wir wach sind, sind wir nicht wach.

Du musst wach sein, wenn du wach bist, mehr und mehr hellwach. Und danach musst du versuchen, in deinen Träumen wach zu sein: während du träumst, musst du bewusst sein. Nur wenn es dir im Wachzustand und dann im Traumzustand gelingt, wirst du es auch im dritten Zustand erreichen können – dem des Schlafes.

Versuch zuerst, bewusst zu sein, während du auf der Strasse gehst. Geh nicht nur automatisch, mechanisch drauflos. Sei dir jeder Bewegung bewusst, jedes Atemzuges, den du nimmst. Beim Ausatmen, Einatmen: sei wach. Sei dir jeder Augenbewegung bewusst, die du machst, jedes Menschen, den du anblickst. Was immer du tust, sei wach und tu es mit Bewusstheit.

In der Nacht dann, während du einschläfst, versuche bewusst zu bleiben. Die letzte Phase des Tages wird vorbeiziehen; Erinnerungen werden vorüberziehen. Bleib wachsam, und versuche, mit Bewusstheit einzuschlafen. Es wird schwierig sein, aber wenn du es versuchst, wirst du binnen weniger Wochen eine Spur haben: du wirst eingeschlafen sein und dennoch bewusst.

Wenn dir das auch nur für einen einzigen Augenblick gelingt, ist es so schön, ist es so voll Wonne, dass du nie mehr derselbe sein wirst. Und dann wirst du nicht sagen, dass Schlaf nur Zeitvergeudung ist. Er kann zum wertvollsten *sadhana* werden, denn wenn der Wachzustand geht und der Schlaf kommt, gibt es eine Veränderung, einen Wechsel der Gänge im Innern. Es ist genau wie bei der Gangschaltung in einem Auto. Wenn du einen anderen Gang einlegst, gibt es für einen einzigen Moment, während du zwischen zwei Gängen bist, einen Leerlauf: es ist faktisch kein Gang vorhanden. Dieser Moment der Neutralität ist sehr bedeutsam.

Das gleiche geschieht im Kopf. Wenn du vom Wachzustand zum Schlaf übergehst, gibt es einen Moment, wo du weder wach bist noch schläfst. In jedem Moment ist kein Gang eingelegt; der Mechanismus ist nicht in Betrieb. Deine automatische Persönlichkeit ist in diesem Moment aufgehoben. In diesem Moment können dich deine alten Gewohnheiten nicht in ein bestimmtes Muster zwängen. In diesem Moment kannst du entkommen und bewusst werden.

In Indien wird dieser Moment *sandhya* genannt – der Moment «dazwischen». Es gibt zwei *sandhyas*, zwei Momente dazwischen: einen in der Nacht, wenn du vom Wachzustand zum Schlaf übergehst, und einen am Morgen, wenn du wieder vom Schlaf in den Wachzustand eintrittst. Diese beiden Momente haben die Hindus die Momente des Gebets genannt – *sandhyakal*: die Lücken dazwischen – weil da einen einzigen Augenblick lang deine Persönlichkeit nicht vorhanden ist. In diesem einen Augenblick bist du rein, unschuldig. Und wenn du in diesem einen Moment bewusst werden kannst, wird sich dein ganzes Leben verändert haben. Du wirst den Grundstein für eine Transformation gelegt haben.

Versuche also im Traumzustand bewusst zu sein. Es

gibt Methoden, wie man im Traumzustand bewusst sein kann. Tu eines, wenn du es ausprobieren willst: versuche es zuerst im Wachzustand. Wenn es dir im Wachzustand gelingt, dann wirst du es auch können, während du träumst. Da das Träumen tiefer geht, gehört mehr Anstrengung dazu. Es ist auch schwierig, denn was kann man in einem Traum schon tun, und vor allem wie?

Für den Traumzustand hat Gurdjieff eine schöne Methode entwickelt. Sie ist eine der alten tibetanischen Methoden, und tibetanische Sucher sind sehr tief in die Traumwelt eingedrungen. Die Methode ist diese: Während du einschläfst, versuche dich an etwas zu erinnern – irgendeine Sache, zum Beispiel eine Rose. Vergegenwärtige dir einfach eine Rose. Denke fortwährend, dass du sie im Traum sehen wirst. Stell sie dir vor, und denke immerzu daran, dass diese Rose in deinem Traum da sein soll, ganz egal, was du im einzelnen träumen wirst. Vergegenwärtige dir ihre Farbe, ihren Duft – alles. Fühle sie, so dass sie in deinem Innern lebendig wird. Und mit dieser Rose schlafe ein.

Binnen weniger Tage wirst du diese Blume in deinem Traum hineinholen können. Das ist ein grosser Erfolg, denn nun hast du wenigstens einen Teil deines Traumes selbst bewirkt. Nun bist du der Herr. Wenigstens ein Teil des Traumes, die Blume, ist gekommen, weil du sie dazu veranlasst hast. Und in dem Moment, wo du die Blume siehst, wirst du dich sofort erinnern, dass dies ein Traum ist.

Nichts anderes ist notwendig. Die Blume und das Bewusstsein, dass «dies ein Traum ist» werden assoziiert, da du die Blume in dem Traum selber erzeugt hast. Du hast fortwährend gedacht, dass diese Blume in deinem Traum erscheinen sollte, und die Blume ist erschienen. Sofort wirst du erkennen, dass dies ein Traum ist, und die gesamte Qualität des Traumes, der Blume, der Traum und alles um den Traum herum wird sich verändern. Du bist bewusst geworden.

Dann kannst du den Traum auf eine neue Art geniessen, so als wäre er ein Film, und wenn du dann den Traum anhalten willst, kannst du ihn einfach anhalten und ihn abschalten. Aber das wird ein bisschen mehr Zeit und mehr Übung erfordern. Dann kannst du deine eigenen Träume produzieren. Es ist nicht notwendig, ein Opfer seiner Träume zu sein. Du kannst deine eigenen Träume herstellen; du kannst deine eigenen Träume leben. Du kannst ein Thema haben kurz bevor du einschläfst, und du kannst deine Träume genau wie ein Regisseur direkt lenken. Du kannst eine Filmhandlung daraus machen.

Die Tibetaner haben sich der Traumerzeugung bedient, denn durch Traumerzeugung kannst du deinen gesamten Verstand – seine Struktur – verändern. Und wenn es dir mit Träumen gelingt, dann kann es dir auch mit dem Schlaf gelingen. Aber es gibt keine Technik für traumlosen Schlaf, weil kein Inhalt da ist: eine Technik kann nur mit Inhalten arbeiten. Da es keinen Inhalt gibt, kann keine Technik helfen. Aber durch Träume wirst du lernen, bewusst zu sein, und diese Bewusstheit kann bis in den Schlaf hineingetragen werden.

Erinnerung ist das Hervorrufen vergangener Erlebnisse.

Das sind Definitionen. Patanjali klärt die Dinge, damit ihr später nicht durcheinander zu geraten braucht. Was ist Erinnerung? – das Hervorrufen vergangener Erlebnisse. Ununterbrochen ist die Erinnerung aktiv, immer wenn du etwas siehst, kommt die Erinnerung hinzu und verzerrt es. Du hast mich schon vorher gesehen. Wenn du mich wiedersiehst, kommt sofort die Erinnerung mit. Wenn du mich vor fünf Jahren gesehen hast, dann wird dir das Bild von vor fünf Jahren, das vergangene Bild, in die Augen steigen und deine Augen erfüllen. Du wirst mich durch dieses Bild hindurch sehen.

Darum sagst du sofort, wenn du einen Freund viele Tage lang nicht gesehen hast, sobald du ihn siehst, «Du siehst sehr mager aus,» oder «Du siehst sehr ungesund aus,» oder «Du hast zugenommen.» Sofort sagst du das. Warum? Weil du vergleichst. Die Erinnerung ist dazugekommen. Der Mann selbst mag sich nicht bewusst sein, dass er zugenommen oder abgenommen hat, aber dir wird es bewusst, weil du sofort vergleichen kannst. Die Vergangenheit, das letzte Bild, das du von ihm hattest, kommt hoch, und sofort kannst du vergleichen.

Dies Gedächtnis ist ständig da. Es wird auf alles projiziert, was du siehst. Aber diese Erinnerung an Vergangenes muss fallengelassen werden. Sie sollte keine ständige Einmischung in dein Wissen sein, weil sie dir nicht erlaubt, das Neue kennenzulernen. Du siehst alles in der Schablone des Alten. Sie erlaubt dir nicht, das Neue zu fühlen; sie macht alles alt und morsch. Und aufgrund von Erinnerung ist jeder gelangweilt, die ganze Menschheit ist gelangweilt. Sieh dir die Gesichter an: jeder sieht gelangweilt aus – zu Tode gelangweilt. Es gibt nichts Neues, keine Ekstase.

Warum sind Kinder so ekstatisch? Und sie geraten über so einfache Dinge in Ekstase, dass ihr nicht begreifen könnt, woher soviel Ekstase kommt. Nur wegen ein paar bunter Steine am Strand fangen sie an zu tanzen. Was geschieht mit ihnen? Warum könnt ihr so nicht tanzen? Weil ihr wisst, dass das nur Steine sind. Eure Erinnerung ist da. Aber für diese Kinder gibt es keine Erinnerung. Diese Steine sind etwas ganz Neues – so neu, wie wenn man zum Mond kommt.

Ich las kürzlich, dass es überall auf der Welt grosse Aufregung gab, als der erste Mann den Mond erreichte. Jeder schaute in seinen Fernseher, aber innerhalb von fünfzehn Minuten war jeder gelangweilt, fertig damit. Was machen wir als nächstes? Der Mann spaziert auf dem Mond herum. Nach nur fünfzehn Minuten waren sie gelangweilt, und dieser Traum hat Millionen von Jahren bis zu seiner Verwirklichung gebraucht. Nun interessierte es keinen mehr, was passiert war.

Alles wird alt. Sofort wird es Erinnerung; es wird alt. Wenn ihr nur eure Erinnerungen fallenlassen könntet! Aber sie fallenzulassen würde nicht heissen, dass ihr aufhört euch zu erinnern. Sie fallenzulassen hiesse nur, diese ständige Einmischung aufzugeben. Wenn es nötig ist, könnt ihr die Erinnerung wieder scharf einstellen. Aber wenn ihr sie nicht braucht, lasst sie einfach still da sein und nicht ununterbrochen in den Kopf kommen.

Die Vergangenheit, wenn sie ständig anwesend ist, wird der Gegenwart nicht da zu sein erlauben. Und wenn du die Gegenwart verfehlst, verfehlst du alles.

6

Die Reinheit
der Yogawissenschaft

30. Dezember 1973, Bombay, Indien

Du sagtest, dass Patanjalis Yoga eine exakte Wissenschaft ist, absolut logisch, deren Ergebnis so gewiss ist wie zwei plus zwei gleich vier. Wenn aber die Erlangung des Unbekannten, des Unbegrenzten auf blosse Logik zurückgeführt werden kann, trifft es dann nicht zu und ist zugleich absurd, dass das Phänomen des Unbegrenzten sich innerhalb der Reichweite des begrenzten Verstandes befindet?

Es sieht absurd aus, es sieht unlogisch aus, aber die Existenz ist absurd, und die Existenz ist unlogisch. Der Himmel ist unbegrenzt, aber er kann in einer winzigen Wasserlache widerspiegelt werden; ein grenzenloser Himmel kann in einem kleinen Spiegel reflektiert werden. Natürlich wird er nicht in seiner Gesamtheit reflektiert; das ist unmöglich. Aber der Teil ist auch das Ganze, und der Teil gehört auch zum Himmel.

Der menschliche Verstand ist nur ein Spiegel. Wenn er sauber ist, dann kann das Unendliche darin reflektiert werden. Die Reflexion wird nicht das Unendliche sein: sie wird nur ein Teil sein, ein kleiner Ausschnitt. Aber dieser Ausschnitt wird zur Tür. Dann kannst du nach und nach den Spiegel hinter dir lassen und in das Unendliche eintreten; du lässt das Spiegelbild zurück und trittst in die Wirklichkeit ein.

Vor deinem Fenster, vor dem schmalen Fensterrahmen, ist der unendliche Himmel. Wenn du durch das Fenster siehst, wirst du natürlich nicht den ganzen Himmel sehen. Aber alles, was du siehst, ist der Himmel. Du brauchst dir also nur eines zu merken: dass alles, was du da siehst, nicht das Unendliche ist. Es mag Teil des Unendlichen sein, ist aber nicht das Unendliche. Deswegen mag alles, was der menschliche Verstand fassen kann, göttlich sein, aber es ist nur ein Teil davon, eine Ahnung. Wenn du dir dessen ständig bewusst bist, gibt es keinen Trugschluss. Dann brauchst du nach und nach nur den Rahmen zu zerstören; vernichte nach und nach den Verstand vollkommen, damit es den Spiegel nicht länger gibt. Und du wirst von der Reflexion befreit sein, und du kannst in die Realität eintreten.

Oberflächlich betrachtet sieht es absurd aus: wie kann es in so einem winzigen Verstand irgendeine Berührung mit dem Ewigen geben, mit dem Unendlichen, mit dem Endlosen? Etwas zweites muss ebenso verstanden werden: dieser winzige Verstand ist nicht wirklich winzig, da auch er dem Unendlichen angehört. Er sieht deinetwegen winzig aus; er sieht deinetwegen begrenzt aus. *Du* hast die Begrenzungen geschaffen. Die Begrenzungen sind unecht: selbst dein winziger Verstand gehört dem Unendlichen an; er ist Teil davon.

Es gibt manches zu verstehen. Einer der paradoxesten Aspekte des Unendlichen ist der, dass der Teil immer dem Ganzen gleichkommt, weil man das Unendliche nicht teilen kann. Alle Unterteilungen sind falsch, obwohl es praktisch sein mag zu unterteilen. Ich kann sagen, dass der Himmel über meinem Haus, über meiner Terasse, mein Himmel ist, so wie die Leute in Indien sagen, der Himmel über dem indischen Kontinent ist indischer Himmel. Was meinen sie damit? Man kann den Himmel nicht teilen. Er kann nicht indisch oder chinesisch sein: er ist ungeteilter Raum. Er fängt nirgendwo an, er hört nirgendwo auf.

Dasselbe ist mit dem Geist passiert: ihr nennt ihn euren Verstand, aber dieses «mein» ist falsch. Der Geist ist Teil des Unendlichen. So wie die Materie Teil des Unendlichen ist, ist der Geist Teil des Unendlichen. Deine Seele ist ebenso Teil des Unendlichen.

Wenn das «mein» verschwunden ist, bist du das Unendliche. Wenn du dir also begrenzt erscheinst, so ist das nur eine Illusion. Begrenztheit ist keine Realität; Begrenztheit ist nur eine Vorstellung, eine Illusion. Und aufgrund deiner Vorstellung beschränkst du dich auf das Begrenzte. Was du denkst, das wirst du. Buddha hat gesagt – und er wiederholte es vierzig Jahre lang, ununterbrochen – dass du alles, was du denkst, wirst. Das Denken macht dich zu dem, was du bist. Wenn du begrenzt bist, ist das ein Standpunkt, den du eingenommen hast. Gib den Standpunkt auf, und du wirst unbegrenzt.

Der ganze Prozess des Yoga befasst sich damit, wie du fallenlassen kannst: wie du den Rahmen aufgeben kannst, wie du den Spiegel zerstören kannst, wie du von der Reflexion zur Realität kommen kannst, wie du über die Grenzen hinausgehen kannst.

Grenzen sind selbstgeschaffen; sie sind nicht wirklich da. Sie sind nur Gedanken. Sobald es also keinen Gedanken im Kopf mehr gibt, bist du nicht. Ein gedankenloser Geist ist egolos; ein gedankenloser Geist ist grenzenlos, ein gedankenloser Geist ist bereits das Unbegrenzte. Wenn es, und sei es nur für einen einzigen Moment, keinen Gedanken gibt, bist du das Unendliche: denn ohne Gedanken kann es keine Grenzen geben; ohne Gedanken verschwindest du, und das Göttliche steigt herab.

Im Denken sein heisst menschlich sein; unterhalb des Denkens sein heisst tierhaft sein; über das Denken hinaus sein heisst göttlich sein. Aber der logische Verstand wirft Fragen auf. Der logische Verstand wird sagen, «Wie kann der Teil gleich dem Ganzen sein? Der Teil muss weniger sein als das Ganze. Er kann nicht gleich sein.

Ouspensky schreibt in einem der besten Bücher der Welt, *Tertium Organum*, dass der Teil nicht nur dem Ganzen gleich sein kann, sondern sogar grösser als das Ganze. Aber Ouspensky nennt das «höhere Mathematik». Diese Mathematik ist die der Upanishaden. In der *Ishavasya Upanishad* wird gesagt, «Du kannst das Ganze aus dem Ganzen herausnehmen, und dennoch bleibt das Ganze zurück. Du kannst das Ganze in das Ganze hineintun, und dennoch bleibt das Ganze das Ganze».

Es ist absurd. Wenn du es absurd nennen willst, kannst du es absurd nennen, aber in Wirklichkeit ist es höhere Mathematik, wo Grenzen sich auflösen und der Tropfen zum Ozean wird. Und der Ozean ist nichts als ein Tropfen.

Logik wirft Fragen auf; sie wirft immer wieder neue Fragen auf. Das ist die Natur des logischen Verstandes: Fragen zu erfinden. Und wenn du auf diese Fragen immer wieder eingehst, kannst du ad infinitum so weitermachen. Tu den Verstand beiseite – seine Logik, sein Vernünfteln – und versuche für ein paar Momente ohne Gedanken zu sein. Wenn du diesen Zustand des Nicht-Denkens auch nur für einen einzigen Moment erreichen kannst, wirst du bemerken, dass der Teil gleich dem Ganzen ist, da du plötzlich siehst, dass alle Grenzen verschwunden sind. Sie waren nur Traumgrenzen. Alle Trennlinien sind verschwunden, und du und das Ganze sind eins geworden.

Das kann dann zwar eine Erfahrung sein, aber keine logische Folgerung. Was meine ich aber dann, wenn ich sage, dass Patanjali in seinen Schlussfolgerungen logisch ist? Niemand kann logisch sein, was die innere, die spirituelle, die höchste Erfahrung angeht. Aber auf *dem Weg dorthin* kannst du es sein. Was das höchste Ergebnis des Yoga anbelangt, kann auch Patanjali nicht logisch sein; niemand kann es. Aber um dieses Ziel zu erreichen, kannst du einem logischen Pfad folgen.

In diesem Sinne ist Patanjali logisch, rational, mathematisch und wissenschaftlich. Er verlangt keinen Glauben. Er verlangt nur den Mut zum Experiment, den Mut zun Vorwärtsgehen, den Mut zum Sprung ins Unbekannte. Er sagt nicht, «Glaube, und dann wirst du erfahren». Er sagt, «Erfahre, und dann wirst du glauben».

Und er hat eine Struktur entwickelt, wie man Schritt für Schritt vorgehen kann. Sein Weg ist nicht blosser Zufall; er führt durch kein Labyrinth. Er ist wie eine Autobahn. Alles ist klar, und er folgt der kürzestmöglichen Route. Aber du musst ihm in jeder Einzelheit folgen; sonst wirst du vom Weg ab in die Wildnis geraten.

Darum sage ich, dass er logisch ist; und ihr werdet sehen, inwiefern er logisch ist. Er beginnt beim Körper, weil ihr im Körper verwurzelt seid. Er beginnt und arbeitet mit der Atmung, denn deine Atmung ist dein Leben. Zuerst arbeitet er am Körper; dann arbeitet er am prana – der zweiten Daseinsschicht – deiner Atmung; dann beginnt er am Denken zu arbeiten.

Es gibt viele Methoden, die direkt beim Denken ansetzen. Sie sind nicht so logisch und wissenschaftlich, da der Mensch, um den es geht, im Körper verwurzelt ist. Er ist ein *soma*, ein Körper. Ein wissenschaftlicher Ansatz muss beim Körper beginnen. Zuerst muss dein Körper verändert werden. Wenn sich dein Körper verändert, dann kann deine Atmung verändert werden. Wenn sich deine Atmung verändert, dann können deine Gedanken verändert werden. Und wenn sich deine Gedanken verändern, dann kannst *du* verändert werden.

Ihr mögt noch nicht bemerkt haben, dass ihr ein engverwobenes System aus vielen Schichten seid. Wenn du läufst, dann ändert sich deine Atmung, weil mehr Sauerstoff benötigt wird. Wenn du läufst, ändert sich deine Atmung, und wenn sich deine Atmung ändert, ändern sich auf der Stelle deine Gedanken.

In Tibet sagt man: wenn du wütend bist, dann laufe einfach. Lauf zwei oder drei Mal um dein Haus, und dann komm zurück und schau, wo die Wut geblieben ist – denn wenn du schnell läufst, verändert sich deine Atmung; wenn sich deine Atmung verändert, kann deine Denkweise nicht dieselbe bleiben, sie muss sich verändern.

Aber man muss nicht erst laufen. Du kannst einfach fünf tiefe Atemzüge machen, ausatmen und einatmen, und sehen, wo die Wut geblieben ist. Es ist schwierig, Wut direkt umzuwandeln. Es ist leichter, erst den Körper, dann die Atmung und dann die Wut zu ändern. Das ist ein wissenschaftlicher Vorgang. Darum sage ich, dass Patanjali wissenschaftlich ist.

Niemand sonst war je so wissenschaftlich. Wenn du zu Buddha gehst, wird er sagen, dass du die Wut aufgeben sollst. Patanjali wird das niemals sagen. Er wird sagen: wenn du Wut hast, heisst das, dass du ein Atemschema hast, das die Wut stützt; und erst wenn dieses Atemschema verändert wird, kannst du die Wut aufgeben. Du magst gegen sie ankämpfen, aber das wird nicht helfen – oder mag sehr lange dauern. Es ist unnötig. Also wird er dein Atemschema beobachten, den Atemrhythmus, und wenn du einen bestimmten Atemrhythmus hast, bedeutet das, dass du eine bestimmte Körperhaltung dafür eingenommen hast.

Das Grobstofflichste ist der Körper, und das Feinstofflichste ist der Geist. Aber fang nicht beim Feinstofflichen an, weil das schwieriger ist. Es ist ungreifbar; du kannst es nicht fassen. Beginne beim Körper. Darum setzt Patanjali bei Körperhaltungen an.

Da wir so unaufmerksam im Leben sind, mögt ihr noch nicht beobachtet haben, dass ihr mit jeder bestimmten geistigen Stimmung eine entsprechende Körperhaltung einnehmt. Wenn man wütend ist, kann man dann entspannt sitzen? Unmöglich. Wenn du wütend bist, verändert sich deine Körperhaltung; wenn du aufmerksam bist, verändert sich deine Körperhaltung; wenn du schläfrig bist, verändert sich deine Körperhaltung.

Wenn du vollkommen ruhig bist, wirst du wie ein Buddha dasitzen, du wirst wie ein Buddha gehen. Und wenn du wie ein Buddha gehst, wirst du spüren, wie eine bestimmte Ruhe dein Herz überkommt. Eine unmerkliche Brücke entsteht, wenn du wie ein Buddha gehst. Sitze einfach unter einem Baum wie ein Buddha. Sitz einfach da: lass den Körper einfach dasitzen. Plötzlich wirst du merken, dass sich deine Atmung verändert. Sie ist entspannter; sie ist harmonischer. Wenn die Atmung harmonisch und entspannt ist, wirst du spüren, dass der Verstand weniger angespannt ist. Weniger Gedanken sind da, weniger Wolken, mehr Raum, mehr Himmel. Du wirst eine Stille ein- und ausströmen fühlen.

Darum sage ich: Patanjali ist wissenschaftlich. Wenn du deine Körperhaltung verändern willst, wird Patanjali sagen, ändere deine Essgewohnheiten, denn jede Essgewohnheit erzeugt subtile Körperhaltungen. Wenn du ein Fleischesser bist, kannst du nicht wie ein Buddha sitzen. Wenn du Nicht-Vegetarier bist, wirst du dich anders halten, als wenn du Vegetarier bist, denn der Körper wird von deiner Nahrung aufgebaut. Er ist kein Zufall. Was immer du in den Körper hineinsteckst, wird der Körper widerspiegeln.

Vegetariertum ist darum für Patanjali kein moralistischer Kult, sondern eine wissenschaftliche Methode. Wenn du Fleisch isst, nimmst du damit nicht nur Nahrung zu dir; du erlaubst einem bestimmten Tier, von dem das Fleisch kommt, in dich einzugehen. Das Fleisch war Teil eines spezifischen Körpers; das Fleisch war Teil einer spezifischen Instinktstruktur. Das Fleisch war noch vor ein paar Stunden jenes Tier, und sein Fleisch enthält alle Eindrücke dieses Tieres, alle Gewohnheiten dieses Tieres. Wenn du Fleisch isst, werden alle deine Einstellungen davon betroffen.

Wenn du feinfühlig bist, kann dir bewusst werden, dass jedesmal, wenn du eine gewisse Kost zu dir nimmst, bestimmte Dinge sofort folgen. Jedesmal wenn du Alkohol zu dir nimmst, bist du nicht mehr derselbe. Sofort kommt eine neue Persönlichkeit zum Vorschein. Alkohol kann keine Persönlichkeit verursachen, aber er verändert deine Körperstruktur. Die Körperchemie wird verändert. Mit der Veränderung der Körperchemie muss der Verstand seine Struktur verändern, und wenn der Verstand seine Struktur verändert, ist eine neue Persönlichkeit entstanden.

Ich habe eine der ältesten chinesischen Parabeln gehört. Es geschah, dass eine Flasche Whisky von einem Tisch fiel. Es war Zufall; vielleicht war eine Katze aufgesprungen. Die Flasche war zerbrochen, und der Whisky hatte sich über den ganzen Boden ergossen. Während der Nacht schleckten drei Mäuse den Whisky auf. Sofort sagte die eine Maus, «Jetzt gehe ich zum Palast, zum König, und sage ihm gehörig meine Meinung.» Die zweite sagte, «Ich kümmere mich nicht um Könige. Ich selbst werde der Herrscher der ganzen Erde sein.» Und die dritte sagte, «Macht was ihr wollt, Kameraden. Ich gehe jetzt die Treppe rauf und schlaf mit der Katze.»

Die ganze Persönlichkeit hat sich verändert – eine Maus, die vorhat mit einer Katze zu schlafen? – aber das kann passieren; das passiert jeden Tag. Was immer du isst verändert dich, was immer du trinkst verändert dich, denn der Körper ist ein wichtiger Teil von dir. Zu neunzig Prozent bist du Körper.

Patanjali ist wissenschaftlich, weil er auf alles achtet: die Nahrung, die Haltung, die Art wie du schläfst, die Art wie du morgens aufstehst, wann du morgens aufstehst, wann du schlafen gehst. Er achtet auf alles, so dass dein Körper Ausgangspunkt für etwas Höheres wird.

Dann achtet er auf deine Atmung. Wenn du traurig bist, hast du einen anderen Atemrhythmus. Halte das einfach fest. Versuche folgendes: du kannst ein sehr schönes Experiment machen. Immer wenn du traurig bist, beobachte einfach deinen Atem – wieviel Zeit du zum Einatmen brauchst, und dann wieviel Zeit du zum Ausatmen brauchst. Achte einfach mal drauf. Zähle einfach im Stillen: eins, zwei, drei, vier, fünf... Du zählst bis fünf oder so, und das Einatmen ist vorüber. Dann, wenn du von eins bis etwa zehn gezählt hast, ist das Ausatmen vorüber. Beobachte wirklich ganz genau, so dass du das Verhältnis erkennen kannst, und dann probier einmal, sobald du dich glücklich fühlst, sofort das traurige Muster aus – fünf zu zehn, oder was auch immer. Das Glücksgefühl wird verschwinden.

Die Umkehrung stimmt auch. Wann immer du glücklich bist, merke dir, wie du atmest. Dann probiere, wann immer du traurig bist, dieses Muster aus. Sofort wird die Traurigkeit verschwinden, weil keine Einstellung in einem Vakuum existieren kann, sondern in einem System existiert. Und die Atmung ist das grundlegendste System für die geistige Einstellung.

Atmen ist Denken. Wenn du aufhörst zu atmen, hören sofort die Gedanken auf. Versuch es eine

Sekunde lang. Halte den Atem an. Sofort gibt es einen Bruch im Denkprozess: der Prozess ist unterbrochen. Denken ist der unsichtbare Teil der sichtbaren Atmung.

Genau das meine ich, wenn ich sage, dass Patanjali wissenschaftlich ist: er ist kein Poet. Wenn er sagt, «Esst kein Fleisch», sagt er das nicht, weil Fleischessen Gewaltanwendung ist, nein. Er sagt es, weil Fleischessen selbstzerstörerisch ist. Es gibt Poeten, die sagen, dass es schön ist, gewaltlos zu sein. Aber Patanjali sagt, gewaltlos sein heisst gesund sein, gewaltlos sein heisst an sich selbst denken. Mit anderen Worten, nicht weil du Mitgefühl mit anderen hast, sondern Mitgefühl mit dir selbst.

Patanjali befasst sich nur mit dir und mit deiner Transformation. Und du kannst nichts ändern, nur indem du über Veränderung nachdenkst. Du musst die Voraussetzungen schaffen. Ansonsten wird überall auf der Welt die Liebe gelehrt, aber nirgendwo existiert Liebe, denn die Voraussetzung ist nicht da. Wie kannst du liebevoll sein, wenn du Fleischesser bist? Wenn du Fleisch isst, ist Gewalt im Spiel. Und wie kannst du bei einer so tiefsitzenden Gewalt liebevoll sein? Deine Liebe wird nur gespielt sein. Oder sie ist vielleicht nur eine Form von Hass.

Es gibt eine alte Indianererzählung. Ein christlicher Missionar durchquerte einen Wald. Natürlich glaubte er an die Liebe, deshalb trug er kein Gewehr bei sich. Plötzlich sah er einen Löwen näher kommen. Er bekam Angst. Er begann zu denken, «Jetzt wird das Liebesevangelium nichts nützen. Es wäre klug gewesen, ein Gewehr mitzunehmen.»

Aber etwas musste geschehen; er war in Not. Er erinnerte sich, dass ihm irgendwo irgendjemand gesagt hatte, dass, wenn du wegrennst, der Löwe dir folgen wird, und innerhalb von Minuten wirst du gefangen und tot sein. Aber wenn du in die Augen des Löwen starrst, dann besteht die Möglichkeit, dass er beeindruckt, hypnotisiert wird. Vielleicht ändert er seine

Meinung. Und es gibt Geschichten, dass Löwen schon oft ihre Meinung geändert und sich davongeschlichen haben.

Es war also einen Versuch wert. Ein Fluchtversuch war sinnlos. Der Missionar starrte. Der Löwe kam näher. Er begann, ebenfalls in die Augen des Missionars zu starren. Fünf Minuten lang standen sie sich gegenüber und starrten einander in die Augen. Dann plötzlich sah der Missionar ein Wunder geschehen. Der Löwe faltete plötzlich seine Tatzen und beugte sich dann in einer sehr andächtigen Haltung über sie – als ob er betete.

Das war zuviel! Selbst der Missionar hatte soviel nicht erwartet – dass ein Löwe zu beten anfangen würde! Er war überglücklich. Dann aber dachte er, «Was ist jetzt zu tun? Was soll ich machen?» Aber inzwischen war auch er hypnotisiert – nicht nur der Löwe. Darum dachte er, «Es ist besser, wenn ich es dem Löwen nachmache.»

Er beugte sich ebenso nieder und fing an zu beten. Wieder gingen fünf Minuten vorüber. Darauf öffnete der Löwe die Augen und sagte, «Mann, was machst du denn? Ich spreche gerade das Tischgebet, aber du?» Der Löwe war ein religiöser Löwe, fromm, aber nur in seinen Gedanken. In Wirklichkeit war er ein Löwe und wollte auch wie ein Löwe handeln. Er war im Begriff, den Mann zu töten. Darum sprach er sein Tischgebet. Genau das ist die Situation des gesamten Phänomens Mensch, der gesamten Menschheit: ihr seid nur den Gedanken nach fromm. Der Tat nach bleibt der Mensch ein Tier. Und das wird immer so sein, wenn wir nicht aufhören, uns an Gedanken zu klammern, und lieber Situationen schaffen, in denen sich die Gedanken ändern.

Patanjali würde nie sagen, dass es gut ist, liebevoll zu sein, sondern dir helfen, eine Situation herzustellen, in der Liebe blühen kann. Darum sage ich, er ist wissenschaftlich. Wenn du ihm Schritt für Schritt folgst, wirst du vieles in dir aufblühen sehen, was vorher undenkbar, unvorstellbar war, was dir nicht einmal im Traum eingefallen wäre. Wenn du deine Ernährung änderst, wenn du deine Körperhaltungen änderst, wenn du deine Schlafmuster änderst, wenn du deine üblichen Gewohnheiten änderst, wirst du sehen, dass ein neuer Mensch in dir entsteht. Dann sind so manche Veränderungen möglich. Durch die eine Veränderung werden andere Veränderungen möglich. Schritt für Schritt eröffnen sich mehr und mehr Möglichkeiten. Aus diesem Grund sage ich, dass Patanjali logisch ist. Er ist kein logischer *Philosoph*, sondern ein logischer, ein praktischer *Mensch*.

Gestern sprachst du von einem wesentlichen Denker, der damit anfing, alles zu bezweifeln, was man bezweifeln konnte, der sich aber nicht selbst bezweifeln konnte. Du sagtest, dies sei eine grosse Errungenschaft, da man sich so für das Göttliche öffnet. Warum?

Das Öffnen zum höheren Bewusstsein hin bedeutet, dass du etwas Unanzweifelbares in dir haben musst: das ist es, was Vertrauen bedeutet. Du hast wenigstens einen Punkt, auf den du bauen kannst, den du nicht anzweifeln kannst, selbst wenn du das willst. Darum sagte ich, dass Descartes durch seine logische Untersuchung an einen Punkt kam, wo er erkannte, dass wir uns nicht selbst bezweifeln können. Ich kann nicht bezweifeln, dass ich bin, denn selbst um zu sagen, dass «ich zweifle», muss ich da sein. Allein die Feststellung, dass «ich zweifle», beweist, dass ich bin.

Ihr müsst den berühmten Ausspruch von Descartes gehört haben, *Cogito, ergo sum* – «Ich denke, also bin ich». Zweifeln ist Denken: Ich zweifle, also bin ich. Aber das ist nur ein Anfang, und Descartes ging nie, niemals über diesen Anfang hinaus. Er kehrte wieder um. Man kann sogar noch an der Tür umkehren. Er war glücklich, dass er ein Zentrum gefunden hatte, ein unanzweifelbares Zentrum, und von dort aus setzte er seine Philosophie an. Alles, was er vormals geleugnet hatte, holte er durch die Hintertür wieder herein. Er folgerte, «Da ich bin, muss es einen Schöpfer geben, der mich erschaffen hat. Und von da aus ging er weiter zu Himmel und Hölle, dann Gott und Sünde, und dann kam die ganze christliche Theologie durch die Hintertür herein.

Er wandte es als Methode an – als philosophische Untersuchung. Er war kein Yogi; er war in Wirklichkeit nicht auf der Suche nach seinem Wesen, er war auf der Suche nach einer Theorie. Aber du kannst diese Methode als eine Eröffnung benutzen. Eine Eröffnung bedeutet, du musst sie transzendieren; du musst darüber hinausgehen; du musst sie überschreiten; du musst hindurchgehen. Du darfst dich nicht daran klammern. Wenn du festhältst, dann wird sich jede Öffnung wieder schliessen.

Es ist gut zu erkennen, dass «ich mich zumindest nicht selbst bezweifeln kann». Dann wird der nächste richtige Schritt dieser sein: «Wenn ich mich nicht selbst bezweifeln kann; wenn ich fühle, dass ich bin, dann muss ich wissen, *wer* ich bin.» Dann wird es eine folgerichtige Untersuchung. Damit begibst du dich in den Bereich der Religion; denn wenn du fragst «Wer bin ich?» stellst du eine fundamentale Frage, keine philosophische, sondern eine existentielle. Niemand anders kann dir beantworten, wer du bist; niemand anders kann dir eine vorgefertigte Antwort geben. Du wirst auf dich selbst gestellt suchen müssen; du wirst in dir selbst danach graben müssen.

Diese logische Gewissheit allein, dass «Ich bin», ist von keinem grossen Nutzen, solange du nicht weitergehst und fragst «Wer bin ich?» Und das ist keine Frage mehr; das ist dann eine Suche. Eine Frage mag dich zur Philosophie führen, aber eine Suche führt dich zur Religion. Wenn du also meinst, dass du dich selbst nicht kennst, dann geh nicht zu irgendjemand hin und frage «Wer bin ich?» Niemand kann es dir beantworten.

Du bist da, im Innern verborgen. Du musst bis zu jener Dimension vordringen, wo du bist und dir selbst begegnest.

Das ist eine andere Art von Reise, eine innere. All unsere Reisen sind äussere: wir bauen Brücken, um irgendwo anders hinzugelangen. Dagegen bedeutet diese Suche, dass du alle deine Brücken zu andern abbrechen musst. Alles, was du nach aussen hin getan hast, muss aufgegeben werden, und etwas Neues muss im Innern begonnen werden. Aber es wird schwierig sein, da du so sehr auf das Äussere fixiert bist. Du denkst immer an andere; du denkst nie an dich selbst.

Es ist eigenartig, aber niemand denkt über sich selbst nach. Jeder denkt über andere nach. Und wenn du manchmal über dich selbst nachdenkst, ist es auch in Beziehung zu andern. Es geschieht niemals ungetrübt, nicht einfach nur über dich. Und wenn du wirklich nur über dich selbst nachdenkst, wird auch das Denken wegfallen müssen. Über was kannst du nachdenken? Du kannst über andere nachdenken: Denken bedeutet «um – herum». Aber was kannst du um dich selbst herum denken? Du wirst das Denken aufgeben müssen, und du wirst nach innen schauen müssen – nicht denken, sondern schauen: nachsehen, beobachten, Zeuge sein. Der ganze Prozess wird sich verändern. Man muss nach sich selbst Ausschau halten.

Zweifel ist gut. Wenn du zweifelst, wenn du ununterbrochen zweifelst, gibt es nur eine felsenfeste Tatsache, die nicht bezweifelt werden kann: und zwar deine Existenz. Daraus ergibt sich dann eine neue Suche, und die ist dann keine Frage mehr. Jetzt musst du fragen, «Wer bin ich?»

Sein ganzes Leben lang gab Ramana Maharshi seinen Schülern nur eine einzige Technik. Er sagte, «Setzt euch einfach hin, schliesst eure Augen, und fragt immer wieder «Wer bin ich? Wer bin ich?» Sprecht es wie ein Mantra. Aber es ist kein Mantra. Sprecht es nicht wie leblose Worte. Lasst es zu einer inneren Meditation werden.

«Wer bin ich?» – frag dich das immer wieder. Dein Verstand wird viele Male antworten, dass du eine Seele bist, dass du ein Selbst bist, dass du göttlich bist. Höre nicht auf diese Dinge. Sie sind alle geborgt; du hast diese Dinge gehört. Tu sie beiseite, bis du erkannt hast, wer du bist. Und wenn du den Verstand immerzu, ununterbrochen beiseite schiebst, gibt es eines Tages eine Explosion. Der Verstand explodiert, und all das geborgte Wissen verschwindet daraus. Zum ersten Mal stehst du dir selbst gegenüber, siehst in dich selbst hinein. Das ist der Anfang, und das ist der Weg, und das ist die Suche.

Frage, wer du bist, und klammere dich nicht an billige Antworten. Alle Antworten, die dir von andern gegeben werden, sind wertlos. Die wahre Antwort kann nur aus dir selbst kommen. Sie ist genau wie die natürliche Blüte, die nur aus dem Baum selbst kommen kann. Du kannst sie nicht von aussen dranmachen. Du kannst es zwar versuchen, aber dann wird es eine abgestorbene Blüte sein. Sie mag andere täuschen, aber den Baum selbst kann sie nicht täuschen. Der Baum weiss, «Dies ist nur eine tote Blüte, die an meinem Zweig hängt.» Sie zieht nur herunter. Sie ist kein Glück: sie ist nur eine Last. Der Baum kann sie nicht feiern; der Baum kann sie nicht willkommen heissen.

Der Baum kann nur willkommen heissen, was von seinen eigenen Wurzeln kommt, von seiner inneren Natur, seinem innersten Kern. Und wenn es von seinem innersten Kern kommt, wird die Blüte seine Seele. Und durch die Blüte drückt der Baum seinen Tanz aus, sein Lied. Sein ganzes Leben wird bedeutungsvoll. Genauso wird die Antwort aus dir kommen, aus deinen Wurzeln. Dann wirst du sie tanzen. Dann wird dein ganzes Leben bedeutungsvoll.

Wenn die Antwort von aussen gegeben wird, wird sie nur eine Andeutung sein, ein lebloses Zeichen. Aber wenn sie von innen kommt, wird sie keine Andeutung sein; sie wird eine Bedeutung sein. Merkt euch diese zwei Wörter – «Andeutung» und «Bedeutung». Eine

Andeutung kann von aussen gegeben werden; eine Bedeutung kann nur von innen heraus blühen. Die Philosophie arbeitet mit Andeutungen, Zeichen, Begriffen, Wörtern. Religion arbeitet mit Bedeutung. Sie befasst sich nicht mit Wörtern und Zeichen und Symbolen.

Aber das wird eine anstrengende Reise für dich werden, da niemand wirklich helfen kann, und alle Helfer sind in gewisser Weise Hindernisse. Wenn jemand zu gönnerhaft ist und dir die Antwort gibt, ist er dein Feind. Ein anderer kann höchstens eines tun: dir den Weg anzuzeigen, den Weg, auf dem dir deine eigene Antwort entgegenkommen wird, auf dem du der Antwort begegnen wirst.

Die grossen Meister haben nur Methoden geliefert. Sie haben keine Antworten geliefert. Philosophen haben Antworten geliefert, aber Patanjali, Jesus oder Buddha haben keine Antworten geliefert. Ihr bittet zwar um Antworten, sie aber geben euch Methoden; sie geben euch Techniken. Man muss seine Antwort selbst entwickeln, durch eigene Bemühung, durch eigenes Leiden, durch eigenes Eindringen, durch eigenes *tapascharya*. Nur dann kann die Antwort kommen, und dann kann sie zu einer Bedeutung werden. Und darin liegt deine Erfüllung.

Buddha vermittelte Mahakashyap schliesslich, was er keinem andern durch Worte vermitteln konnte. In welcher Kategorie von Wissen – unmittelbar, gefolgert, oder Worte der Erwachten – geschah das? Was war die Botschaft?

Als erstes: Du fragst, «Was war die Botschaft?» Wenn Buddha sie nicht durch Worte vermitteln konnte, kann ich sie auch nicht durch Worte vermitteln. Es ist nicht möglich.

Ich will euch eine Anekdote erzählen. Ein Schüler kam zu Mulla Nasrudin. Er sagte zu Mulla, «Ich habe gehört, dass du das Geheimnis besitzt, das tiefste Geheimnis, den Schlüssel, der alle Türen des Mysteriums öffnen kann.» Nasrudin sagte, «Ja, den hab ich. Was ist damit? Warum fragst du danach?» Der Mann fiel zu Mullas Füssen und sagte, «Ich war auf der Suche nach dir, Meister. Wenn du den Schlüssel und das Geheimnis hast, sag es mir.»

Nasrudin sagte, «Wenn es solch ein Geheimnis ist, musst du verstehen, dass es nicht so leicht erzählt werden kann. Du wirst warten müssen.» Der Schüler fragte, «Wie lange?» Nasrudin sagte, «Auch das ist nicht gewiss. Es hängt von deiner Geduld ab – drei Jahre oder dreissig Jahre.» Der Schüler wartete. Nach drei Jahren fragte er wieder. Nasrudin sagte, «Wenn du noch einmal fragst, dann wird es dreissig Jahre dauern. Warte einfach. Es ist keine gewöhnliche Sache. Es ist das tiefste Geheimnis.»

Dreissig Jahre gingen vorüber, und der Schüler sagte, «Meister, nun ist mein ganzes Leben hin. Meine Hände sind leer. Jetzt gib mir das Geheimnis.» Nasrudin sagte, »Es gibt eine Bedingung: du wirst mir versprechen müssen, dass du es ebenso geheimhalten wirst; du wirst es niemandem erzählen?» Der Mann sagte, «Ich verspreche dir, dass es ein Geheimnis bleiben wird, bis ich sterbe. Ich werde es niemandem gegenüber erwähnen.»

Nasrudin sagte, «Danke. Genau das hat mein Meister zu mir gesagt. Genau dasselbe habe ich meinem Meister versprochen. Und wenn du es bis zum Tode geheimhalten kannst, meinst du vielleicht ich könnte es etwa nicht auch bis dahin geheimhalten?»

Wenn Buddha sich ausschwieg, kann auch ich mich ausschweigen. Es gibt etwas, das nicht gesagt werden kann. Es ist keine Botschaft, weil Botschaften immer ausgesprochen werden können. Wenn nicht, so sind es keine Botschaften. Eine Botschaft ist etwas Gesagtes, etwas, das gesagt werden soll, etwas, das gesagt werden kann. Eine Botschaft ist immer verbal.

Aber Buddha hatte keine Botschaft: darum konnte er sie nicht sagen. Es waren zehntausend Schüler da, aber nur Mahakashyap begriff, denn er konnte Buddhas Schweigen verstehen. Das ist das Geheimnis des Geheimnisses: er konnte das Schweigen verstehen.

Eines Morgens blieb Buddha unter seinem Baum einfach still. Alles erwartete eine Predigt von ihm, und jeder wartete, dass er anfing, er jedoch blieb still. Die Schüler wurden unruhig. Das hatte es noch nie gegeben. Gewöhnlich kam er und sprach, und danach ging er. Aber eine halbe Stunde war verstrichen. Die Sonne war aufgegangen, und alle schwitzten. An der Oberfläche war alles ruhig, aber innerlich war jeder nervös. Sie plapperten, fragten sich innerlich, warum Buddha heute schwieg.

Er sass da unter seinem Baum mit einer Blume in der Hand und sah immerfort auf die Blume, als wäre er sich der zehntausend Jünger nicht einmal bewusst, die sich versammelt hatten, um ihn zu hören. Sie waren von sehr, sehr weit her gekommen. Aus den Dörfern des ganzen Landes waren sie gekommen und hatten sich versammelt.

Endlich fragte jemand, sammelte jemand Mut und fragte, «Warum sprichst du nicht? Wir warten.» Es wird berichtet, dass Buddha gesagt hat, »Ich spreche ja. Seit einer halben Stunde spreche ich bereits».

Das war geradezu widersinnig. Es war offenkundig absurd. Er war still geblieben; er hatte nichts gesagt. Aber zu einem Buddha zu sagen, «Du redest Unsinn», das ging nicht, und so hielten die Jünger wieder still – nur noch nervöser.

Plötzlich fing einer der Jünger, Mahakashyap, an zu lachen. Buddha rief ihn zu sich, gab ihm die Blume und sagte, «Was immer gesagt werden kann, das habe ich anderen gesagt, und das, was nicht gesagt werden kann, habe ich dir gegeben». Er übergab nur die Blume, aber diese Blume war ein Symbol. Mit der Blume übergab er auch etwas von tieferer Bedeutung. Die Blume war nur eine Andeutung, ein Zeichen, aber etwas anderes wurde durch sie vermittelt, was nicht durch Worte vermittelt werden kann.

Auch ihr kennt bestimmte Gefühle, die nicht vermittelt werden können. Wenn du sehr verliebt bist, was tust du dann? Du wirst spüren, dass es sinnlos ist, einfach immer wieder zu sagen, «Ich liebe dich, ich liebe dich». Und wenn du es zu oft sagst, wird der andere anfangen sich zu langweilen. Wenn du so weitermachst, wird der andere denken, dass du nur ein Papagei bist. Und wenn du nicht aufhörst, wird der andere glauben, dass du nicht weisst, was Liebe ist.

Wenn du Liebe fühlst, ist es sinnlos zu sagen, dass du liebst. Du musst etwas *tun* – etwas Bedeutsames. Es mag ein Kuss sein; es mag eine Umarmung sein; es mag sein, dass du einfach die Hand des anderen in deine Hand nimmst und sonst nichts tust. Aber es ist etwas von Bedeutung. Du vermittelst etwas, das nicht mit Worten zu vermitteln ist.

Buddha vermittelte etwas, das nicht durch Worte zu vermitteln ist. Er übergab die Blume: es war ein Geschenk. Das Geschenk war sichtbar, aber etwas Unsichtbares ging mit jenem Geschenk einher.

Wenn du die Hand deines Freundes in deine Hand nimmst, ist das sichtbar. Die Tatsache allein, dass du die Hand deines Freundes in deine Hand nimmst, macht an sich nicht viel Sinn, aber etwas anderes geht damit einher. Es ist ein Austausch. Irgendeine Energie, irgendein Gefühl, etwas so Tiefes, dass Worte es nicht ausdrücken können, geht dabei über. Es ist ein Zeichen: die Hand ist nur ein Zeichen. Die Bedeutung, die damit einhergeht, ist unsichtbar. Es ist keine Botschaft, es ist ein Geschenk; es ist ein Zeichen des Himmels.

Buddha hatte sich selbst geschenkt; er übergab keine Botschaft. Er hatte sich selbst in Mahakashyap ergossen. Aus zwei Gründen war Mahakashyap fähig, dies zu empfangen. Der eine: Er blieb vollkommen still, während Buddha still war. Alle andern waren scheinbar auch ruhig, aber nicht wirklich. Sie dachten ununterbrochen, «Warum nur schweigt Buddha?» Sie sahen einander an, machten Gebärden und hätten gern gewusst, «Was ist los mit Buddha? Ist er wahnsinnig geworden?» Er war noch nie so still geblieben.

Niemand war wirklich ruhig. In dieser grossen Versammlung von zehntausend Mönchen war nur Mahakashyap ruhig. Er war nicht beunruhigt; er dachte nicht nach. Buddha schaute auf die Blume, und Mahakashyap schaute auf Buddha. Er war die höchste Blüte menschlichen Bewusstseins. Buddha schaute weiter auf die Blume, und Mahakashyap schaute weiter auf Buddha. Nur zwei Personen dachten an nichts. Buddha dachte nicht: er schaute. Und Mahakashyap dachte nicht: er schaute ebenfalls. Das war das eine, was ihn fähig machte zu empfangen.

Das zweite, warum Mahakashyap empfangen konnte, war, dass er lachte. Solange Stille nicht zu Jubel werden kann, solange Stille nicht zu Lachen werden kann, solange Stille nicht zu Tanz werden kann, solange Stille nicht zu Ekstase werden kann, ist sie pathologisch. Dann wird sie zu Traurigkeit. Dann wird sie sich in Krankheit verkehren. Dann wird die Stille nicht lebendig sein: sie wird tot sein.

Du kannst still werden, indem du einfach leblos wirst, aber dann wirst du nicht die Gnade Buddhas empfangen. Dann kann das Göttliche nicht in dich herabsteigen. Das Göttliche braucht zwei Dinge: Stille – und eine tanzende Stille, eine lebendige Stille. Und Mahakashyap war in jenem Moment beides. Er war still, und als alle andern ernsthaft waren, lachte er. Buddha ergoss sich in Mahakashyap; aber das ist keine Botschaft.

Gewinnt diese beiden Dinge; dann kann ich mich in euch ergiessen. Seid still, und macht diese Stille nicht zu einer traurigen Angelegenheit. Erlaubt ihr, lachend und tanzend zu sein. Die Stille muss kindhaft sein, voll von Energie, schwingend, ekstatisch. Sie darf nicht leblos sein. Dann und nur dann kann, was Buddha an Mahakashyap vollbrachte, an euch vollbracht werden.

Mein ganzes Bemühen geht darum, dass eines Tages

jemand Mahakashyap wird. Aber es ist keine Botschaft, die gegeben werden soll.

Du hast oft gesagt, dass an den meisten Schriften vieles hinterher verfälscht worden ist. Haben die Yoga Sutras von Patanjali auch darunter zu leiden gehabt, und wie gedenkst du damit umzugehen?

Nein, Patanjalis Sutras sind absolut unverfälscht. Niemand hat je etwas an ihnen verfälscht, und es gibt Gründe, wieso das gar nicht geschehen kann. Erstens ist Patanjalis *Yoga Sutras* keine populäre Schrift. Sie ist keine Gita; sie ist kein Ramayana; sie ist keine Bibel. Die breiten Massen haben sich nie dafür interessiert. Wenn die breiten Massen sich für etwas interessieren, verfälschen sie es. Das muss so sein, denn die Schrift muss auf ihre Ebene heruntergezogen werden. Patanjalis *Yoga Sutras* ist nur eine Schrift für Experten. Nur ein paar Auserwählte werden sich je dafür interessieren. Nicht jeder interessiert sich dafür. Solltest du zufällig, unbeabsichtigt, Patanjalis *Yoga Sutras* besitzen, dann wirst du nur ein paar Seiten lesen und danach das Buch wegwerfen. Das ist nichts für dich. Es ist keine Geschichte; es ist kein Drama; es ist keine Allegorie. Eine simple, wissenschaftliche Abhandlung – nur für wenige bestimmt.

Es ist in einem Stil geschrieben, dass alle, die nicht offen dafür sind, automatisch den Rücken kehren. Ein ähnlicher Fall hat sich in diesem Jahrhundert mit Gurdjieff ereignet. Dreissig Jahre lang hat er ununterbrochen an einem Buch gearbeitet. Ein Mann von dem Kaliber eines Gurdjieff kann diese Arbeit in drei Tagen erledigen. Selbst drei Tage müssten mehr als genug sein. Laotse schaffte das: in drei Tagen war das ganze *Tao Teh Ching* geschrieben. Gurdjieff hätte sein erstes Buch auch in drei Tagen schreiben können; da war keine Schwierigkeit. Aber er brauchte dreissig Jahre, um sein erstes Buch zu schreiben. Und was dachte er sich dabei?

Er schrieb gewöhnlich ein Kapitel und liess es dann seinen Schülern vorlesen. Die Schüler hörten sich das Kapitel an, und er sah sich die Schüler an. Wenn sie begreifen konnten, änderte er es ab. Das war die Bedingung: wenn sie begreifen konnten, änderte er es ab. Wenn er sah, dass sie folgen konnten, dann war es falsch. Immer wieder, dreissig Jahre lang, wurde jedes Kapitel tausendundeinmal vorgelesen, und jedesmal beobachtete er. Als das Buch so vollkommen unmöglich geworden war, dass niemand es mehr lesen und verstehen konnte, war es vollendet.

Selbst ein sehr intelligenter Mensch wird es mindestens siebenmal lesen müssen, bevor er die erste leise Ahnung vom Sinn bekommt. Aber selbst dann nur einen Schimmer. Wenn ein Mensch tiefer eindringen will, wird er alles praktizieren müssen, was Gurdjieff gesagt hat, und erst durch diese Übung wird die Bedeutung klar werden. Und es wird mindestens ein Leben in Anspruch nehmen, um zu einem totalen Verständnis dessen zu kommen, was Gurdjieff geschrieben hat.

Bei dieser Art Buch kann man nicht dazwischenfunken. Wirklich, von Gurdjieffs Buch heisst es, dass nur ganz wenige Leute es vollständig gelesen haben. Es ist schwierig – eintausend Seiten! Als die erste Ausgabe veröffentlicht wurde, gab Gurdjieff sie mit einer Bedingung heraus: nur einhundert Seiten, die Einführung, sollten aufgeschnitten werden. Alle andern Seiten sollten unaufgeschnitten bleiben: die Seiten waren zu. Nur hundert Seiten waren aufgeschnitten, und ein Zettel lag im Buch, der besagte: «Wenn Sie die ersten hundert Seiten lesen können und immer noch daran denken weiterzulesen, dann schneiden Sie auch die übrigen Seiten auf. Andernfalls geben Sie das Buch Ihrem Buchhändler zurück. Ihr Geld erhalten Sie wieder».

Man sagt, dass heute nur sehr wenig Leute leben, die je das ganze Buch vollkommen durchgelesen haben. Es ist so geschrieben, dass es dir zum Halse raushängen wird. Zwanzig oder fünundzwanzig Seiten reichen, um Gurdjieff für wahnsinnig zu erklären.

Dies sind Sutras – Patanjalis Sutras. Alles ist in ein Samenkorn gedrängt worden. Neulich erst kam jemand zu mir und fragte mich, «Warum, wenn Patanjali die Sutras so komprimiert hat, sprichst du dann so ausführlich darüber?» Ich muss, weil er aus einem Baum ein Samenkorn gemacht hat und ich aus dem Samenkorn wieder einen Baum machen muss.

Jedes Sutra ist verdichtet, total komprimiert. Du kannst ihm nichts anhaben, und niemand will ihm auch etwas anhaben. In verdichteter Form zu schreiben war eine der Methoden, die dazu dienten, das Buch immer unverfälscht zu erhalten. Und über Tausende von Jahren hin wurde das Buch nie aufgeschrieben. Es wurde durch das Gedächtnis der Schüler überliefert, der eine gab es dem andern weiter. Es blieb ungeschrieben, also konnte ihm niemand etwas anhaben. Es war ein geheiligtes Erbe – wohlbehütet. Und selbst als das Buch geschrieben war, war es so verfasst, dass wenn man etwas hinzufügte, es sofort herauskäme.

So ein Versuch kann nur einem Menschen von dem Kaliber eines Patanjali gelingen, sonst nicht. Stell dir vor, du hättest eine Einstein-Formel – was willst du daran verändern? Wenn du etwas daran drehst, würde es auf der Stelle entdeckt. Ausser wenn ein Kopf, der Einstein gleicht, daran herumspielt, kann ihr nichts geschehen. Die Formel ist vollständig. Nichts kann ihr hinzugefügt werden; nichts kann gelöscht werden. Sie ist in sich selbst eine Einheit. Was du damit auch machst, es kommt raus.

Diese Sutras sind Kern-Formeln. Wenn du ihnen ein einziges Wort hinzufügst, wird jeder, der auf dem Yogaweg arbeitet, auf der Stelle erkennen, dass es falsch ist.

Ich will euch eine Anekdote erzählen. Sie ist in diesem Jahrhundert passiert. Einer der grossartigsten Dichter Indiens, Rabindranath Tagore, übersetzte sein eigenes Buch, Gitanjali, aus dem Bengalischen ins Englische. Er übersetzte es selbst, aber dann wurde er ein bisschen unsicher, ob die Übersetzung in Ordnung war oder nicht, darum bat er C.F. Andrews, einen Freund

und Schüler von Mahatma Gandhi, es durchzulesen, um zu sehen, wie die Übersetzung geraten war. C. F. Andrews war kein Poet, aber er war ein Engländer – sehr gebildet, er kannte sich in der Sprache, Grammatik und allem gut aus. Aber er war kein Poet.

An vier Punkten, an vier Stellen riet er Rabindranath, bestimmte Wörter auszuwechseln. Sie waren ungrammatisch, und er sagte, dass die Engländer ihm da nicht folgen würden. Und so änderte Rabindranath einfach alles so ab, wie Andrews es vorschlug. In der ganzen Übersetzung wechselte er vier Wörter aus. Dann fuhr er nach London, und zum ersten Mal wurde die Übersetzung auf einer Dichterversammlung vorgelesen. Einer der englischen Poeten seiner Zeit, Yeats, hatte die Zusammenkunft arrangiert. Zum ersten Mal wurde die Übersetzung vorgelesen.

Nachdem die gesamte Übersetzung vorgelesen war und jeder sie sich angehört hatte, fragte Rabindranath, «Haben Sie irgendwelche Vorschläge? Denn dies ist nur eine Übersetzung, und Englisch ist nicht meine Muttersprache».

Und es ist sehr schwierig, Poesie zu übersetzen. Yeats, der ein Poet vom selben Kaliber wie Rabindranath war, erwiderte, «Nur an vier Punkten stimmt etwas nicht». Und das waren genau die vier Wörter, die Andrews vorgeschlagen hatte!

Rabindranath konnte es nicht fassen. Er sagte, «Wie – wie haben sie das nur herausgefunden? denn dies waren genau die vier Wörter, die ich nicht übersetzt habe. Andrews schlug sie vor, und ich habe sie eingesetzt». Yeats sagte, «Ihre ganze Dichtung ist ein Fluss; nur diese vier Wörter sind wie Steine darin. Sie brechen den Fluss. Es hört sich an, als hätte jemand anderes sie eingesetzt. Ihre Sprache mag nicht grammatisch sein, Ihre Sprache ist nicht hundert Prozent richtig, kann es nicht sein; das können wir verstehen. Aber sie ist hundert Prozent Poesie. Diese vier Wörter kommen von einem Schulmeister. Die Grammatik stimmt jetzt, aber die Poesie stimmt nicht mehr».

Bei Patanjali kann man nichts machen. Jeder, der auf dem Yogaweg arbeitet, würde sofort entdecken, wenn jemand, der nichts davon versteht, etwas verfälscht hat. Es gibt sehr wenig Bücher die noch rein sind, deren Reinheit bewahrt wurde. Dies ist eines davon. Nichts ist geändert worden – kein einziges Wort. Nichts ist hinzugefügt worden: es ist so, wie Patanjali es gewollt hat.

Dies ist ein Werk objektiver Kunst. Wenn ich sage «ein Werk objektiver Kunst», meine ich etwas Bestimmtes. Es wurden hier alle Vorsichtsmassnahmen getroffen. Als diese Sutras auf das Wesentliche reduziert wurden, wurde jede Vorsichtsmassnahme getroffen, dass nichts sie zerstören konnte. Sie wurden so konstruiert, dass alles Fremde, jedes fremde Element in ihnen zu einem Missklang wird. Aber ich sage, wenn ein Mann wie Patanjali versucht, etwas hinzuzufügen, so kann er das.

Nur wird ein Mann wie Patanjali so etwas nie versuchen. Nur kleinere Geister versuchen immer dazwischenzufunken. Kleinere Geister können das versuchen, aber dann kann es in verfälschter Form nur weiterbestehen, wenn es eine Massenangelegenheit wird. Die Massen sind nicht bewusst; sie können nicht bewusst sein. Nur Yeats wurde bewusst, dass etwas nicht stimmte mit der Übersetzung. Es waren viele andere bei dem Treffen anwesend, aber niemand anders merkte es.

Patanjalis Yoga ist ein geheimer Kult, ein geheimes Erbe. Obwohl das Buch zu Papier gebracht wurde, hat man der Buchform nicht getraut, und es sind immer noch Menschen am Leben, die Patanjalis Sutras direkt von ihrem Meister bekommen haben, nicht aus dem Buch. Diese mündliche Überlieferung ist bis heute lebendig geblieben, und sie wird weitergehen, weil Bücher nicht zuverlässig sind. Manchmal können Bücher verloren gehen; mit Büchern kann vieles schiefgehen.

Also gibt es noch immer eine geheime Tradition.

Diese Tradition hat sich aufrechterhalten, und alle, die die Sutras durch die Worte ihres Meisters kennen, überprüfen ständig, ob etwas an der Buchform falsch ist oder ob etwas abgeändert wurde.

Bei anderen Schriften hat sich das nicht erhalten. Die Bibel hat zu viele Interpolationen. Sollte Jesus zurückkommen, er würde nicht verstehen können, was passiert ist – wie gewisse Dinge in die Bibel gekommen sind. Nicht eher als zweihundert Jahre, nachdem Jesus gestorben war, geschah es, dass die Bibel zum ersten Mal aufgezeichnet wurde, und in diesen zweihundert Jahren sind viele Dinge abhanden gekommen. Sogar die Jünger, die bei Jesus gewesen waren, hatten unterschiedliche Geschichten zu erzählen.

Buddha starb. Fünfhundert Jahre nach seinem Tod wurden seine Worte aufgezeichnet. Es gibt zahlreiche Buddhisten-Schulen, zahlreiche Schriften, und niemand kann sagen, welche wahr ist und welche falsch. Aber Buddha sprach zu den Massen, darum ist er nicht so kondensiert wie Patanjali. Er sprach zu den Massen, zum gewöhnlichen, gemeinen Volk. Er führte alles sehr sorgfältig, bis in alle Einzelheiten aus. Bei diesen Einzelheiten kann vieles hinzugefügt, kann vieles weggelassen werden, und niemand wird merken, dass etwas verändert wurde.

Aber Patanjali sprach nicht zu den Massen. Er sprach zu ein paar sehr ausgesuchten Wenigen, zu einer Gruppe: einer Gruppe von sehr wenigen Personen – genau wie bei Gurdjieff. Gurdjieff sprach niemals vor Massen. Nur eine sehr ausgesuchte Gruppe seiner Schüler war fähig, ihm zuzuhören, und auch sie nur unter vielen Bedingungen. Kein Treffen wurde je im voraus bekannt gegeben. Wenn Gurdjieff an einem Abend um halb neun sprechen sollte, dann bekam man gegen acht Uhr einen Hinweis, dass Gurdjieff irgendwo sprechen würde. Und man musste sich so schnell wie möglich hinbegeben, denn um halb neun war dann die Tür verschlossen. Aber diese dreissig Minuten reichten nie. Und wenn man ankam, konnte man feststellen, dass er den Termin abgesagt hatte. Und am nächsten Tag dann dasselbe.

Einmal sagte er sieben Tage lang jedesmal ab. Am ersten Tag waren vierhundert Leute gekommen; am letzten Tag nur vierzehn. Nach und nach verloren sie den Mut. Am Ende sah es so aus, als würde er unmöglich noch seinen Vortrag halten. Dann, am letzten Tag, als nur vierzehn Leute da waren, sah er sie an und sagte, «Nun ist die richtige Anzahl von Leuten übrig geblieben. Ihr konntet sieben Tage warten, ohne entmutigt zu sein, darum habt ihr es jetzt verdient. Nun werde ich sprechen, und nur ihr vierzehn werdet diese Vortragsreihe hören können. Jetzt soll niemand anders benachrichtigt werden, dass ich zu sprechen begonnen habe».

Diese Art von Arbeit ist anders. Und auch Patanjali arbeitete mit einem sehr geschlossenen Kreis. Aus diesem Grund ist keine Religion daraus hervorgegangen, keine Organisation. Patanjali hat keine Sekten. Er war eine so gewaltige Kraft, aber er blieb auf eine kleine Gruppe beschränkt. Und er fand einen gangbaren Weg, die Reinheit der Sutras zu erhalten. Sie ist bis jetzt erhalten geblieben.

Würdest du bitte die Wirkungsweise jener unbekannten Kraft erklären, die den menschlichen Verstand an weltliche Dinge und Gewohnheiten fesselt, obwohl er sich voll bewusst ist, dass am Ende nichts als Unglück dabei herauskommt?

Die Bewusstheit ist nicht total: die Bewusstheit ist nur intellektuell. Logisch begreifst du, dass was immer ich tue, in Unglück endet, aber deine existentielle Erfahrung ist das nicht. Du verstehst es nur rational. Wenn du nur aus Vernunft bestündest, dann gäbe es kein Problem, aber du bist auch «Unvernunft»: Wenn du nur einen bewussten Geist hättest, dann wäre es in Ordnung, aber du hast auch einen unbewussten Geist.

Der bewusste Teil weiss, dass du jeden Tag durch eigenes Tun ins Unglück rennst, dass du deine eigene Hölle schaffst. Aber das Unbewusste ist sich dessen nicht bewusst, und das Unbewusste in dir ist neunmal grösser als das Bewusste. Es beharrt immer wieder auf seinen eigenen Gewohnheiten.

Du beschliesst, nie wieder wütend zu werden, weil Wut nichts als eine Vergiftung deines eigenen Systems ist; sie bringt dir Unglück. Aber das nächste Mal, wenn dich jemand beleidigt, wird dein Unbewusstes deine bewusste Vernunft beiseite schieben. Es wird hervorbrechen, und du wirst wütend sein. Das Unbewusste weiss überhaupt nichts von deiner Entscheidung, und es ist das Unbewusste, was die treibende Kraft bleibt.

Die bewusste Vernunft ist nicht die treibende Kraft. Sie denkt nur. Sie ist ein Denker; sie ist kein Handelnder. Was kann man also tun? Nur dadurch, dass du bewusst denkst, dass etwas falsch ist, wirst du es nicht abwenden. Du wirst an einer Disziplin arbeiten müssen, und durch Disziplin wird das bewusste Wissen wie ein Pfeil in das Unbewusste eindringen.

Durch Disziplin, durch Yoga, durch Übung wird die bewusste Entscheidung ins Unbewusste gelangen. Und nur wenn sie ins Unbewusste gelangt, nur dann ist sie von Nutzen. Sonst denkst du weiter das eine und tust genau das Gegenteil.

Augustinus sagt, «Alles, was ich für gut befinde, beabsichtige ich immer zu tun. Aber jedesmal wenn die Gelegenheit dazu da ist, tue ich immer genau das Verkehrte». Das ist das menschliche Dilemma.

Yoga ist der Weg, eine Brücke zwischen dem Bewussten und dem Unbewussten zu schaffen. Je tiefer wir in die Disziplin hineingehen, desto mehr wird euch klar werden, wie dies geschehen kann. Möglich ist es! Verlasst euch also nicht auf das Bewusste. Es ist nicht die treibende Kraft. Das Unbewusste ist die treibende Kraft, und nur wenn ihr das Unbewusste umwandelt, wird euer Leben einen neuen Sinn bekommen. Andernfalls wird es euch noch jämmerlicher gehen.

Das eine denken und etwas anderes tun, das führt zu ständigem Chaos – und nach und nach verlierst du dein Selbstvertrauen. Nach und nach fühlst du dich absolut unfähig, hilflos, so als ob du nichts tun kannst. Es kommt zur Selbstverdammung: du wirst dich schuldig fühlen. Und Schuld ist die einzige Sünde.

7
Losgelöstheit und eine beständige andachtsvolle innere Übung

12. *Das Verlöschen wird durch beharrliche innere Übung und Losgelöstheit herbeigeführt*
13. *Von diesen beiden ist abhyasa («die innere Übung») die Bemühung, ganz in sich selbst zu ruhen*
14. *Sie bekommt festen Boden, indem sie lange Zeit fortgesetzt wird, ohne Unterbrechung und mit andachtsvoller Hingabe*

31. Dezember 1973, Bombay, Indien

Der Mensch ist nicht nur sein bewusster Geist. Er besitzt noch neunmal mehr als das Bewusste, nämlich die unbewusste Schicht des Geistes. Nicht nur das; der Mensch hat den Körper, *soma*, in dem der Geist wohnt. Der Körper ist absolut unbewusst. Seine Funktionsweise ist fast dem Willen entzogen. Nur die Oberfläche des Körpers ist dem Willen untertan. Die inneren Quellen sind unwillkürlich; du kannst nichts daran tun. Dein Wille hat keine Wirkung.

Dieses Schema menschlicher Existenz muss verstanden werden, bevor man in sich selbst hineingehen kann. Und das Verständnis darf nicht nur intellektuell bleiben. Es muss tiefer gehen. Es muss in die unbewusste Schicht eindringen; es muss selbst bis in den Körper vordringen können.

Daher die Wichtigkeit von *abhyasa* – beständiger innerer Übung. Diese zwei Worte sind sehr bedeutsam: *abhyasa* und *vairagya*. *Abhyasa* bedeutet beständige innere Übung, und *vairagya* bedeutet Losgelöstheit, Wunschlosigkeit. Die nun folgenden Sutras von Patanjali befassen sich mit diesen beiden höchst bedeutsamen Begriffen, aber bevor wir auf die Sutras eingehen können, muss diese Vorstellung, dass der Rahmen der menschlichen Persönlichkeit nicht völlig intellektuell ist, gründlich begriffen sein.

Wenn er nur aus Intellekt bestünde, gäbe es keine Notwendigkeit für *abhyasa* – beständige, sich wiederholende Bemühung. Wenn etwas rational ist, kannst du es mit Hilfe des Verstandes sofort verstehen; aber genau dieses Verstehen reicht ja nicht. Zum Beispiel kannst du leicht einsehen, dass Wut schlecht ist, aber diese Einsicht reicht nicht aus, dass die Wut dich auch verlässt, sich auflöst. Trotz deiner Einsicht wird die Wut weitergehen, denn die Wut ist in vielen Schichten deines Unbewussten zu Hause. Und nicht nur dort, sondern auch in deinem Körper.

Der Körper kann durch verbale Kommunikation allein nicht begreifen. Nur dein Kopf kann begreifen, aber der Körper bleibt unbetroffen. Und wenn dieses

Begreifen nicht bis in die tiefsten Wurzeln deines Körpers reicht, kannst du nicht transformiert werden. Du bleibst derselbe. Deine Anschauungen mögen sich immer wieder ändern, aber deine Persönlichkeit bleibt. Und dann entsteht ein neuer Konflikt: du bist in einem grösseren Durcheinander denn je, weil du nun erkennen kannst, was falsch ist, und trotzdem machst du einfach weiter damit.

Du tust es immer wieder und erzeugst so eine Selbstbeschuldigung und Verdammung. Du fängst an, dich selbst zu hassen; du fängst an, dich selbst für einen Sünder zu halten. Und je mehr du verstehst, desto mehr wächst die Verdammung, weil du siehst, wie schwierig es ist, fast unmöglich, dich selbst zu verändern.

Yoga glaubt nicht an ein intellektuelles Verstehen. Es glaubt an ein körperliches Verstehen: an ein umfassendes Verstehen, bei dem deine Gesamtheit einbezogen ist. Nicht nur dein Kopf verändert sich, sondern die tiefen Quellen deines Daseins verändern sich ebenso.

Wie kommt es dazu? Die beständige Wiederholung einer bestimmten Übung wird unwillkürlich. Wenn du eine bestimmte Übung beständig ausführst – sie einfach fortwährend wiederholst – fällt sie nach und nach aus dem Bewussten, erreicht das Unbewusste und wird Teil davon. Wenn sie einmal Teil des Unbewussten geworden ist, beginnt sie, von dieser Quelle aus zu arbeiten.

Alles kann unbewusst werden, wenn du es immer wieder ununterbrochen wiederholst. Dein Name zum Beispiel ist seit deiner Kindheit ständig wiederholt worden. Jetzt ist er nicht Teil des Bewussten, er ist Teil des Unbewussten geworden. Du magst mit hundert Personen in einem Zimmer schlafen, aber wenn jemand kommt und ruft, »Ram? Ist Ram da?« werden die neunundneunzig Personen, die nichts mit dem Namen zu tun haben, weiter schlafen. Sie werden sich nicht gestört fühlen. Die eine Person jedoch, die den Namen «Ram» trägt, wird plötzlich fragen, «Wer ruft mich da? Warum störst du meinen Schlaf?»

Selbst im Schlaf weiss er, dass sein Name Ram ist. Wie konnte dieser Name so tief dringen? Nur durch ständige Wiederholung. Es kommt daher, weil jeder seinen Namen wiederholt; jeder ruft ihn damit. Er selbst gebraucht ihn, wenn er sich vorstellt, und er ist in ständigem Gebrauch. Jetzt ist er nicht mehr bewusst. Er ist ins Unbewusste vorgedrungen.

Deine Sprache, deine Muttersprache, wird Teil des Unbewussten. Was immer sonst du später lernst, wird nie so unbewusst sein wie dies; es wird bewusst bleiben. Aus diesem Grund wird deine unbewusste Sprache ständig deine bewusste Sprache beeinflussen.

Wenn ein Deutscher Englisch spricht, ist es anders; wenn ein Franzose englisch spricht, ist es anders; wenn ein Inder Englisch spricht, ist es anders. Der Unterschied liegt nicht im Englischen, der Unterschied liegt in ihrer innersten Einstellung. Der Franzose hat ein anderes Sprachschema – ein unbewusstes Schema, das die Art und Weise, wie er eine andere Sprache spricht, beeinflusst. Deswegen wird alles, was du später lernst, von deiner Muttersprache beeinflusst sein. Und wenn du bewusstlos wirst, dann bleibt nur deine Muttersprache im Gedächtnis.

Ich erinnere mich an einen meiner Freunde, ein Mann aus Maharashtra. Er war seit zwanzig Jahren oder länger in Deutschland gewesen. Seit zwanzig Jahren sprach er nur deutsch. Er hatte seine eigene Muttersprache, Marathi, vollkommen vergessen. Er konnte sie nicht lesen, er konnte sie nicht sprechen. Bewusst war die Sprache vollkommen vergessen, weil sie nicht gebraucht worden war.

Dann war er krank. Während seiner Krankheit wurde er manchmal bewusstlos. Immer wenn er bewusstlos wurde, entfaltete sich eine völlig andere Persönlichkeit. Er fing an, sich anders zu benehmen. Während er bewusstlos war, stammelte er Marathiwörter, keine deutschen. Wenn er bewusstlos war, dann stammelte er Worte, die aus dem Marathi stammen. Und nach seiner Bewusstlosigkeit, wenn er wieder zu sich kam, war er eine Minute lang nicht einmal in der Lage, deutsch zu verstehen.

Ständige Wiederholung während der Kindheit geht tiefer, weil das Kind in Wirklichkeit gar kein Bewusstes hat. Bei ihm ist ein grösserer Teil seines Unbewussten der Oberfläche sehr nahe; alles dringt ins Unbewusste ein. Wenn es dann mehr lernt, wenn es dann erzogen wird, setzt sich das Bewusste als eine dicker werdende Schicht an. Dann dringt immer weniger ins Unbewusste ein.

Die Psychologen sagen, dass du fast fünfzig Prozent deines Lernens hinter dir hast, wenn du sieben bist. Ungefähr im siebten Lebensjahr hast du fast die Hälfte dessen gelernt, was du je wissen wirst. Die Hälfte deiner Erziehung ist abgeschlossen, und diese Hälfte wird die Basis sein. Jetzt wird alles andere nur darauf aufgebaut sein. Das tiefere Muster wird das der Kindheit bleiben.

Darum versucht die moderne Psychologie, die moderne Psychoanalyse, die Psychiatrie, versuchen alle, bis zur Kindheit vorzudringen. Wenn du geistig krank bist, muss der Keim irgendwo in deiner Kindheit gesucht werden – nicht jetzt. Das Muster muss dort in deiner Kindheit liegen. Wenn dieses tiefe Muster einmal ausfindig gemacht ist, kann etwas geschehen, und eine Verwandlung ist möglich.

Aber wie kann man bis dahin vordringen? Yoga besitzt eine Methode: diese Methode heisst *abhyasa*. *Abhyasa* bedeutet die beständige, sich wiederholende Übung von etwas Bestimmtem. Aber wie kommt es, dass etwas durch Wiederholung unbewusst wird? Dafür gibt es einige Gründe.

Wenn du etwas lernen willst, musst du es wiederholen. Warum? Wenn du ein Gedicht nur einmal liest, magst du dich hier und da an ein paar Worte erinnern, wenn du es aber zweimal, dreimal, viele Male mehr liest, dann kannst du dich an Zeilen, an ganze Abschnitte erinnern. Wenn du es hundertmal wiederholst, dann kannst du es als Ganzes behalten. Und wenn du es sogar noch öfter wiederholst, dann mag es bleiben, dann bleibt es vielleicht jahrelang in deinem Gedächtnis. Du kannst es vielleicht nie wieder vergessen.

Was geschieht da? Wenn du etwas Bestimmtes wiederholst, prägt es sich umso mehr in die Gehirnzellen ein, je öfter du es wiederholst. Eine beständige Wiederholung ist ein beständiges Einhämmern. Dann sitzt es, wird es Teil deiner Gehirnzellen. Und je mehr es Teil deiner Gehirnzellen wird, desto weniger Bewusstsein ist nötig. Dein Bewusstsein kann weiter zu anderen Dingen übergehen; nun wird es nicht mehr gebraucht.

Was immer du also tief lernst, dessen brauchst du dir nicht bewusst zu sein. Wenn du anfangs das Fahren lernst, das Autofahren, ist es eine bewusste Anstrengung. Darum ist es so schwierig, denn du musst ununterbrochen aufpassen, und es gibt so viele Dinge, auf die man achten muss – die Strasse, der Verkehr, die Gangschaltung, das Lenkrad, das Gaspedal, die Bremsen, die Verkehrsregeln und die Strassenverkehrsordnung und alles. Alles musst du ununterbrochen beachten. Du bist so damit beschäftigt, dass es anstrengend wird; es wird zu einer tiefen Anstrengung.

Aber nach und nach wirst du in der Lage sein, alles vollkommen zu vergessen. Du wirst fahren, aber das Fahren wird unbewusst. Du wirst deinen Verstand nicht bemühen müssen. Du kannst nachdenken, worüber du willst, du kannst mit deinen Gedanken sein, wo du willst, und das Auto fährt unbewusst weiter. Nun hat der Körper die Sache gelernt; nun beherrscht der ganze Mechanismus die Sache. Es ist zu einem unbewussten Wissen geworden.

Immer wenn etwas so tief gegangen ist, dass du dir dessen nicht mehr bewusst zu sein brauchst, ist es ins Unbewusste gefallen. Und wenn die Sache einmal ins Unbewusste gefallen ist, wird sie anfangen, dein Wesen zu verändern, dein Leben, deinen Charakter. Die Veränderung wird nun mühelos sein; du brauchst dich nicht damit zu beschäftigen. Du gehst einfach in die Richtung, wo dich das Unbewusste hinführt.

Yoga hat sehr viel mit *abhyasa*, beständiger Wiederholung, gearbeitet. Diese ständige Wiederholung dient nur dazu, dein Unbewusstes in Gang zu setzen. Und wenn das Unbewusste zu funktionieren beginnt, kannst du dich entspannen. Keine Anstrengung ist nötig; die Dinge werden selbstverständlich. In alten Schriften heisst es, dass ein Weiser nicht jemand mit einem guten Charakter ist; dass diese Art von Bewusstsein bereits zeigt, dass das «Anti» immer noch existiert – das Gegenteil ist immer noch da. Ein Weiser ist jemand, der nichts Schlechtes tun kann, der nicht einmal darüber nachdenken kann. Das Gute ist unbewusst geworden; es ist jetzt wie das Atmen. Nun ist alles gut, was er tut. Es ist so tief in seinem Sein verankert, dass keine Anstrengung nötig ist. Es ist sein Leben geworden. Darum kann man nicht sagen, dass ein Weiser ein guter Mensch ist. Er weiss nicht, was gut und schlecht ist. Nun gibt es in ihm keinen Konflikt mehr zwischen den beiden. Das Gute ist so tief eingedrungen, dass er sich dessen nicht bewusst zu sein braucht.

Solange dir deine Güte bewusst ist, existiert das Schlechte immer noch Seite an Seite damit. Und es gibt einen andauernden Kampf. Jedesmal, wenn du etwas tun willst, musst du entscheiden: »Ich muss das Gute tun; ich darf nichts Schlechtes tun.« Und das bedeutet tiefer Aufruhr, Kampf, ständige innere Vergewaltigung, innerer Krieg. Und wo Konflikt ist, kannst du nicht entspannt, nicht bei dir sein.

Nun sollten wir auf das Sutra eingehen. Das Verlöschen des Verstandes ist Yoga, aber wie können der Verstand und seine Erscheinungsformen verlöschen?

Ihr Verlöschen wird durch beharrliche innere Übung und Losgelöstheit herbeigeführt.

Es gibt zwei Wege, die dazu führen, dass der Verstand mit all seinen Erscheinungsformen verlöschen kann: erstens – abhyasa, beharrliche innere Übung, und zweitens Losgelöstheit. Die Loslösung stellt die Situation her, und beharrliche Übung ist die Technik, die in dieser Situation angewendet wird. Versucht, beides zu verstehen.

Was immer du tust, tust du, weil du bestimmte Wünsche hast. Diese Wünsche können nur erfüllt werden, indem du bestimmte Dinge tust; darum können, wenn du von jenen Wünschen nicht ablassen kannst, auch deine Unternehmungen nicht wegfallen. Du hast einiges in diese Unternehmungen, in diese Handlungen investiert. Eines der Dilemmas des menschlichen Charakters und Denkens besteht darin, dass man mit gewissen Schritten vielleicht gern aufhören würde, weil sie ins Unglück führen.

Aber warum machst du sie überhaupt? Du machst sie, weil du bestimmte Wünsche hast, und diese Wünsche können nicht erfüllt werden, ohne dass jene getan werden. Also zweierlei: erstens musst du bestimmte Dinge tun. Zum Beispiel Wut. Warum wirst du wütend? Du wirst nur wütend, wenn irgendwo, irgendwie jemand dir ein Hindernis in den Weg stellt. Du versuchst, etwas zu erreichen, und jemand schafft ein Hindernis. Dein Wunsch ist behindert, also wirst du wütend.

Du kannst sogar auf Dinge böse werden. Wenn du irgendwohin gehst und den kürzesten Weg wählst, und ein Stuhl kommt dir in den Weg, wirst du wütend auf den Stuhl. Wenn du versuchst, die Tür aufzuschliessen und der Schlüssel passt nicht, wirst du wütend auf die Tür. Es ist absurd, weil es Unsinn ist, auf eine Sache böse zu sein, aber alles, was irgendwie Behinderung schafft, erzeugt Ärger.

Du hast das Verlangen, etwas zu erreichen, zu vollbringen, zu erzielen. Wer auch immer zwischen dich und dein Verlangen tritt, scheint dein Feind zu sein. Du willst ihn vernichten. Genau das bedeutet Wut: du willst die Hindernisse zerstören. Aber Wut macht unglücklich; Wut wird zur Krankheit. Darum möchtest du, dass du nicht wütend bist.

Wie kannst du die Wut einstellen, solange du Wünsche und Ziele hast? Wenn du Wünsche und Ziele hast, muss Wut da sein, denn das Leben ist komplex: du bist nicht allein hier auf dieser Erde. Millionen von Menschen, die alle ihren eigenen Wünschen nachlaufen, kreuzen einander; sie kommen sich gegenseitig in die Quere. Wenn du also Wünsche hast, dann muss Wut da sein, muss Frustration da sein, muss Gewalt da sein. Und dein Verstand ist darauf aus, alle die zu vernichten, die dir in den Weg kommen.

Diese Haltung, das Hindernis zu vernichten, ist Wut. Aber Wut schafft Elend, darum möchtest du lieber nicht wütend werden. Aber der Wunsch allein, nicht wütend zu sein, wird nicht viel helfen, denn Wut ist in ein grösseres Muster hineinverwoben – das einer Psyche, die Wünsche hat, einer Psyche, die Ziele hat, einer Psyche, die irgendwo hin will. Du kannst die Wut nicht aufgeben.

Die erste Voraussetzung ist also, nicht zu wünschen. Damit ist die Möglichkeit der Wut zur Hälfte weggefallen; die Basis ist weggefallen. Aber auch dann verschwindet die Wut nicht notwendigerweise, denn du bist seit Millionen von Jahren wütend gewesen. Sie ist eine tief verwurzelte Gewohnheit geworden.

Du magst die Wünsche aufgeben, aber die Wut wird sich immer noch behaupten. Sie wird nicht mehr so kraftvoll sein, aber sie wird sich behaupten, weil sie nun eine Gewohnheit ist. Sie ist eine unbewusste Gewohnheit geworden. Seit vielen, vielen Leben trägst du sie mit dir herum. Sie ist dein Erbe. Sie steckt dir in den Zellen; der Körper hat sie übernommen. Sie ist jetzt chemisch und physiologisch. Nur durch das Aufgeben deiner Wünsche allein wird dein Körper darum sein Muster nicht ändern. Das Syndrom ist sehr alt. Du wirst auch dieses Syndrom ändern müssen.

Diese Veränderung erfordert eine sich ständig wiederholende Übung. Nur um den inneren Mechanismus zu ändern, ist eine ständige Übung notwendig – eine Rekonditionierung des gesamten Körper-Geist-Syndroms. Aber das ist nur möglich, wenn du das Wünschen aufgegeben hast.

Betrachtet es von einem anderen Blickwinkel aus. Ein Mann kam zu mir und sagte, «Ich möchte nicht traurig sein, aber ich bin immer traurig und deprimiert. Manchmal weiss ich nicht einmal, was der Grund dafür ist, dass ich traurig bin, aber ich bin traurig. Es gibt keine erkennbare Ursache, nichts, woran ich es festmachen und sagen könnte, dass dies der Grund ist. Es scheint, dass es einfach meine Lebensart geworden ist, traurig zu sein. Ich kann mich nicht daran erinnern, jemals glücklich gewesen zu sein. Und ich will nicht traurig sein. Es ist eine tote Last. Ich bin der unglücklichste Mensch von der Welt. Wie kann ich meine Traurigkeit aufgeben?»

Ich fragte ihn, «Hilfst du in irgendeiner Weise deiner Traurigkeit nach?» Er sagte, «Warum sollte ich das tun?» Aber er tat es. Ich kannte den Menschen gut. Ich kannte diesen Mann seit vielen Jahren, er war sich allerdings nicht bewusst, dass irgendein handfestes Interesse mitspielte. Er will die Traurigkeit aufgeben, aber er ist sich nicht bewusst, warum die Traurigkeit da ist. Er hat sie aus anderen Gründen aufrecht erhalten, die er nicht damit in Verbindung bringen kann.

Er braucht Liebe; aber wenn du Liebe brauchst, musst du liebend sein. Wenn du um Liebe bittest, musst du Liebe geben, und du musst mehr geben, als du verlangst. Er aber ist ein Geizhals; er kann keine Liebe geben. Geben ist ihm unmöglich; er kann nichts geben. Erwähne nur das Wort «geben», und er zieht sich in sich selbst zurück. Er kann nur nehmen; er kann nicht geben. Was das Geben betrifft, ist er verschlossen.

Ohne Liebe kannst du nicht blühen. Ohne Liebe kannst du keine Freude finden, kannst du nicht glücklich sein. Aber er kann nicht lieben, denn Liebe kommt ihm so vor, als müsste er etwas hergeben. Sie ist ein Geben, aus vollem Herzen, ein Hergeben von allem, was du hast, was du bist. Er kann keine Liebe geben, er kann keine Liebe empfangen. Was kann man da tun? Aber er sehnt sich danach, genauso wie jeder sich nach Liebe sehnt. Sie ist ein grundlegendes Bedürfnis, genau wie Nahrung; ohne Nahrung wird dein Körper sterben, und ohne Liebe wird deine Seele eingehen. Liebe ist ein Muss.

Darum hat er einen Ersatz geschaffen, und dieser Ersatz ist Mitleid. Er kann keine Liebe bekommen, weil er keine Liebe geben kann, aber er kann Mitleid bekommen. Mitleid ist reiner Ersatz für Liebe. Er ist traurig, denn wenn er traurig ist, schenken die Leute ihm Mitleid. Alle, die zu ihm kommen, fühlen Mitleid, weil er immer weint und jammert. Seine Stimmung ist immer die eines sehr unglücklichen Menschen. Aber er geniesst es! Immer, wenn man ihm Mitleid schenkt, geniesst er es. Dann wird er noch unglücklicher, denn je unglücklicher er ist, desto mehr Mitleid kann er bekommen.

Ich erzählte ihm, «Du hast ein gewisses Interesse an deiner Traurigkeit. Dieses ganze Muster, die Traurigkeit, kann nicht allein für sich fallengelassen werden. Sie ist irgendwo anders verwurzelt. Verlange nicht nach Mitleid. Aber du kannst nur aufhören, nach Mitleid zu verlangen, wenn du anfängst, Liebe zu geben, denn es ist ein Ersatz. Und wenn du einmal anfängst, Liebe zu geben, wird dir Liebe begegnen. Dann wirst du glücklich sein. Dann ist ein anderes Muster geschaffen worden.»

Ich habe von einem Mann gehört, der auf einen Parkplatz kam. Er führte sich ganz absurd auf: wie er sich hielt, wie er aussah, schien beinahe unmöglich, denn er duckte sich, als führe er ein Auto. Seine Hände hielten irgendein unsichtbares Lenkrad, sein Fuss war auf irgendeinem unsichtbaren Gaspedal. Dabei war er zu Fuss! Wie er ging, sah so schwierig aus, so unmöglich aus, dass sich eine Menge um ihn versammelte. Sie trauten ihren Augen nicht. Sie fragten den Parkplatzwärter, «Was ist los? Was tut dieser Mann da?»

Der Wärter sagte, «Sprecht nicht so laut. Der Mann hat Autos früher sehr geliebt, das ist alles. Er war einmal einer unserer besten Rennfahrer. Er hat sogar einen Nationalpreis beim Autorennen gewonnen. Aber jetzt darf er nicht mehr, wegen irgendeinem geistigen Schaden. Man hat ihm verboten, Auto zu fahren. Aber das alte Hobby kann er sich eben nicht abgewöhnen».

Die Menge sagte, «Wenn du das weisst, warum sagst du ihm dann nicht, ‹Du hast gar kein Auto. Was tust du hier?›» Der Mann antwortete, «Darum bitte ich euch ja, nicht so laut zu sprechen. Ich kann ihm das nicht sagen, weil er mir jeden Tag eine Mark fürs Autowaschen gibt. Das geht nicht. Ich kann ihm nicht sagen, ‹Du hast ja gar kein Auto.› Gleich parkt er das Auto, und dann werde ich es waschen.»

Diese eine Mark Investition, das handfeste Interesse, ist da. Ihr habt viele Aktienanteile an eurem Elend, an eurer Angst und auch an eurer Krankheit. Und dabei sagt ihr immer wieder, «Aber ich will es nicht. Ich will nicht wütend sein, ich will nicht dies oder jenes sein.» Aber solange du nicht erkennst, wie dir all diese Dinge passiert sind, solange du nicht das ganze Muster durchschaust, kann nichts verändert werden.

Das tiefstsitzende Syndrom der Psyche ist Verlangen. Du bist, was immer du bist, weil du bestimmte Wünsche hast, eine Reihe von Wünschen. Darum sagt Patanjali, «Das erste ist Losgelöstheit.» Lass alle Wünsche fallen; sei ihnen nicht verhaftet. Und dann, abhyasa.

Zum Beispiel kommt jemand zu mir und sagt, «Ich möchte nicht noch dicker werden – ich will nicht noch mehr Fett in meinem Körper ansammeln, aber ich esse immer weiter. Ich möchte aufhören, aber ich esse immer weiter.»

Das Bedürfnis ist oberflächlich. Es ist da, weil ein Muster im Innern da ist, und darum isst er immerzu mehr und mehr. Und selbst wenn er für ein paar Tage aufhört, fängt er wieder an und isst mit noch mehr Heisshunger. Und er wird noch mehr Gewicht zulegen, als er durch die paar Tage des Fastens oder der Diät abgenommen hat. Und das ist ununterbrochen so gelaufen, jahrelang. Es geht nicht nur darum, weniger zu essen. Warum isst er mehr? Der Körper braucht es nicht, aber irgendwo im Kopf ist das Essen zu einem Ersatz für etwas geworden.

Er mag Angst vor dem Tod haben. Menschen, die Angst vor dem Tod haben, essen mehr, da Essen die Grundlage des Lebens zu sein scheint. Je mehr du isst, desto lebendiger bist du. Das ist die Rechnung in deinem Kopf. Da du, wenn du nicht isst, stirbst, wird Nichtessen gleichbedeutend mit Tod, und Mehressen wird gleichbedeutend mit mehr Leben. Wenn du also Angst vor dem Tod hast, wirst du mehr essen, oder wenn niemand dich liebt, wirst du mehr essen.

Nahrung kann zu einem Ersatz für Liebe werden, weil das Kind als erstes lernt, Nahrung mit Liebe zu verbinden. Das erste, was das Kind bewusst mitbekommt, ist die Mutter: die Nahrung von der Mutter und die Liebe von der Mutter. Liebe und Nahrung gehen gleichzeitig in sein Bewusstsein ein. Und immer wenn die Mutter liebevoll ist, gibt sie mehr Milch. Die Brust wird voller Freude gereicht. Aber immer wenn die Mutter ärgerlich ist, nicht liebevoll, entzieht sie die Brust. Sie gibt keine Milch.

Die Nahrung wird immer dann entzogen, wenn die Mutter nicht liebevoll ist; Nahrung wird immer dann gegeben, wenn sie liebevoll ist, und so werden Liebe und Nahrung eins. Im Gemüt, im Gemüt des Kindes, werden sie miteinander verbunden. Deswegen wird das Kind, sobald es mehr Liebe bekommt, weniger Nahrung zu sich nehmen, denn bei so viel Liebe ist keine Nahrung nötig. Sobald keine Liebe da ist, wird es mehr essen, weil ein Ausgleich geschaffen werden muss. Und wenn überhaupt keine Liebe da ist, dann wird es seinen Bauch vollstopfen.

Vielleicht überrascht es euch zu hören, dass Menschen abnehmen, sobald sie verliebt sind. Aus diesem Grund beginnen Mädchen in dem Moment Fett anzusetzen, wo sie verheiratet sind. Wenn sich die Liebe gesetzt hat, fangen sie an, fett zu werden, weil jetzt keine Liebe da ist. Die Liebe, die Welt der Liebe ist gewissermassen erledigt.

In den Ländern, wo sich die Scheidung ausgebreitet hat, weisen die Frauen bessere Figuren auf. In den Ländern, wo die Scheidung nicht verbreitet ist, kümmern sich die Frauen überhaupt nicht um ihre Figuren. Wo Scheidung möglich ist, müssen sich die Frauen neue Liebhaber suchen, und so werden sie figurbewusst. Die Suche nach Liebe hilft der Figur. Aber wenn die Liebe erledigt ist, hat der Körper gewissermassen ausgedient. Jetzt brauchst du dir keine Sorgen mehr um den Körper zu machen; jetzt brauchst du ihn nicht mehr zu pflegen.

Dieser Mensch, von dem ich gesprochen habe, mag also Angst vor dem Tod haben, oder er mag keine tiefe, innige Liebe für irgendjemanden empfinden. Und auch diese beiden Dinge sind miteinander verknüpft. Wenn du tief liebst, hast du keine Angst vor dem Tod. Liebe ist so erfüllend, dass du dich nicht darum scherst, was in Zukunft passieren wird. Die Liebe selbst ist die Erfüllung. Selbst wenn der Tod kommt, kannst du ihn willkommen heissen. Aber wenn keine Liebe da ist, dann erzeugt der Tod Angst: weil du nicht einmal geliebt hast und der Tod näher rückt. Und der Tod setzt allem ein Ende, und danach gibt es keine Zeit mehr, keine Zukunft.

Wenn keine Liebe da ist, wird die Angst vor dem Tod grösser. Und wenn totale Liebe da ist, verschwindet der Tod. All dies ist im Innern miteinander verknüpft. Selbst sehr einfache Dinge sind sehr tief in grössere Muster verwoben.

Mulla Nasrudin stand mit seinem Hund vor seinem Tierarzt und beharrte, «Schneide meinem Hund den Schwanz ab.» Der Doktor sagte, «Warum, Nasrudin? Wenn ich deinem Hund den Schwanz abschneide, wird dieser schöne Hund ruiniert sein. Er wird hässlich aussehen. Warum bestehst du darauf?» Nasrudin sagte, «Mal unter vier Augen, sagen Sie es niemandem: Ich möchte, dass der Hundeschwanz abgeschnitten wird, weil meine Schwiegermutter bald kommt, und ich möchte, dass sie keinen Willkommensgruss in meinem

Haus bekommt. Ich habe alles weggeschafft. Nur der Hund kann noch immer meine Schwiegermutter begrüssen.»

Selbst hinter einem Hundeschwanz verbirgt sich ein ganzes Beziehungsnetz. Und wenn Nasrudin seine Schwiegermutter nicht einmal durch seinen Hund willkommen heissen kann, dann kann er auch seine Frau nicht lieben. Es ist unmöglich. Wenn du deine Frau liebst, wirst du auch die Schwiegermutter willkommen heissen. Du wirst ihr liebevoll begegnen.

Dinge, die an der Oberfläche einfach sind, sind tief in komplexen Dingen verwurzelt, und alles steht miteinander in Verbindung. Also wird dadurch, dass man nur einen Gedanken auswechselt, gar nichts verändert. Nur wenn du an das komplexe Muster herangehst und es de-konditionierst, re-konditionierst, ein neues Muster herstellst, nur dann kann ein neues Leben daraus hervorgehen. Dies muss also geschehen: es muss Losgelöstheit da sein, Losgelöstheit gegenüber allem.

Aber das bedeutet nicht, dass du aufhörst zu geniessen. Dieses Missverständnis hat es gegeben, und Yoga ist auf vielerlei Weise fehlinterpretiert worden. Eine von diesen Fehlinterpretationen ist die, dass Yoga verlange, man müsse gegenüber dem Leben absterben, da Losgelöstheit bedeute, dass man nichts wünscht. Wenn du nichts wünschst, wenn du an nichts gebunden bist, wenn du nichts liebst, dann bist du nur eine leblose Leiche.

Nein, das ist nicht gemeint. Losgelöstheit will sagen, sei von nichts abhängig, und mach dein Leben und Glück von nichts abhängig. Vorliebe ist in Ordnung, aber Gebundenheit ist nicht in Ordnung. Wenn ich sage, Vorliebe ist in Ordnung, meine ich damit: du kannst Vorlieben haben; du musst Vorlieben haben. Wenn viele Menschen da sind, musst du irgendeinen davon lieben, musst du dir irgendeinen auswählen, musst du mit irgendeinem befreundet sein. Ziehe jemanden vor, aber binde dich nicht fest.

Was ist der Unterschied? Wenn du dich bindest, dann wird es zwanghaft. Wenn die Person nicht da ist, bist du unglücklich. Wenn du die Person vermisst, fühlst du dich elend. Und Bindung ist eine solche Krankheit, dass du dich unglücklich fühlst, wenn die Person nicht da ist, und gleichgültig, wenn die Person da ist. Dann ist alles in Ordnung; das gilt als selbstverständlich. Wenn die Person da ist, ist es okay – aber mehr auch nicht. Aber wenn die Person nicht da ist, dann fühlst du dich elend. Das ist Bindung.

Bei Vorliebe ist es genau umgekehrt. Wenn die Person nicht da ist, bist du okay; wenn die Person da ist, fühlst du dich glücklich, dankbar. Wenn die Person da ist, hältst du es nicht für selbstverständlich. Du bist glücklich, du geniesst es, du feierst es. Aber wenn die Person nicht da ist, bist du in Ordnung. Du forderst nicht, du bist nicht besessen. Du kannst auch allein sein und glücklich. Du hättest es lieber gehabt, dass die Person da wäre, aber das ist keine Zwangsvorstellung.

Vorliebe ist gut; Gebundenheit ist eine Krankheit. Und ein Mensch, der aus der Vorliebe lebt, lebt das Leben in tiefer Glückseligkeit. Du kannst ihn nicht unglücklich machen. Du kannst ihn nur glücklich machen. Aber einen Menschen, der aus der Gebundenheit lebt, kannst du nicht glücklich machen: du kannst ihn nur noch unglücklicher machen. Und ihr kennt das! Ihr kennt das sehr gut! Wenn euer Freund, eure Freundin da ist, geniesst ihr es nicht besonders, aber wenn sie nicht da sind, vermisst ihr sie sehr.

Erst vor ein paar Tagen kam ein Mädchen zu mir. Sie hatte mich schon vor zwei Monaten mit ihrem Freund besucht. Sie stritten ständig miteinander, und das Streiten war zu einer Krankheit geworden, darum forderte ich sie auf, sich für einige Wochen zu trennen. Sie hatten gesagt, es sei unmöglich, weiter zusammenzuleben; darum schickte ich sie getrennt weg.

Das Mädchen war am Weihnachtsabend hier, und sie sagte, «Diese zwei Monate habe ich meinen Freund so sehr vermisst! Ich denke ununterbrochen an ihn. Er erscheint mir sogar schon im Traum. Das ist noch nie passiert. Als wir zusammen waren, habe ich ihn nie in meinen Träumen gesehen. Sonst habe ich in meinen Träumen immer andere Männer geliebt. Aber jetzt ist ständig mein Freund in meinen Träumen. Erlaube uns nun, wieder zusammen zu leben.»

Also sagte ich ihr, «Für mich ist es okay; ihr könnt gern wieder zusammenleben. Aber vergesst dies eine nicht: dass ihr vor zwei Monaten noch zusammengelebt habt und nicht glücklich wart.»

Gebundenheit ist eine Krankheit. Wenn ihr zusammen seid, seid ihr nicht glücklich. Wenn ihr Reichtümer besitzt, seid ihr nicht glücklich – aber ihr werdet unglücklich sein, wenn ihr arm seid. Wenn ihr gesund seid, fühlt ihr niemals Dankbarkeit. Wenn ihr gesund seid, seid ihr der Existenz nie dankbar. Aber wenn ihr krank seid, verdammt ihr das ganze Leben und die Existenz. Alles ist sinnlos, und es gibt keinen Gott.

Selbst gewöhnliche Kopfschmerzen reichen, um alle Götter zu leugnen. Aber wenn ihr glücklich und gesund seid, kommt ihr nie darauf, in eine Kirche oder einen Tempel zu gehen, einfach dafür, um Gott zu danken, dass «ich glücklich und gesund bin und das nicht verdient habe. Dies sind reine Geschenke von dir.»

Mulla Nasrudin fiel einmal in einen Fluss, und er wäre fast ertrunken. Er war kein religiöser Mensch, aber plötzlich, am Rande des Todes, rief er laut, «Allah, Gott, rette mich, hilf mir, und von heute an will ich beten; ich will alles tun, was der Koran verlangt.»

Während er noch sagte, «Gott hilf mir», erwischte er einen Zweig, der über dem Fluss hing. Als er danach griff, schon fast in Sicherheit, fühlte er sich erleichtert, und er sagte, «Schon gut, schon gut. Jetzt brauchst du dich nicht mehr zu bemühen.» Und noch einmal sagte er zu Gott, «Jetzt brauche ich dich gar nicht, jetzt bin ich in Sicherheit.» Plötzlich brach der Zweig, und er fiel wieder hinein. Da sagte er, «Verstehst du denn nicht mal den leisesten Scherz?»

Aber so arbeiten unsere Köpfe. Gebundenheit wird

dich immer unglücklicher machen; Vorliebe wird dich immer glücklicher machen. Patanjali ist gegen Gebundenheit, aber nicht gegen Vorliebe. Jeder muss Vorlieben haben. Du magst das eine Essen mögen und ein anderes vielleicht nicht. Aber das ist nur eine Vorliebe. Wenn dein Lieblingsessen nicht zur Verfügung steht, dann wählst du die nächste Speise und wirst zufrieden sein, weil du weisst, dass die erste nicht vorhanden ist und dass alles genossen werden muss, was zur Verfügung steht. Du wirst nicht weinen und jammern. Du wirst das Leben so nehmen, wie es kommt.

Aber ein Mensch, der ständig und an alles gefesselt ist, geniesst nie und liegt immer daneben. Das ganze Leben wird ein fortwährendes Elend. Wenn du nicht gefesselt bist, bist du frei, hast du viel Energie, bist du von nichts abhängig. Du bist unabhängig, und diese Energie kann einer inneren Übung zugeleitet werden. Sie kann zu einer Übung werden. Sie kann zu abhyasa werden. Was ist abhyasa? Abhyasa ist der Kampf gegen das alte gewohnte Muster. Jede Religion hat solche Übungen entwickelt, aber ihre Grundlage ist dieses Sutra von Patanjali.

Wenn du zum Beispiel fühlst, dass du gleich wütend wirst, mach es dir zur ständigen Übung, fünf Atemzüge zu tun, bevor du die Wut zulässt. Es ist eine einfache Übung, die scheinbar überhaupt nichts mit der Wut zu tun hat. Und man kann sogar darüber lachen, wie das wohl helfen soll. Aber es wird helfen. Immer wenn du also fühlst, dass Wut kommt, atme, bevor du sie ausdrückst, fünfmal ein und aus.

Was wird es bewirken? Es wird vieles bewirken. Wut kann nur sein, wenn du unbewusst bist, und dieses Atmen ist eine bewusste Bemühung. Unmittelbar bevor du die Wut ausdrücken willst, atme bewusst fünfmal ein und aus. Das wird dich aufwecken, und wo Wachheit ist, kann die Wut nicht auftreten. Und das wird dich nicht nur geistig wach machen: es wird dich auch körperlich wach machen, denn mit mehr Sauerstoff im Körper ist der Körper wacher. In diesem wachen Moment wirst du plötzlich fühlen, dass die Wut verschwunden ist.

Zweitens, der Verstand kann immer nur auf eins gerichtet sein. Der Verstand kann nicht an zwei Dinge gleichzeitig denken; das ist unmöglich für den Verstand. Er kann sehr rasch vom einen zum andern schwenken. Er kann nicht gleichzeitig zwei Punkte zusammen im Kopf haben; nur jeweils eins. Der Verstand hat ein sehr schmales Fenster; nur eine Sache kann jeweils da sein. Wenn also Wut da ist, ist Wut da; aber wenn du fünfmal ein- und ausatmest, ist der Verstand plötzlich mit Atmen beschäftigt. Er ist abgelenkt worden. Jetzt bewegt er sich in eine andere Richtung. Und selbst wenn sich die Wut wieder rührt, kannst du nicht mehr derselbe sein, weil der Augenblick verloren gegangen ist.

Gurdjieff sagte, «Als mein Vater im Sterben lag, gab er mir den Rat, mir nur eines zu merken: Immer wenn du wütend bist, warte vierundzwanzig Stunden, und dann tu, was du willst. Selbst wenn du hingehen und morden willst, geh hin und morde, aber warte erst vierundzwanzig Stunden damit.»

Vierundzwanzig Stunden sind mehr als genug: vierundzwanzig Sekunden reichen. Allein das Warten verändert dich. Die Energie, die auf die Wut zuschoss, nimmt einen neuen Weg. Es ist dieselbe Energie. Sie kann zu Wut werden; sie kann zu Mitgefühl werden. Nur gib ihr auch die Chance.

Darum sagen alte Schriften, «Wenn dir ein guter Gedanke in den Kopf kommt, schiebe ihn nicht auf; führe ihn unverzüglich aus. Und wenn dir ein schlechter Gedanke in den Kopf kommt, schiebe ihn auf. Führe ihn niemals sofort aus! Aber wir sind sehr listig oder sehr schlau: wir denken dies und jenes, und immer wenn ein guter Gedanke kommt, schieben wir ihn auf.

Mark Twain hat in seinen Memoiren geschrieben, dass er einmal einem Priester zehn Minuten lang in einer Kirche zuhörte. Die Predigt war einfach wundervoll, und er dachte in seinem Kopf, «Heute will ich zehn Dollar spenden. Dieser Priester ist wundervoll. Diese Kirche muss unterstützt werden!» Er beschloss, dass er nach der Predigt zehn Dollar spenden würde. Nach weiteren zehn Minuten war er eher der Ansicht, dass zehn Dollar zu viel wären. Fünf würden reichen. Weitere zehn Minuten, und er dachte, «Dieser Mann ist nicht einmal fünf wert.»

Jetzt hörte er nicht mehr zu. Er sorgte sich um seine zehn Dollar. Er hatte niemandem davon erzählt, aber jetzt überzeugte er sich selbst davon, dass es zu viel war. Als die Predigt schliesslich beendet war, sagte er, «Ich habe mich entschieden, gar nichts zu geben. Und als der Küster zu mir kam, um Spenden anzunehmen, der Mann, der herumging und sammelte, dachte ich sogar daran, mir fünf Dollar herauszunehmen und die Kirche fluchtartig zu verlassen.»

Der Verstand verändert sich ununterbrochen. Er ist niemals statisch: er ist ein Fluss. Wenn also etwas Schlechtes da ist, warte ein bisschen. Du kannst den Verstand nicht festlegen: der Verstand ist ein Fluss. Warte einfach ein bisschen, und du wirst nicht fähig sein, etwas Schlechtes zu tun. Wenn aber etwas Gutes da ist, und du willst es tun, tu es unverzüglich, denn der Verstand ändert sich. Ein paar Minuten später wirst du nicht mehr in der Lage sein, es zu tun. Wenn es also eine liebevolle und freundliche Handlung ist, schiebe sie nicht auf. Und wenn es etwas Gewaltsames und Zerstörerisches ist, schiebe es ein bisschen auf.

Wenn Wut kommt, schiebe sie fünf Atemzüge lang auf, und du wirst nicht in der Lage sein, sie auszuagieren. Das wird zu einer praktischen Erfahrung werden. Jedesmal wenn Wut aufkommt, atme zuerst fünfmal ein und aus. Danach bist du frei zu tun, was du tun willst. Wiederhole dies immer wieder. Es wird zu einer Gewohnheit; du brauchst nicht einmal darüber nachzudenken. In dem Moment, wo Wut eintritt, beginnt dein Mechanismus, schnell und tief zu atmen. In ein paar Jahren wird es absolut unmöglich für dich sein, wütend zu werden. Du wirst nicht dazu in der Lage sein, wütend zu sein.

Jedwede Übung, jedwede bewusste Bemühung kann deine alten Muster verändern. Aber das ist keine Arbeit, die auf Anhieb getan werden kann. Sie wird Zeit brauchen – denn du hast dein Gewohnheitsmuster über viele, viele Leben hinweg geschaffen. Es schon in einem Leben allein ändern zu wollen, ist zuviel verlangt.

Meine Sannyasins kommen zu mir und sagen, «Wann ist es endlich soweit?» Ich antworte, «Bald.» Darauf sagen sie, «Was meinst du mit deinem ‹bald›? Denn seit Jahren erzählst du uns ‹bald›.»

Wenn es schon in einem einzigen Leben geschieht, ist es zu bald. Wann immer es dann geschieht, ist es vor seiner Zeit geschehen, weil ihr euer Muster in so vielen Leben erzeugt habt. Es muss zerstört werden. Darum ist es zu keinem Zeitpunkt, und sollte es ganze Leben dauern, zu spät.

Das Verlöschen wird durch beharrliche innere Übung und Losgelöstheit herbeigeführt.
Von diesen beiden ist abhyasa (die innere Übung) die Bemühung, ganz in sich selbst zu ruhen.

Das Wesentliche an *abhyasa* ist, in sich selbst zentriert zu sein. Was immer geschieht, du solltest nicht sofort in Bewegung geraten. Als erstes solltest du in dir selbst zentriert sein, und von diesem Ruhepunkt aus solltest du dich umsehen und dann entscheiden.

Jemand beleidigt dich, und du bist durch seine Beleidigung aufgestachelt. Du hast dich aufgeregt, ohne dein Zentrum zu Rate zu ziehen. Ohne auch nur einen einzigen Moment zum Zentrum zurückgekehrt zu sein und *danach* zu handeln, hast du sofort gehandelt.

Abhyasa bedeutet innere Übung. Bewusste Übung bedeutet, «Bevor ich nach aussen gehe, muss ich nach innen gehen. Die erste Bewegung muss in Richtung meines Zentrums sein; zuerst muss ich mit meinem Zentrum in Kontakt sein. Dort ruhend, werde ich mir die Situation ansehen und dann entscheiden.» Und dies ist ein so gewaltiges, ein so verwandelndes Phänomen, dass wenn du einmal in deiner Mitte ruhst, das ganze Bild in einem andern Licht erscheint: die Perspektive hat sich verändert. Dann mag eine Beleidigung gar nicht wie eine Beleidigung aussehen. Der Mensch mag dir einfach nur dumm erscheinen. Oder wenn du wirklich zentriert bist, magst du erkennen, dass er recht hat – dass dies gar keine Beleidigung ist. Er hat nichts Verkehrtes über dich gesagt.

Ich habe gehört, es soll einmal passiert sein – ich weiss nicht, ob es stimmt oder nicht, aber ich habe diese Anekdote gehört – dass eine Zeitung andauernd gegen Richard Nixon schrieb – andauernd! Sie diffamierte ihn, verurteilte ihn, und so ging Richard Nixon zu dem Herausgeber und sagte, «Was fällt euch ein? Ihr erzählt Lügen über mich, und ihr wisst das sehr gut!» Der Herausgeber antwortete, «Ja, wir wissen zwar, dass wir Lügen über Sie verbreiten. Aber wenn wir anfangen würden, Wahrheiten über Sie zu erzählen, wären Sie in viel grösseren Schwierigkeiten!»

Wenn also jemand etwas über dich sagt, mag es sein, dass er lügt, aber schau nur noch einmal hin. Wenn er wirklich die Wahrheit sagen würde, könnte sie schlimmer sein. Oder das, was er sagt, mag tatsächlich auf dich zutreffen. Wenn du zentriert bist, kannst du auch dich selbst leidenschaftslos betrachten.

Patanjali sagt, dass von diesen beiden *abhyasa* – die innere Übung – die Bemühung ist, fest in sich selbst zu ruhen. Bevor du in eine Handlung hineingehst, egal welche Handlung, geh erst nach innen, finde zuerst dort deinen Ruhepunkt, und sei es nur für einen einzigen Augenblick – und deine Handlung wird eine vollkommen andere sein. Es kann nicht dasselbe alte unbewusste Muster werden. Es wird etwas Neues sein, es wird eine lebendige Erwiderung sein. Also versucht es einfach. Wann immer ihr fühlt, dass ihr handeln oder etwas tun wollt, geht zuerst nach innen.

Was immer ihr bis jetzt getan habt ist roboterhaft, mechanisch geworden. Ihr fahrt ständig damit fort, in einem ewigen Kreislauf. Wenn du dreissig Tage lang einfach alles in ein Tagebuch schreibst, was von morgens bis abends passiert, wirst du in der Lage sein, das Muster zu erkennen. Du bewegst dich wie eine Maschine: du bist kein Mensch. Deine Reaktionen sind tot. Alles, was du tust, ist vorhersagbar. Und wenn du dein Tagebuch mit klarem Blick untersuchst, kannst du vielleicht das Muster entschlüsseln. Zum Beispiel mag das Muster sein, dass du am Montag, jeden Montag, ärgerlich bist; jeden Sonntag fühlst du dich sexuell; jeden Samstag streitest du. Oder morgens geht es dir vielleicht immer gut, nachmittags bist du immer verbittert, und gegen Abend bist du immer gegen die ganze Welt. Vielleicht geht dir das Muster auf. Und wenn du das Muster einmal siehst, kannst du genau beobachten, dass du funktionierst wie ein Roboter. Das Unglück besteht darin, ein Roboter zu sein. Du musst bewusst sein – keine Maschine.

Gurdjieff pflegte zu sagen, «Der Mensch, so wie er ist, ist eine Maschine.» Du wirst erst ein Mensch, wenn du bewusst wirst. Und diese ständige Bemühung, in dir selbst verankert zu sein, wird dich bewusst machen, wird dich unmechanisch machen, wird dich unvorhersagbar machen, wird dich frei machen. Dann kann dich jemand beleidigen, und du kannst trotzdem lachen. Früher hast du nie dabei lachen können. Jemand kann dich beschimpfen, und du kannst ihm mit Liebe erwidern: die hast du vorher nicht empfunden. Jemand kann dich beleidigen, und du kannst ihm dafür dankbar sein. Etwas Neues wird geboren, du bringst ein bewusstes Sein in dir zur Welt.

Handeln bedeutet, nach aussen zu gehen, sich im Äusseren zu bewegen, auf andere zuzugehen, vom Selbst wegzugehen: jede Handlung ist ein Weggehen vom Selbst. Das erste, was zu tun ist, bevor du in eine Handlung hineingehst, bevor du weggehst, ist, in dein inneres Wesen hineinzusehen, eine Verbindung herzustellen, einzutauchen. Sei zuerst verankert.

Vor jeder Bewegung lass einen Moment der Meditation da sein: das ist es, was *abhyasa* bedeutet. Ganz gleich was du tust, schliesse, bevor du es tust, die Augen, bleib still, geh nach innen. Werde einfach leidenschaftslos, losgelöst, so dass du als ein Beobachter zuschauen kannst, unvoreingenommen – als ob du nicht betroffen wärest: du bist nur ein Zeuge. Und dann geh!

Eines Tages sagte Mulla Nasrudins Frau beim Aufwachen zu Mulla, «Heut nacht, während du schliefst, hast du mich beschimpft. Du hast Sachen gegen mich gesagt, hast mich verflucht. Was soll das heissen? Das wirst du mir erklären müssen.» Mulla Nasrudin sagte, «Aber wer sagt, dass ich geschlafen habe? Ich habe nicht geschlafen. Es ist nur so, dass ich die Dinge, die ich sagen will, am Tag nicht sagen kann. Da kann ich nicht so viel Mut aufbringen.»

In deinen Träumen, in deinen Wachzuständen, tust du ständig Dinge, aber diese Dinge geschehen nicht bewusst. Es ist, als tätest du sie unter Zwang. Selbst in deinen Träumen bist du nicht frei. Und dieses ständige mechanische Verhalten ist die eigentliche Knechtschaft. Wie kann man also in sich selbst verankert sein? – durch *abhyasa*.

Sufis machen ständig davon Gebrauch. Egal, was ein Sufi sagt oder tut, vorher – bevor er sich hinsetzt oder aufsteht, bevor er irgendetwas tut – bevor ein Sufi zum Beispiel aufsteht, ruft er den Namen Allahs an. Zuerst ruft er den Namen Gottes an. Bevor er sich hinsetzt, ruft er den Namen Gottes an. Vor jeder auszuführenden Handlung – und sogar Sitzen ist eine Handlung – sagt er, «Allah!» Darum sagt er, wenn er sich setzt «Allah!» sagt er, wenn er aufsteht «Allah!» Und wenn es nicht möglich ist, es laut zu sagen, sagt er es innerlich. Jede Handlung wird im Gedenken an Allah ausgeführt. Und nach und nach wird ihm dies Gedenken zur dauernden Schranke zwischen sich und der Handlung – eine Scheidewand, ein Abstand.

Je mehr dieser Abstand wächst, desto mehr wird er sich seine Handlung ansehen können, als ob er sie gar nicht tut. Nach und nach, durch die ständige Anrufung Allahs, beginnt er zu erkennen, dass allein Allah der Ausführende ist. Er fühlt, «Ich bin nicht der Handelnde. Ich bin nur ein Vehikel oder ein Werkzeug.» Und in dem Moment, wo dieser Abstand wächst, entfällt alles, was böse ist. Du kannst nichts Böses tun. Du kannst nur Böses tun, wenn es keinen Abstand zwischen dem Handelnden und der Handlung gibt. Wo ein Abstand ist, fliesst das Gute automatisch.

Je grösser der Abstand zwischen dem Handelnden und der Handlung, desto mehr Gutes ist da. Das Leben wird zu etwas Geheiligtem. Dein Körper wird zu einem Tempel. Und alles, was dich wachsam macht, was dich in dir selbst verankert, ist *abhyasa*.

Von diesen beiden ist abhyasa – die innere Übung – die Bemühung, fest in sich selbst verankert zu sein. Sie wird zu einer festen Grudlage, indem sie lange Zeit fortgesetzt wird, ohne Unterbrechung und mit ehrerbietiger Hingabe.

Zwei Dinge. Das erste: «Beständige Übung für eine lange Zeit.» Aber für wie lange? Es kommt darauf an. Es kommt auf dich an, auf jeden einzelnen. Die Zeitdauer ist eine Frage der Intensität. Wenn die Intensität total ist, dann kann es sehr bald passieren – sogar sofort. Wenn die Intensität nicht so tiefgeht, dann wird es längere Zeit dauern.

Ich habe gehört, dass ein Sufi-Mystiker, Junaid, spazieren ging – er befand sich gerade auf einem Morgenspaziergang ausserhalb seines Dorfes. Ein Mann kam angelaufen und fragte Junaid, «Die Hauptstadt des Reiches – ich möchte zur Hauptstadt, wie lange werde ich also noch gehen müssen? Wie lange wird es dauern?»

Junaid sah den Mann an und begann ohne zu antworten weiterzugehen. Da der Mann auch in dieselbe Richtung musste, folgte er ihm. Der Mann dachte, «Dieser Alte scheint taub zu sein,» darum fragte er zum zweiten Mal laut, «Ich möchte wissen, wieviel Zeit ich brauche, um zur Hauptstadt zu kommen!»

Junaid ging immer weiter. Nachdem er zwei Meilen neben dem Mann gegangen war, sagte Junaid, «Du wirst mindestens zehn Stunden brauchen.» Der Mann sagte, «Aber das hättest du mir doch auch vorher sagen können!» Junaid sagte, «Wie konnte ich? Zuerst musste ich deine Geschwindigkeit feststellen. Es kommt auf deine Geschwindigkeit an. Darum habe ich während dieser zwei Meilen beobachtet – um zu sehen, welches deine Geschwindigkeit ist. Eher konnte ich nicht antworten.»

Es hängt also von deiner Intensität ab, von deinem Tempo.

Das erste ist eine beständige Übung über lange Zeit ohne Unterbrechung, das muss man sich merken. Wenn du deine Übung unterbrichst, wenn du sie einige Tage tust und sie dann einige Tage auslässt, ist die ganze Mühe umsonst. Wenn du dann wieder anfängst, ist es wieder ein Neubeginn.

Wenn du meditierst, und dann sagst du ein paar Tage lang, dass es keine Rolle spielt; wenn du dich träge fühlst, wenn dir nach Schlaf ist und du sagst, «Ich kann es verschieben, ich kann es morgen tun,» dann musst du wissen, dass selbst ein verpasster Tag bedeutet, die Arbeit von vielen Tagen vernichtet zu haben. An diesem Tag machst du keine Meditation, stattdessen aber viele andere Dinge, und zwar Dinge, die zu einem alten Muster gehören. Auf diese Weise wird eine Schicht geschaffen. Dein Gestern wird von deinem Morgen getrennt. Das Heute hat sich darüber gelagert, ist zu einer neuen Schicht geworden. Die Kontinuität ist verloren gegangen, und wenn du morgen wieder anfängst, ist es wieder ein Neubeginn. Ich sehe viele Menschen anfangen, aufhören, wieder anfangen. Für die Arbeit, die innerhalb von Monaten erledigt werden kann, brauchen sie Jahre.

Das müsst ihr euch also merken: ohne Unterbrechung. Was immer ihr wählt, wählt es für euer ganzes Leben. Hämmert es euch einfach ein. Hört nicht auf den Verstand. Der Verstand wird versuchen, euch zu überreden, und der Verstand ist ein grosser Verführer. Er kann euch alle möglichen Gründe liefern, wie z. B. heute darfst du nicht, weil du dich krank fühlst, oder du hast Kopfschmerzen, und du konntest nachts nicht schlafen, oder du bist so schrecklich müde, und es wäre gut, wenn du einfach ausruhen könntest. Aber das sind Tricks des Verstandes.

Der Verstand will seinem alten Muster folgen. Aber warum will der Verstand seinem alten Muster folgen? Weil darin am wenigsten Widerstand liegt. Es ist leichter, und jeder möchte den leichteren Weg einschlagen, den leichteren Kurs. Es ist leicht für den Verstand, sich einfach nach dem Alten zu richten. Das Neue ist schwierig.

Der Verstand widersetzt sich allem, was neu ist; wenn du also in Übung bist, in *abhyasa*, höre nicht auf den Verstand, mach einfach weiter. Nach und nach wird diese neue Übung tief in deinen Verstand einsinken, und der Verstand wird aufhören, sich ihr zu widersetzen, weil sie dann leichter wird. Dann kann der Verstand leicht mitfliessen. Bevor sie nicht zu einem leichten Fluss wird, unterbrich sie nicht. Durch ein bisschen Faulheit kannst du eine lange Anstrengung zunichte machen. Darum musst du dich ohne Unterbrechung üben.

Und zweitens solltest du die Übung voll Andacht ausführen. Du kannst eine Übung mechanisch machen, ohne Liebe, ohne Hingabe, ohne ein Gefühl von Heiligung dabei. Dann wird es sehr lange dauern, denn nur durch Liebe dringen die Dinge leicht in dich ein. Durch Hingabe bist du offen – offener. Die Samen fallen tiefer.

Ohne Hingabe kannst du dieselbe Sache ausüben. Sieh dir einen Tempel mit seinem angestellten Priester an. Jahrelang spricht er fortwährend Gebete, ohne Ergebnis, ohne davon erfüllt zu sein. Er tut alles, wie es vorgeschrieben ist, aber es ist eine Arbeit ohne Andacht. Er mag nach aussen hin Hingabe zeigen, aber er ist nur ein Diener. Er interessiert sich für seinen Lohn – nicht für das Gebet, nicht für *pooja*, nicht für das Ritual. Das muss erledigt werden. Es ist eine Pflicht; es ist keine Liebe. Und so wird er es jahrelang halten – sein ganzes Leben lang wird er nur ein angestellter Priester sein, ein bezahlter Mann. Und am Ende wird er sterben, als ob er nie gebetet hätte. Er mag im Tempel sterben, während er betet – aber er wird sterben, als ob er nie gebetet hätte, weil keine Andacht dabei war.

Mache darum kein *abhyasa* – keine Übung – ohne Hingabe, weil du damit unnötigerweise Energie verschwendest. Es kann vieles dabei herauskommen, wenn es mit Hingabe geschieht. Worin besteht der Unterschied? Der Unterschied ist der zwischen Pflicht und Liebe. Pflicht ist etwas, das du tun musst: du tust es lustlos. Du musst es irgendwie hinter dich bringen; du musst es so schnell wie möglich erledigen. Es ist nur eine äussere Arbeit. Und wenn dies die Einstellung ist, wie kann sie dich dann bis ins Innerste durchdringen?

Liebe ist keine Pflicht; du geniesst sie. Ihr Genuss hat keine Grenzen, es gibt keine Eile, sie zu beenden. Je länger sie andauert, desto besser. Es ist nie genug. Immer hast du das Gefühl, dass du mehr tun möchtest, noch etwas mehr. Es geht nie zu Ende. Wenn dies die Einstellung ist, dann dringen die Dinge tief in dich ein. Die Samen erreichen den tieferen Nährboden. Und Hingabe bedeutet, dass du in ein bestimmtes *abhyasa* – eine bestimmte Übung verliebt bist.

Ich beobachte viele Leute; ich arbeite mit vielen Leuten. Diese Unterteilung ist sehr klar. Diejenigen, die Meditation praktizieren, als übten sie nur eine Technik, tun das jahrelang, aber keine Veränderung stellt sich ein. Es mag ihnen körperlich ein wenig helfen. Sie mögen gesünder sein; ihre Konstitution wird einigen Nutzen daraus ziehen. Aber es ist nur eine Körperübung. Dann kommen sie zu mir und sagen, «Es passiert nichts.»

Es wird auch nichts passieren, wegen der Art und Weise, wie sie es tun: es ist etwas Äusseres – nur eine Beschäftigung. Sie tun es genau so wie sie um elf ins

Büro gehen und um fünf das Büro verlassen. Ohne innere Beteiligung gehen sie in die Meditationshalle. Sie können eine Stunde lang meditieren, und zwar ohne jede innere Beteiligung. Es liegt ihnen nicht am Herzen.

Die andere Kategorie von Leuten sind diejenigen, die es mit Liebe tun. Es geht also nicht darum, etwas zu tun. Die Sache ist nicht quantitativ, sie ist qualitativ. Es geht darum, wie sehr du beteiligt bist, wie tief du liebst, wie sehr du geniesst – nicht um das Ziel, nicht um das Ende, nicht um das Ergebnis, sondern allein um die Übung.

Die Sufis behaupten, dass das Hersagen des Namens Gottes – das Hersagen des Namens Allah – an sich schon die Seligkeit ist. Sie wiederholen ihn immer wieder, und sie geniessen es. Das wird ihr ganzer Lebensinhalt – nur diesen Namen herzusagen.

Nanak sagt, «*Nam smaran*» – sich an den Namen zu erinnern ist genug. Du isst, du gehst schlafen, du nimmst dein Bad, und ununterbrochen ist dein Herz mit dieser Erinnerung ausgefüllt. Du wiederholst einfach immer wieder «Ram» oder «Allah» oder was auch immer, nicht als Wort, sondern als Andacht, als Liebesbezeugung.

Dein ganzes Sein fühlt sich ausgefüllt. Es schwingt mit; es wird dein tieferer Atem. Du kannst nicht ohne ihn leben. Und nach und nach erzeugt er eine innere Harmonie, eine Musik. Dein ganzes Sein beginnt, harmonisch zu werden. Eine Ekstase wird geboren, eine mächtige Empfindung, eine Süsse umgibt dich. Nach und nach wird diese Süsse zu deiner Natur. Dann wird, was immer du sagst, zum Namen Allahs; was immer du sagst, wird zum Gedenken an das Göttliche.

Nimm irgendeine Übung «ohne Unterbrechung und mit ehrerbietiger Hingabe». Aber für den westlichen Kopf ist es sehr schwierig. Übung kann er verstehen, aber «ehrerbietige Hingabe» kann er nicht verstehen. Er hat diese Sprache vollkommen vergessen, und ohne diese Sprache ist Übung einfach tot.

Westliche Sucher kommen zu mir. Sie sagen, «Wir

wollen alles tun, was du sagst», und sie befolgen es genau so wie es gesagt wurde. Aber sie machen sich gerade so an die Arbeit, als würden sie mit irgendeinem anderen «know-how» – irgendeiner Technik – arbeiten. Sie sind nicht in sie verliebt; sie sind noch nicht verrückt danach; sie verlieren sich nicht darin. Sie behalten alles in der Hand.

Sie bleiben die Herrscher, und sie gehen mit dieser Technik immer noch so um, wie sie mit jeder mechanischen Vorrichtung umgehen. Es ist, als ob du auf einen Knopf drückst, und der Ventilator geht an: dazu ist keine «ehrerbietige Hingabe» für den Knopf oder für den Ventilator nötig. Und ihr macht alles im Leben so. Aber *abhyasa* kann so nicht ausgeübt werden. Du musst so tief mit deinem *abhyasa*, deiner Übung verbunden sein, dass du zweitrangig wirst und die Übung erstrangig, dass du der Schatten wirst und die Übung die Seele – als ob nicht du es bist, der die Übung macht. Die Übung geht von allein vor sich, und du gehörst nur dazu, schwingst mit. Dann mag es sein, dass gar keine Zeit nötig ist.

Bei tiefer Hingabe können sich die Ergebnisse sofort einstellen. In einem einzigen Moment der Hingabe kannst du viele Leben aus der Vergangenheit ungültig machen. In einem tiefgehenden Moment der Hingabe kannst du vollkommen frei von der Vergangenheit werden.

Es ist schwierig zu erklären, was mit «ehrerbietiger Hingabe» gemeint ist. Es gibt Freundschaft, es gibt Liebe, und es gibt eine weitere Qualität: Freundschaft *plus* Liebe, was sich «ehrerbietige Hingabe» nennt. Freundschaft und Liebe existieren zwischen Gleichwertigen. Liebe geschieht mit dem anderen Geschlecht, und Freundschaft geschieht mit demselben Geschlecht, aber beide befinden sich auf derselben Ebene: ihr seid gleichwertig.

Mitgefühl ist das genaue Gegenstück zur «ehrerbietigen Hingabe». Mitgefühl geht von einer höheren Quelle aus hin zu einer niedrigeren Quelle. Es ist wie ein Fluss, der vom Himalaya zum Ozean fliesst. Ein Buddha ist Mitgefühl. Egal wer zu ihm kommt, sein Mitgefühl fliesst herab. Ehrerbietung ist genau das Gegenteil. Es ist, als ob der Ganges vom Ozean aus auf den Himalaya zufliesst, vom Niedrigeren zum Höheren.

Liebe findet zwischen Gleichwertigen statt, Mitgefühl geht vom Höheren zum Niedrigeren, und Ehrerbietung geht vom Niedrigeren zum Höheren. Mitgefühl und Hingabe sind beide verschwunden, und nur Freundschaft ist übrig geblieben. Aber ohne Mitgefühl und Hingabe hängt die Freundschaft nur im luftleeren Raum – leblos – weil die zwei Pole fehlen. Sie kann nur zwischen diesen beiden Polen lebendig sein.

Wenn du voller Hingabe bist, dann wird früher oder später Mitgefühl anfangen, auf dich zuzufliessen. Wenn du voller Hingabe bist, dann wird etwas Höheres auf dich zuzufliessen beginnen. Aber wenn du nicht hingegeben bist, kann kein Mitgefühl auf dich zufliessen: du bist nicht offen dafür.

Alle *abhyasa*, alle Übung zielt darauf, zum Niedrigsten zu werden, so dass das Höchste in dich fliessen kann... zum Niedrigsten zu werden, so wie Jesus sagt: «Die letzten werden die ersten sein in meinem Königreich Gottes.»

Werde zum Niedrigsten, zum Letzten. Plötzlich, wenn du am niedrigsten bist, bist du fähig, das Höchste zu empfangen. Und nur vom niedrigsten Punkt fühlt sich das Höchste angezogen, fühlt es den Sog. Er wird zum Magneten. «Mit Hingabe» bedeutet, dass du der Niedrigste bist. Darum fassen die Buddhisten den Entschluss, Bettler zu sein, fassen die Sufis den Entschluss, Bettler zu sein – einfach die Niedrigsten: die Bettler. Und wir haben gesehen, dass sich in diesen Bettlern das Höchste ereignet hat.

Aber das ist ihre freie Entscheidung. Sie haben sich selbst an die letzte Stelle gesetzt. Sie sind die Letzten – sie wetteifern mit niemand, niedrig wie ein Tal: die Niedrigsten.

Darum heisst es in den alten Sufi-Sprüchen, «Werde

ein Sklave Gottes» – einfach ein Sklave, der seinen Namen wiederholt, der ihm ununterbrochen dankt, der ständig Dankbarkeit fühlt, der ständig erfüllt ist von den vielen Segnungen, mit denen er dich überschüttet hat.

Und lass sich mit dieser Ehrfurcht, mit dieser Hingabe, ein ununterbrochenes *abhyasa*, «Übung», verbinden. Patanjali sagt, dass diese beiden, *vairagya* und *abhyasa*, dem Verstand zum Stillstand verhelfen. Und wenn der Verstand stillsteht, bist du zum erstenmal wirklich das, was du sein sollst, dass was deine Bestimmung ist.

8
Halt an – und es ist hier!

1. Januar 1974, Bombay, Indien

Patanjali hat die Wichtigkeit der Losgelöstheit betont, des Verlöschens der Wünsche, damit man insich selbst verwurzelt sei. Aber kommt Losgelöstheit wirklich am Anfang der Reise, oder erst ganz am Ende?

Anfang und Ende sind nicht zweierlei. Der Anfang ist das Ende, darum darfst du sie nicht trennen und nicht in dualistischen Begriffen denken. Wenn du am Ende still sein willst, wirst du mit der Stille gleich zu Anfang beginnen müssen. Am Anfang wird die Stille wie ein Samenkorn sein; am Ende wird sie zu einem Baum werden. Aber der Baum ist im Samen verborgen, darum ist der Anfang nur die Saat.

Das höchste Ziel, gleich was es sei, muss von Anfang an hier und jetzt verborgen sein, direkt in dir. Wenn es nicht schon am Anfang da ist, kannst du es am Ende nicht erreichen. Natürlich ist da ein Unterschied: am Anfang kann es nur ein Same sein; am Ende wird es ein totales Blühen sein. Du magst nicht in der Lage sein, es in seiner Samenform zu erkennen, aber es ist da, ob du es nun erkennst oder nicht. Wenn Patanjali also sagt, dass du schon zu Beginn der Reise losgelöst sein musst, sagt er nicht, dass du sie am Ende nicht mehr brauchst.

Die Losgelöstheit wird am Anfang mit Mühe verbunden sein; am Ende wird die Losgelöstheit spontan sein. Am Anfang musst du es bewusst tun; am Ende brauchst du dir keine bewusste Mühe mehr zu machen. Es wird einfach dein natürlicher Fluss sein.

Am Anfang musst du üben. Ständige Wachsamkeit wird nötig sein. Es wird ein Ringen mit deiner Vergangenheit geben, mit deinen Mustern, wie du an Dingen hängst; es wird einen Kampf geben. Aber am Ende wird kein Kampf mehr da sein, keine Alternative, kein Entschluss. Du wirst einfach in Richtung Wunschlosigkeit fliessen. Es wird dir zur Natur.

Aber denkt daran, was immer das Ziel ist, es muss von Anfang an geübt werden. Der erste Schritt ist auch der letzte. Man muss deswegen sehr vorsichtig bei dem ersten Schritt sein. Nur wenn der erste in die richtige Richtung geht, wird der letzte erreicht werden. Wenn du den ersten Schritt verfehlst, hast du alle verfehlt.

Verwirrung darüber wird dir immer wieder in den Kopf kommen, darum versteh es gründlich, denn Patanjali wird viele Dinge sagen, die nach Endzielen aussehen. Gewaltlosigkeit zum Beispiel steht am Ende: ein Mensch wird so mitfühlend, so tief von Liebe erfüllt, dass keine Gewalt da ist, keine Möglichkeit zu Gewalt. Liebe oder Gewaltlosigkeit ist das Endziel. Aber Patanjali wird sagen, dass du es von Anbeginn an praktizieren sollst.

Das Ziel muss von Anbeginn in Sicht sein. Der erste Schritt der Reise muss absolut dem Ziel gewidmet sein, auf das Ziel gerichtet sein, muss auf das Ziel zugehen. Am Anfang kann es nichts Endgültiges sein, und Patanjali erwartet das auch gar nicht. Du kannst nicht total losgelöst sein, aber du kannst es versuchen. Schon die Mühe hilft dir.

Du wirst viele Male hinfallen; du wirst dich wieder und wieder verstricken. Und dein Verstand funktioniert so, dass du dich sogar in die Losgelöstheit verstricken kannst. So unbewusst ist deine Verhaltensweise; aber Mühe, bewusste Mühe, wird dich nach und nach wach und bewusst machen. Und wenn du einmal anfängst, das Elend der Verstrickung zu fühlen, wirst du dich weniger bemühen müssen, denn niemand möchte sich elend fühlen, niemand möchte unglücklich sein.

Wir sind unglücklich, weil wir nicht wissen, was wir tun, aber jeder Mensch sehnt sich nach Glück. Niemand sehnt sich nach Unglück, aber jeder erzeugt Unglück, weil wir nicht wissen, was wir tun. Wir mögen Wünschen folgen, um unser Glück zu finden, aber so, wie unser Verstand programmiert ist, rennen wir tatsächlich ins Unglück.

Von Anfang an, von der Geburt eines Kindes an, seiner ersten Erziehung an, wird sein Geist mit falschen Mechanismen gespeist, mit falschen Einstellungen programmiert. Niemand will es absichtlich falsch machen, aber es ist umringt von Leuten mit falschen Verhaltensmustern. Sie können nicht anders sein; sie sind hilflos.

Ein Kind wird ohne jedes Verhaltensmuster geboren. Nur eine tiefe Sehnsucht nach Glück ist vorhanden, aber es weiss nicht, wie es da hinkommt; das Wie ist unbekannt. Für das Kind ist nur soviel gewiss: das Glück muss erlangt werden. Es wird sein ganzes Leben darum kämpfen, aber die Mittel, die Methoden, wie es zu erreichen ist, wo es zu erreichen ist, wo es sich hinwenden soll, um es zu finden, die kennt es nicht. Die Gesellschaft bringt ihm bei, wie es das Glück erreicht; und die Gesellschaft irrt sich.

Ein Kind will Glück, aber wir wissen nicht, wie wir ihm beibringen sollen, glücklich zu sein. Und alles, was wir ihm beibringen, wird ein Weg ins Unglück. Zum Beispiel bringen wir ihm bei, gut zu sein. Wir bringen ihm bei, bestimmte Dinge nicht zu tun und andere Dinge zu tun, ohne je darüber nachzudenken, ob sie natürlich sind oder nicht. Wir sagen, «Tu dies; tu das nicht.» Aber unser «gut» mag unnatürlich sein – und wenn das, was wir jeweils als «gut» hinstellen, unnatürlich ist, dann stellen wir ein Programm des Unglücks her.

Ein Kind wird zum Beispiel wütend: wir erzählen ihm, «Wut ist schlecht. Sei nicht wütend.» Aber Wut ist natürlich, und nur dadurch, dass wir sagen, «Sei nicht wütend», zerstören wir die Wut nicht. Wir bringen dem Kind nur bei, sie zu unterdrücken. Und Unterdrückung führt zu Unglück, denn das, was da unterdrückt wird, wirkt sich aus wie Gift. Es greift direkt die Körperchemie an; es ist zersetzend. Und indem wir es ständig dazu anhalten, nicht wütend zu sein, lehren wir es, sein eigenes System zu vergiften.

Nur eines bringen wir ihm *nicht* bei; nämlich wie das geht, *nicht* wütend zu sein. Wir bringen ihm nur bei, die Wut zu unterdrücken. Und wir können es dazu zwingen, weil es abhängig von uns ist. Es ist hilflos; es muss uns gehorchen. Wenn wir sagen, «Sei nicht wütend», lächelt es. Dieses Lächeln ist unecht. Innerlich schäumt es, innerlich ist es in Aufruhr, innerlich lodert es, und nach aussen hin lächelt es.

Ein kleines Kind – und wir machen einen Heuchler aus ihm! Es wird unecht und gespalten. Es weiss, dass sein Lächeln unecht und seine Wut echt ist, aber das Echte muss unterdrückt und das Unechte erzwungen werden. Es wird gespalten sein. Und nach und nach wird die Spaltung so tief, die Kluft so tief, dass es immer, wenn es lächelt, ein falsches Lächeln lächelt.

Und wenn es nicht wirklich wütend werden kann, dann wird es bei nichts anderem wirklich sein können, weil dann die Wirklichkeit verdammt wird. Es wird seine Liebe nichts ausdrücken können, es wird seine Ekstase nicht ausdrücken können. Es wird Angst vor der Wirklichkeit bekommen. Wenn ein Teil der Wirklichkeit verurteilt wird, wird die ganze Wirklichkeit verurteilt; denn die Wirklichkeit lässt sich nicht trennen, und ein Kind kann nicht trennen.

Eines ist gewiss: das Kind hat gemerkt, dass es nicht angenommen wird. So wie es ist, ist es nicht annehmbar. Das Wirkliche ist irgendwie schlecht, darum muss es falsch sein. Es muss sich tarnen, Masken aufsetzen. Wenn es das einmal gelernt hat, bewegt sich das ganze Leben in falschen Bahnen. Und das Falsche kann nur zum Unglück führen: das Falsche kann nicht zum Glück führen. Nur das Wahre, das authentisch Wirkliche kann zur Ekstase führen, zu den Gipfelerlebnissen des Lebens – Liebe, Freude, Meditation, oder was immer man da nennen kann.

Jeder wird nach diesem Muster aufgezogen, darum sehnt ihr euch nach Glück. Aber was immer ihr tut, erzeugt Unglück. Der erste Schritt in Richtung Glück liegt darin, sich selbst anzunehmen, aber die Gesellschaft lehrt euch nie, euch selbst anzunehmen. Sie lehrt euch, euch selbst zu verurteilen, euch euretwegen schuldig zu fühlen, vieles an euch selbst zu verleugnen. Sie verkrüppelt euch, und ein verkrüppelter Mensch kann das Ziel nicht erreichen. Und wir sind alle verkrüppelt.

Gebundenheit ist Elend, aber von Anfang an wird das Kind Gebundenheit gelehrt. Die Mutter sagt zu ihrem Kind, «Liebe mich; ich bin deine Mutter,» und der Vater sagt, «Liebe mich; ich bin dein Vater» – als ob jemand automatisch liebenswert würde, nur weil er Vater oder Mutter ist.

Nur Mutter zu sein bedeutet nicht viel, oder nur Vater zu sein bedeutet nicht viel. Ein Vater zu sein heisst, durch eine grosse Disziplin hindurchzugehen: man muss liebenswert sein. Und eine Mutter zu sein heisst nicht, sich nur fortzupflanzen. Eine Mutter zu sein bedeutet eine ungeheure Übung, eine grosse innere Disziplin. Man muss liebenswert sein.

Wenn die Mutter liebenswert ist, dann wird das Kind völlig ungebunden lieben. Wann immer es jemanden findet, der liebenswert ist, wird es lieben. Aber Mütter sind nicht liebenswert, Väter sind nicht liebenswert. Darauf sind sie noch nie gekommen – dass Liebe eine Qualität ist. Du musst sie erschaffen; du musst sie werden.

Du musst wachsen. Nur dann kannst du Liebe in andern erschaffen. Und wenn du sie forderst, kann daraus Bindung werden, aber keine Liebe. Dann liebt das Kind die Mutter, nur weil sie seine Mutter ist. Jetzt wird die Mutter oder der Vater zum Ziel. Aber dies sind Beziehungen, keine Liebe. Jetzt wird das Kind an die Familie gefesselt, und die Familie ist eine zerstörerische Kraft, weil sie dich von der Familie deines Nachbarn trennt. Die Familie deines Nachbarn erscheint nicht liebenswert, da du nicht zu ihr gehörst. Dann denkst du in Vorstellungen wie «deine Gemeinschaft», «deine Nation» – und die Nachbarnation wird zum Feind.

Ihr könnt nicht die gesamte Menschheit lieben, und der eigentliche Grund dafür ist die Familie. Die Familie hat dich nicht gelehrt, ein liebenswerter Mensch zu sein, ein liebevoller Mensch zu sein. Sie hat dir nur bestimmte Beziehungen aufgezwungen. Bindung ist eine Beziehung, und Liebe – Liebe ist eine innere Einstellung. Aber kein Vater wird zu dir sagen, «Sei liebevoll», denn wenn du liebevoll bist, dann kannst du es zu jedem beliebigen sein. Manchmal mag der Nachbar sogar liebenswerter sein als dein Vater, aber der Vater kann das nicht akzeptieren – dass irgend jemand liebenswerter sein kann als er – schliesslich ist er dein Vater. Darum muss Beziehung gelehrt werden, nicht Liebe.

Dies ist mein Land: also «muss ich dieses Land lieben». Wenn einfach nur Liebe gelehrt wird, dann kann ich jedes Land lieben. Aber die Politiker werden dagegen sein, denn wenn ich irgendein Land liebe, wenn ich diese ganze Erde liebe, dann kann ich in keinen Krieg hineingezogen werden. Politiker lehren, «Liebe dieses Land. Dies ist dein Land, schliesslich bist du hier geboren worden. Du gehörst diesem Land; dein Leben, dein Tod gehören diesem Land.» Dann können sie dich für das Land opfern.

Die ganze Gesellschaft bringt dir Beziehungen bei, Bindungen, keine Liebe. Liebe ist gefährlich, weil sie keine Grenzen kennt: sie ist beweglich; sie ist Freiheit. Darum wird eine Frau ihrem Mann beibringen, «Liebe mich, weil ich deine Frau bin», während der Mann seiner Frau beibringt, «Liebe mich, weil ich dein Mann bin». Niemand lehrt die Liebe.

Wenn einfach nur die Liebe gelehrt würde, dann könnte die Frau sagen, dass ein anderer Mensch liebenswerter ist. Wenn die Welt wirklich frei zu lieben wäre, dann wäre die blosse Tatsache, ein Ehemann zu sein, nichtssagend, wäre die blosse Tatsache, eine Ehefrau zu sein, bedeutungslos. Dann würde die Liebe frei fliessen. Aber das ist gefährlich: die Gesellschaft kann das nicht zulassen; die Familie kann das nicht zulassen; Religionen können das nicht zulassen. Darum lehren sie im Namen der Liebe Bindung, und damit ist jeder unglücklich.

Wenn Patanjali «Losgelöstheit» sagt, ist er nicht gegen die Liebe. In Wirklichkeit ist er für die Liebe.

Losgelöstheit bedeutet: sei natürlich, liebevoll, fliessend, aber werde nicht besessen und süchtig. Sucht ist das Problem. Dann ist die Liebe wie eine Krankheit. Wenn du niemanden ausser deinem Kind lieben kannst, ist das Sucht. Dann gerätst du in Unglück. Dein Kind kann sterben; dann kann deine Liebe nicht mehr fliessen. Und selbst wenn dein Kind nicht stirbt, wird es doch heranwachsen. Und je mehr es wächst, desto unabhängiger wird es werden. Dann wird es Leid geben. Jede Mutter leidet darunter, jeder Vater leidet darunter.

Wenn der Junge erwachsen wird, verliebt er sich in eine Frau. Dann leidet die Mutter: ein Rivale ist aufgetaucht. Aber dieses Leiden kommt aus der Bindung. Wenn die Mutter den Jungen wirklich liebte, würde sie ihm helfen, unabhängig zu sein. Sie würde ihm dabei helfen, sich in der Welt zu bewegen, so viele Liebesverbindungen wie möglich herzustellen, weil sie wüsste, dass du umso erfüllter bist, je mehr du liebst. Wenn sich ihr Junge dann in eine Frau verliebt, wird die Mutter glücklich sein. Sie wird vor Freude tanzen.

Liebe bringt dich nie ins Elend, denn wenn du jemanden liebst, liebst du sein Glück. Aber wenn du an jemanden gefesselt bist, liebst du nicht sein Glück: du liebst nur aus Selbstsucht; du bist nur mit deinen eigenen egozentrischen Forderungen beschäftigt.

Freud hat viele Entdeckungen gemacht. Eine davon ist die Mutter- oder Vaterfixierung. Freud sagt, die gefährlichste Mutter ist die, die ihr Kind zwingt, sie so sehr zu lieben, dass es fixiert wird und dann nicht mehr fähig sein mag, noch einen anderen Menschen zu lieben. Und es gibt Millionen von Leuten, die an solchen Fixierungen leiden.

Ich habe in viele Leute hineingeschaut. Fast alle Ehemänner, mindestens neunundneunzig Prozent, versuchen, in ihrer Frau die Mutter zu finden. Natürlich kannst du deine Mutter nicht in deiner Frau finden; deine Frau ist nicht deine Mutter. Trotzdem ist eine tiefe Fixierung auf die Mutter da. Dann wird der Mann unzufrieden mit der Frau, weil sie ihn nicht bemuttert. Und jede Frau sucht in ihrem Mann ihren Vater. Kein Mann kann ihr Vater sein, aber wenn sie mit seinem Bevatern nicht zufrieden ist, dann ist sie mit ihrem Mann unzufrieden.

Das sind Fixierungen. In Patanjalis Sprache heissen sie Gebundenheit. Freud spricht von Fixierung. Die Worte unterscheiden sich, aber die Bedeutung ist dieselbe. Lasst euch nicht fixieren; seid fliessend. Losgelöstheit bedeutet: du bist nicht fixiert. Seid nicht wie Eiswürfel: seid wie Wasser – fliessend. Seid nicht erstarrt.

Jede Bindung wird zu etwas Starrem – leblos. Sie geht nicht mit dem Leben mit; sie ist kein ständiges Sich-Einlassen. Sie ist nicht von Moment zu Moment lebendig; sie ist festgelegt. Du liebst einen Menschen: wenn es wirklich Liebe ist, dann kannst du nicht vorhersagen, was im nächsten Moment passieren wird. Es ist unmöglich, Vorhersagen zu machen, denn Stimmungen ändern sich wie das Wetter. Du kannst nicht wissen, ob dein Liebhaber auch im nächsten Moment liebevoll zu dir sein wird. Im nächsten Moment mag er sich nicht nach Liebe fühlen. Du darfst es nicht erwarten.

Wenn er dich auch im nächsten Moment liebt, ist es gut; du bist dankbar. Aber wenn er dich im nächsten Moment nicht liebt, ist da nichts zu machen. Du bist hilflos. Du musst es nehmen wie es ist, er ist eben nicht in der Stimmung. Kein Grund zum Weinen. Er ist ganz einfach nicht in der Stimmung! Du akzeptierst die Situation. Du zwingst deinen Liebhaber nicht, sich zu verstellen; denn Verstellung ist gefährlich.

Wenn ich Liebe zu dir fühle, sage ich, «Ich liebe dich», aber im nächsten Moment kann ich sagen, «Nein, in diesem Moment fühle ich keine Liebe». Es gibt nur zwei Möglichkeiten: entweder du akzeptierst meine nicht-liebevolle Stimmung, oder du zwingst mich zu zeigen, dass ich dich liebe, ob ich nun Liebe fühle oder nicht. Wenn du mich zwingst, dann werde ich unaufrichtig, und die Beziehung wird zur Verstellung, zur Heuchelei. Dann sind wir nicht ehrlich zueinander. Und wie können zwei Menschen, die nicht ehrlich zueinander sind, sich lieben? Ihre Beziehung ist zur Fixierung geworden.

Ehefrau und Ehemann, sie sind festgelegt – tot. Alles ist sicher. Sie benehmen sich gegenüber dem andern, als wäre er ein Ding. Wenn du nach Hause zurückkehrst, sind deine Möbel dieselben, da deine Möbel tot sind. Dein Haus ist dasselbe, da dein Haus tot ist. Aber du kannst nicht von deiner Frau erwarten, dass sie dieselbe ist. Sie ist lebendig – ein Mensch! Wenn du von ihr erwartest, dass sie ist wie sie war, als du aus dem Haus gingst, zwingst du sie, genauso zu sein wie die Möbel, einfach ein Ding. Bindung zwingt Menschen in einer Beziehung dazu, Dinge zu sein; und Liebe hilft den Menschen, freier zu sein, unabhängiger zu sein, wahrhaftiger zu sein. Wahrheit kann nur ständig im Fluss sein; sie kann niemals erstarrt sein.

Wenn Patanjali von Losgelöstheit spricht, sagt er nicht, du sollst deine Liebe töten. Er sagt im Gegenteil, du sollst alles töten, was deine Liebe vergiftet, du sollst alle Hindernisse töten, du sollst alle Hindernisse zerstören, die deine Liebe töten. Nur ein Yogi kann liebevoll sein. Ein weltlicher Mensch kann nicht liebevoll sein, er kann nur gefesselt sein.

Merk es dir – Bindung bedeutet Fixierung: du kannst nichts Neues akzeptieren, nur die Vergangenheit. Du kannst der Gegenwart, du kannst der Zukunft nicht erlauben, irgendetwas zu verändern. Aber das Leben *ist* Veränderung. Nur der Tod ist unveränderlich.

Wenn du ungebunden bist, bewegst du dich von Moment zu Moment, ohne jede Festlegung. Jeden Moment bringt dir das Leben neue Freuden, neue Nöte. Es wird dunkle Nächte geben, und es wird sonnige Tage geben, aber du bist offen; du hast keine festen Vorstellungen. Und wenn du keine festen Vorstellungen hast, kann dir selbst eine elende Situation kein Elend bereiten, da du nichts hast, womit du sie vergleichen kannst.

Du hast nichts anderes erwartet, also kannst du auch nicht frustriert sein.

Du wirst frustriert, weil du Forderungen stellst. Zum Beispiel erwartest du, dass wenn du nach Hause kommst, deine Frau vor der Tür steht, um dich freudig zu begrüssen. Wenn sie nicht draussen steht, um dich freudig zu begrüssen, kannst du das nicht akzeptieren. Es bereitet dir Frustration und Unglück. Du forderst, und durch deine Forderungen schaffst du Elend. Aber Forderung ist nur möglich, wenn du fixiert bist. Bei Menschen, die für dich Fremde sind, kannst du nicht fordern. Erst mit der Bindung taucht das Fordern auf. Darum wird aus allen Bindungen die Hölle.

Patanjali sagt, sei ungebunden. Das bedeutet: fliesse und nimm an, was immer das Leben bringt. Fordere nichts und erzwinge nichts, weil das Leben dir nicht folgen wird. Du kannst das Leben nicht zwingen, sich nach dir zu richten. Es ist besser, mit dem Fluss zu fliessen, als ihn anzutreiben – fliess einfach mit ihm! Dann wird viel Glück möglich. Du bist bereits von lauter Glück umgeben, aber wegen deiner Fixierungen kannst du es nicht sehen.

Losgelöstheit am Anfang wird nur ein Same sein. Am Ende wird Losgelöstheit zu Wunschlosigkeit. Am Anfang bedeutet Losgelöstheit Nicht-Fixierung, aber am Ende wird Losgelöstheit Wunschlosigkeit bedeuten – kein Verlangen. Am Anfang keine Forderungen; am Ende keine Wünsche.

Aber wenn du dieses Endziel des Nicht-Wünschens erreichen willst, beginne beim Nicht-Fordern. Probiere Patanjalis Formel aus, und sei es nur für vierundzwanzig Stunden. Fliesse vierundzwanzig Stunden lang einfach mit dem Leben mit, ohne irgendetwas zu fordern. Was immer das Leben gibt, heisse es willkommen und sei dankbar. Bewege dich vierundzwanzig Stunden lang nur in einer Verfassung der Andacht – ohne zu bitten, ohne zu fordern, ohne zu erwarten – und du wirst eine neue Öffnung erfahren. Diese vierundzwanzig Stunden werden zu einem neuen Fenster.

Du bekommst ein Gefühl, wie ekstatisch du werden kannst.

Aber am Anfang wirst du sehr auf der Hut sein müssen. Vom Suchenden kann man nicht erwarten, dass ihm die Losgelöstheit spontan zufällt.

Wie kommt es, dass ein Erleuchteter sich nur einem schenkt, so wie Buddha dem Mahakashyap. Tatsächlich hat sich diese buddhistische Tradition, dass ein Schüler das Licht empfängt, acht Generationen lang fortgesetzt. Konnte nicht auch eine Gruppe der Empfänger sein?

Nein, das ist nicht möglich, weil eine Gruppe keine Seele hat; eine Gruppe hat kein Selbst. Nur ein Einzelner kann der Empfänger sein, der Aufnehmende, denn nur ein Einzelner hat ein Herz. Eine Gruppe ist keine Person.

Ihr seid alle hier und ich spreche, aber ich spreche nicht zur Gruppe, denn mit der Gruppe kann es keine Kommunikation geben. Ich spreche zu jedem einzelnen hier. Ihr habt euch in einer Gruppe versammelt, aber ihr hört mich nicht als Gruppe. Ihr hört mich als Individuen. In Wirklichkeit existiert die Gruppe gar nicht. Nur Individuen existieren. «Gruppe» ist nur ein Wort. Es hat keine Wirklichkeit, keine Substanz. Es ist nur die Bezeichnung für etwas Kollektives.

Du kannnst nicht eine Gruppe lieben, du kannst nicht eine Nation lieben, du kannst nicht die «Menschheit» lieben. Aber es gibt Personen, die behaupten, dass sie die «Menschheit» lieben. Sie täuschen sich selbst, weil es so etwas wie «die Menschheit» nirgendwo gibt. Es sind nur Menschen da. Geht und sucht: die Menschheit werdet ihr nirgendwo finden.

Wirklich, die Menschen, die behaupten, dass sie die Menschheit lieben, sind diejenigen, die keine Einzelmenschen lieben können. Sie sind unfähig, Personen zu lieben. Sie sagen, sie lieben die Menschheit, die Nation, das Universum. Sie mögen sogar Gott lieben, aber einen Menschen können sie nicht lieben, denn einen Menschen zu lieben ist anstrengend, schwierig. Es ist ein Kampf. Du musst dich selbst verändern. Die Menschheit zu lieben ist kein Problem, weil es keine Menschheit gibt. Du bist allein. Wahrheit, Liebe oder alles, was bedeutsam ist, gehört immer zum einzelnen; darum können nur einzelne die Empfänger sein.

Zehntausend Mönche waren anwesend, als Buddha sein ganzes Dasein in Mahakashyap einströmen liess; aber die Gruppe war nicht dazu fähig, es zu empfangen. Keine Gruppe kann dazu fähig sein, denn Bewusstsein ist individuell, Bewusstheit ist individuell. Mahakashyap erhob sich zum Gipfel, wo er Buddha empfangen konnte. Auch andere Individuen können diesen Gipfel erreichen, aber keine Gruppe kann das.

Religion bleibt grundsätzlich individualistisch, und es kann nicht anders sein. Das ist einer der grundlegenden Kämpfe zwischen Kommunismus und Religion: Kommunismus denkt in Vorstellungen von Gruppen, Gesellschaften, Kollektiven, und Religion denkt an den individuellen Menschen. Der Kommunismus glaubt, die Gesellschaft als Ganzes könne verändert werden, und Religion glaubt, dass nur Individuen verändert werden können. Die Gesellschaft als ein Ganzes kann nicht verändert werden, weil die Gesellschaft keine Seele hat: sie kann nicht transformiert werden. Tatsächlich gibt es keine Gesellschaft, nur Einzelwesen.

Der Kommunismus sagt, dass es keine Individuen gibt, nur die Gesellschaft. Kommunismus und Religion schliessen sich absolut gegenseitig aus, und hier liegt der Gegensatz: Wo sich der Kommunismus ausbreitet, verschwindet die persönliche Freiheit. Dann existiert nur die Gesellschaft. Der Einzelmensch darf in Wirklichkeit nicht da sein. Er kann nur als Teil existieren, nur als ein Rädchen im Getriebe. Es kann ihm nicht gestattet werden, ein Selbst zu sein.

Ich habe eine Anekdote gehört. Ein Mann ging auf

eine Moskauer Polizeiwache und meldete seinen Papagei als vermisst. Er wurde zum zuständigen Beamten gebracht. Dieser schrieb alles auf. Darauf fragte er den Mann, «Spricht der Papagei auch? Redet er?» Der Mann bekam Angst. Er wurde etwas bedrückt und unbehaglich. Der Mann sagte, «Ja, er spricht. Aber falls er irgendwelche politische Ansichten äussert, handelt es sich eindeutig um seine eigenen!» Diese Person hatte Angst, weil die politischen Äusserungen eines Papageis die seines Herrn sein müssen. Ein Papagei imitiert nur.

Im Kommunismus wird keine Individualität zugelassen. Du kannst keine persönlichen Meinungen haben, denn Meinungen sind allein Angelegenheit des Staates, des Gruppenbewusstseins. Und das Gruppenbewusstsein ist das niedrigste, was möglich ist. Individuen können den höchsten Stand erreichen, aber keine Gruppe ist je Buddha-gleich oder Jesus-gleich geworden. Nur Einzelwesen sind zu Gipfeln geworden.

Buddha gab die Erfahrung seines ganzen Lebens an Mahakashyap weiter, weil es keinen anderen Weg gibt. Sie kann keiner Gruppe gegeben werden. Das kann nicht sein; es ist einfach unmöglich. Kommunikation, Kommunion kann es nur zwischen zwei einzelnen Menschen geben. Es ist ein persönliches, tief persönliches Vertrauen. Die Gruppe ist unpersönlich. Und vergesst nicht: der Gruppe ist vieles möglich: der Gruppe ist Wahnsinn möglich; aber Buddhaschaft ist ihr nicht möglich. Eine Gruppe kann wahnsinnig sein, aber eine Gruppe kann nicht erleuchtet sein.

Je niedriger das Phänomen, desto mehr kann die Gruppe daran teilhaben. Darum sind alle grossen Sünden von Gruppen begangen worden, nicht von Individuen. Ein Individuum kann ein paar Leute ermorden, aber ein Individuum kann nicht zum «Faschismus» werden: Es kann nicht Millionen ermorden. Der Faschismus kann Millionen ermorden, und das mit gutem Gewissen!

Nach dem Zweiten Weltkrieg machten alle Kriegsverbrecher geltend, dass sie nicht verantwortlich waren. Sie behaupteten, dass sie nur Befehle von oben hatten, und sie befolgten die Befehle. Sie waren nur Teil der Gruppe. Selbst Hitler und Mussolini waren in ihrem Privatleben sehr sensible Menschen. Hitler pflegte Musik zu hören; er liebte Musik. Manchmal pflegte er zu malen; er liebte die Malerei. Dass ein Hitler Malerei und Musik liebt, scheint unmöglich. Es scheint unmöglich, dass er so sensibel sein und trotzdem ganz bequem Millionen von Juden töten konnte, ohne jede Anwandlung von schlechtem Gewissen – nicht einmal ein Gewissensbiss. Aber er war «nicht verantwortlich». Er war nur der Führer einer Gruppe.

Wenn du mit einer Masse mitgehst, bist du zu allem fähig, weil du das Gefühl hast, als ob die Masse es tut und du nur ein Teil von ihr bist. Wenn du allein wärest, würdest du dreimal darüber nachdenken, ob du es tun sollst oder nicht. In einer Masse geht die Verantwortlichkeit verloren, geht dein individuelles Denken verloren, geht dein Unterscheidungsvermögen verloren, geht deine Bewusstheit verloren. Du wirst einfach Teil einer Masse. Und Massen können wahnsinnig werden. Jedes Land kennt das, jede Epoche in der Geschichte kennt das. Massen können wahnsinn werden, und dann können sie alles tun. Aber man hat nie davon gehört, dass Massen erleuchtet werden können.

Die höheren Bewusstseinszustände können nur von einzelnen Menschen erlangt werden. Dazu muss mehr Verantwortung gefühlt werden – mehr persönliche Verantwortung, mehr Gewissen. Je mehr du dich verantwortlich fühlst, und je mehr du fühlst, dass du bewusst sein musst, desto mehr wirst du ein Individuum.

Buddha kommunizierte seine stille Erfahrung, sein stilles *sambodhi*, seine stille Erleuchtung dem Mahakashyap, weil Mahakashyap ebenfalls zu einer Höhe geworden war, zu einem Gipfel, und sich nunmehr zwei Gipfel treffen konnten. Und das wird immer so sein. Wenn du also höhere Gipfel erreichen willst, denke dabei nicht im Gruppenrahmen. Denke dabei an deine eigene Individualität. Zu Beginn kann eine Gruppe hilfreich sein, aber je mehr du wächst, kann dir die Gruppe immer weniger helfen.

Schliesslich kommt ein Punkt, wo die Gruppe gar nicht mehr helfen kann. Du bist allein gelassen. Wenn du vollkommen allein bist und du in deiner Einsamkeit zu wachsen beginnst, dann hast du dich zum ersten Mal kristallisiert. Du wirst eine Seele, ein Selbst.

Üben ist so etwas wie Konditionierung auf der körperlichen und geistigen Ebene, und gerade durch Konditionierung macht die Gesellschaft einen Menschen zu ihrem Sklaven. Wenn dem so ist, wie kann das Üben bei Patanjali zum Werkzeug für die Befreiung werden?

Die Gesellschaft konditioniert dich, um einen Sklaven aus dir zu machen, ein gehorsames Mitglied; darum scheint die Frage sinnvoll, wie dich die nachhaltige Rekonditionierung deiner Einstellungen befreien kann. Aber die Frage erscheint nur deshalb sinnvoll, weil du zwei Typen von Konditionierung verwechselst.

Zum Beispiel bist du zu mir gekommen; du bist weit gereist. Wenn du zurückfährst, wirst du wieder auf demselben Weg reisen. Der Verstand kann jetzt fragen, «Wie kann der Weg, der mich hierher gebracht hat, *derselbe* Weg, mich wieder zurückführen?» Der Weg ist derselbe, aber die Richtung wird anders sein – genau entgegengesetzt. Während du auf mich zukamst, hast du in meine Richtung gesehen, aber wenn du zurückgehst, siehst du in die entgegengesetzte Richtung. Aber der Weg wird derselbe sein.

Die Gesellschaft konditioniert dich, um aus dir ein gehorsames Mitglied zu machen, um aus dir einen Sklaven zu machen. Das ist nur ein Weg. Derselbe Weg muss zurückgelegt werden, um dich zu befreien, nur wird die Richtung die entgegengesetzte sein. Dieselbe Methode muss angewendet werden, um dich zu entkonditionieren.

Ich erinnere mich an eine Parabel: einmal kam Buddha zu seinen Mönchen; er war im Begriff, eine Predigt zu halten. Er sass unter seinem Baum und hielt ein Taschentuch in seiner Hand. Er betrachtete das Taschentuch. Die ganze Versammlung schaute auch hin, neugierig, was er vorhatte. Dann machte er fünf Knoten in das Taschentuch und fragte, «Was soll ich nun tun, um dieses Taschentuch zu entknoten? Was soll ich jetzt anfangen?» Danach stellte er noch eine Frage: »Ist das Taschentuch dasselbe wie vorher, als keine Knoten darin waren, oder ist es jetzt anders?»

Ein *bhikkhu*, ein Mönch, sagte, «In einem gewissen Sinn ist es dasselbe, weil sich die Qualität des Taschentuches nicht verändert hat. Selbst mit Knoten bleibt es dasselbe – dasselbe Taschentuch. Seine eigentliche Natur bleibt dieselbe. Aber in einer anderen Hinsicht hat es sich verändert, weil etwas Neues erschienen ist. Vorher waren keine Knoten da, und nun sind Knoten da. Oberflächlich hat es sich also verändert, aber im Grunde seines Wesens bleibt es dasselbe.»

Buddha sagte, «Das ist die Situation des menschlichen Geistes. In der Tiefe bleibt er unverknotet. Die Qualität bleibt dieselbe.» Wenn du ein Buddha wirst, ein Erleuchteter, wirst du kein anderes Bewusstsein haben. Die Qualität wird dieselbe bleiben. Der Unterschied liegt nur darin, dass du jetzt ein verknotetes Taschentuch bist; dein Bewusstsein hat ein paar Knoten.

Die andere Frage, die Buddha gestellt hatte, war, «Was soll ich tun, um das Taschentuch zu entknoten?» Ein anderer Mönch antwortete, «Bevor wir nicht wissen, was du getan hast, um es zu verknoten, können wir nichts sagen; denn es muss der umgekehrte Vorgang angewendet werden. Zuerst müssen wir wissen, auf welche Weise du es verknotet hast, denn um es wieder zu entknoten, werden wir in umgekehrter Reihenfolge verfahren müssen.» Buddha sagte, «Das ist das zweite: du musst begreifen, wie du in diese Gefangenschaft geraten bist. Du musst begreifen, wie du zu deiner

Sklaverei abgerichtet wurdest, denn der Vorgang wird derselbe sein, in umgekehrter Reihenfolge, um dich zu entkonditionieren.»

Wenn Gebundenheit ein Faktor der Konditionierung ist, dann wird Loslösung zum Faktor der Ent-Konditionierung werden. Wenn Erwartung dich ins Unglück führt, dann wird Nicht-Erwartung dich ins Nicht-Unglück führen. Wenn Wut eine Hölle in dir erzeugt, dann wird Mitgefühl einen Himmel in dir erzeugen. Ganz gleich, was der Prozess des Elends ist, die Umkehrung wird der Prozess des Glücks sein. Ent-Konditionierung bedeutet, dass du das ganze verknotete Phänomen des menschlichen Bewusstseins, so wie es ist, verstanden hast. Dieser gesamta Yogaprozess kann nichts anderes sein, als die verworrenen Knoten zu verstehen und sie dann zu entknoten, sie zu dekonditionieren. Es ist keine Neu-Konditionierung, denkt daran! Es ist einfach eine Ent-Konditionierung; es ist negativ. Wenn es eine Neu-Konditionierung ist, dann wirst du wieder zum Sklaven – eine neue Art von Sklave in einem neuen Gefängnis. Darum müsst ihr euch diesen Unterschied merken: es ist Ent-Konditionierung, nicht Neu-Konditionierung.

Das hat zu vielen Problemen geführt. Krishnamurti sagt immer wieder: wenn du irgendetwas tust, wird eine Neu-Konditionierung daraus, darum tu lieber gar nichts. Wenn du irgendetwas tust, wird es zur Neu-Konditionierung. Du magst ein besserer Sklave sein, aber du wirst ein Sklave bleiben. Viele Leute, die ihm zuhörten, haben alle Bemühungen eingestellt. Aber das macht sie nicht frei. Sie sind nicht befreit; die Konditionierung ist immer noch da; neu-Konditioniert werden sie auch nicht. Sie haben, als sie Krishnamurti hörten, einfach aufgehört. Sie werden nicht neu-konditioniert, aber sie werden auch nicht ent-konditioniert. Sie bleiben Sklaven.

Ich bin also nicht für Neu-Konditionierung, genauso wenig wie Patanjali für Neu-Konditionierung ist. Ich bin für Ent-Konditionierung, und Patanjali ist auch für

Ent-Konditionierung. Versteht einfach, wie der Verstand funktioniert. Was immer die Krankheit ist, versteht die Krankheit, stellt eine Diagnose, und geht umgekehrt vor.

Was ist der Unterschied? Nehmt ein tatsächliches Beispiel: du fühlst Wut. Wut ist eine Konditionierung; du hast sie gelernt. Die Psychologen sagen, dass sie etwas Angelerntes ist; sie ist etwas Programmiertes. Deine Gesellschaft bringt sie dir bei. Selbst heute gibt es Gesellschaften, die niemals wütend werden: wer zu ihnen gehört, wird niemals wütend. Es gibt Gesellschaften – kleine Stämme, die noch immer am Leben sind – die nie einen Kampf oder Krieg gekannt haben.

Auf den Philippinen existiert ein kleiner Stamm von Ureingeborenen. Seit dreitausend Jahren kennt er keinen Kampf. Es hat keinen einzigen Mord, keinen einzigen Selbstmord gegeben. Sie sind die friedliebendsten Menschen, die glücklichsten Menschen, die es geben kann. Wie ist es dazu gekommen? Von Anbeginn an konditioniert ihre Gesellschaft sie nicht für die Wut. In diesem Stamm muss man, wenn man jemanden im Traum tötet, hingehen und den Betreffenden um Vergebung bitten – selbst wenn man ihn nur im Traum getötet hat. Wenn man auf jemanden böse ist und hat im Traum mit ihm gekämpft, dann muss man dem Dorf am nächsten Tag verkünden, dass man etwas Schlechtes getan hat. Dann werden sich die Dorfbewohner versammeln, und die weisen Männer des Dorfes werden deinen Traum analysieren und vorschlagen, was jetzt getan werden muss – selbst bei kleinen Kindern!

Ich habe ihre Traumanalysen gelesen. Sie scheinen eins der tiefblickendsten Völker überhaupt zu sein. Ein kleines Kind träumt. In seinem Traum sieht es den Nachbarsjungen, der gerade sehr traurig ist. Am Morgen erzählt es seinem Vater den Traum. Es sagt, «Ich habe den Sohn unseres Nachbarn gesehen, und er sah sehr traurig aus».

Der Vater denkt über den Traum nach, schliesst seine Augen, meditiert, und sagt dann, «Wenn du ihn traurig gesehen hast, bedeutet das, dass seine Traurigkeit irgendwie mit dir in Zusammenhang steht. Niemand anders hat von ihm geträumt, dass er traurig ist, darum hast du entweder bewusst oder unbewusst etwas getan, um seine Traurigkeit zu bewirken. Oder, wenn du nichts getan hast, wirst du es in Zukunft tun. Der Traum ist nur eine Vorhersage für die Zukunft. Geh mit vielen Süssigkeiten, vielen Geschenken hin. Gib dem Jungen die Süssigkeiten und Geschenke und bitte ihn um Vergebung – entweder für etwas, das du in der Vergangenheit getan hast, oder für etwas, das du in der Zukunft tun wirst».

Also geht der Junge, übergibt die Früchte, Süssigkeiten und Geschenke und bittet das andere Kind um Vergebung, weil er, dem Traum nach, irgendwie für seine Traurigkeit verantwortlich ist. Und von Anfang an werden die Kinder in dieser Weise aufgezogen. Wenn dieser Stamm ohne Zank, Kampf, Mord oder Selbstmord existiert hat, so ist es kein Wunder. Sie können sich diese Dinge gar nicht vorstellen. Dort herrscht eine andere Art von Bewusstsein.

Heute sagen die Psychologen, dass Hass und Wut nicht natürlich sind. Liebe ist natürlich; Hass und Wut werden nur erzeugt. Sie stehen der Liebe im Weg, aber die Gesellschaft konditioniert euch für sie. Ent-Konditionierung bedeutet: alles, was euch die Gesellschaft angetan hat, das hat sie getan; es hat keinen Sinn, sie endlos weiter anzuklagen; was passiert ist, ist passiert. Einfach nur zu sagen, dass die Gesellschaft verantwortlich ist, hilft dir nicht weiter. Die Konditionierung ist passiert. Was du jetzt tun kannst, ist, dich selbst zu entkonditionieren. Gleich also, was dein Problem ist, schau tief hinein. Durchdringe es, analysiere es und erkenne, wie du damit konditioniert wurdest.

Zum Beispiel gibt es Gesellschaften, die keinen Konkurrenzgeist kennen. Sogar in Indien gibt es Stämme von Eingeborenen, für die Konkurrenz nicht existiert. Natürlich können sie nach unseren Massstäben nicht sehr fortschrittlich sein, weil unsere Art von Fortschritt nur das Ergebnis von Konkurrenz sein kann, und sie kennen keine Konkurrenz. Aber weil sie keine Konkurrenz kennen, sind sie nicht wütend, sind sie nicht eifersüchtig, sind sie nicht so hasserfüllt, sind sie nicht so gewalttätig. Sie erwarten nicht viel, und sie sind glücklich und dankbar für alles, was das Leben ihnen gibt.

Bei euch ist es so, dass ihr, egal, was das Leben euch gibt, niemals dankbar seid. Ihr seid ständig frustriert, weil ihr immer noch mehr fordern könnt. Eure Erwartungen und Wünsche sind endlos. Wenn du dich unglücklich fühlst, sieh also in dein Elend hinein und analysiere es: Was sind die konditionierenden Umstände, die das Unglück erzeugen? Und das ist gar nicht so schwer zu erkennen. Wenn du Unglück erzeugen kannst, wenn du so begabt bist, Unglück zu erzeugen, gibt es keine Schwierigkeit, es zu erkennen. Wenn du es erzeugen kannst, kannst du es auch erkennen.

Patanjalis ganzer Standpunkt ist dieser: wenn man in das Unglück des Menschen hineinsieht, kommt heraus, dass der Mensch selbst verantwortlich ist. Er tut etwas, was das Unglück erzeugt. Dieses Tun ist zur Gewohnheit geworden, darum macht er es immer weiter. Es wiederholt sich, ist mechanisch, roboterhaft geworden. Aber wenn du wach wirst, kannst du es anhalten. Du kannst einfach sagen, «Ich kooperiere nicht mehr.» Dann hört die Maschine zu funktionieren auf.

Jemand beleidigt dich. Steh nur still da und bleib ruhig. Die Maschine wird sich in Gang setzen; sie wird das alte Schema hervorheben. Die Wut wird kommen, der Rauch wird aufsteigen, und du wirst nahe daran sein, rot zu sehen. Aber du bleibst ruhig. Kooperiere nicht mit und sieh dir nur an, was die Maschine macht. Du wirst spüren, wie sich Räder über Räder in deinem Innern drehen, aber sie sind unwirksam, weil du nicht mitmachst.

Oder, wenn es dir unmöglich ist, so ruhig zu bleiben, dann geh in dein Zimmer, verriegele die Tür, lege ein Kissen vor dich hin und schlage auf das Kissen ein. Lass deine Wut an dem Kissen aus. Und während du das

Kissen schlägst und erbost und wütend auf das Kissen bist, beobachte einfach weiter, was du tust – was gerade passiert, wie das Schema sich wiederholt.

Wenn du still verharren kannst, ist es das beste. Wenn dir das zu schwer wird und du spürst, dass du mitgerissen wirst, dann geh in ein Zimmer und lass die Wut am Kissen aus. Mit dem Kissen wird dir dein Wahnsinn völlig sichtbar; so wird er transparent. Und das Kissen wird nicht reagieren, darum kannst du leichter beobachten. Es gibt keine Gefahr, kein Sicherheitsproblem. Du kannst beobachten.

Langsam steigt die Wut, und dann lässt die Wut nach.

Beobachte den Rhythmus von beiden. Und wenn deine Wut erschöpft ist und du keine Lust mehr hast, weiter auf das Kissen einzuschlagen, oder angefangen hast zu lachen oder dir lächerlich vorzukommen, dann schliess die Augen, setze dich auf den Boden und meditiere über das, was geschehen ist. Fühlst du immer noch Wut auf die Person, die dich beleidigt hat, oder hast du die Wut auf das Kissen abgeleitet? Du spürst, wie eine gewisse Ruhe über dich kommt. Du bist nicht mehr wütend auf die betreffende Person. Eher hast du Mitgefühl für sie.

Vor zwei Jahren war ein junger Amerikaner hier. Er war wegen eines Problems, einer Zwangsvorstellung aus Amerika geflüchtet: er dachte ununterbrochen daran, seinen Vater zu ermorden. Der Vater muss ein gefährlicher Mann gewesen sein; er muss den Sohn allzusehr unterdrückt haben. In seinen Träumen dachte der Sohn daran, seinen Vater zu ermorden, und auch in seinen Tagträumen dachte er daran, ihn umzubringen. Er lief von zu Hause weg, nur um seinem Vater nicht nahe sein zu müssen, sonst hätte jeden Tag etwas passieren können. Der Wahnsinn war da; er konnte jeden Moment ausbrechen.

Der Junge war hier bei mir. Ich forderte ihn auf, «Unterdrücke deine Gefühle nicht.» Ich gab ihm ein Kissen und sagte, «Dies ist dein Vater. Nun tu, was immer du willst.» Zuerst fing er an zu lachen, lachte auf eine wahnsinnige Art. Er sagte, «Es sieht lächerlich aus.» Ich erzählte ihm, «Lass es lächerlich sein. Wenn dies in dir vorgeht, dann lass es herauskommen.» Fünfzehn Tage lang schlug und zerrte er ununterbrochen an dem Kissen und tat, was immer er ihm antun wollte. Am sechzehnten Tag kam er mit einem Messer. Ich hatte ihn nicht aufgefordert, es mitzubringen. Darum fragte ich ihn, «Wozu dieses Messer?»

Er sagte, «Halte mich jetzt nicht ab. Lass mich töten. Jetzt ist das Kissen kein Kissen mehr für mich. Das Kissen ist tatsächlich mein Vater geworden.» An dem Tag tötete er also seinen Vater. Dann begann er zu weinen; Tränen kamen ihm in die Augen. Er beruhigte sich, entspannte sich, und dann erzählte er mir, «Jetzt empfinde ich viel Liebe für meinen Vater, viel Mitleid. Erlaube mir nun, nach Hause zurückzufahren.»

Er ist jetzt wieder in Amerika. Die Beziehung zu seinem Vater hat sich total verändert. Was war geschehen? Nichts, als dass eine mechanische Zwangsvorstellung freigesetzt wurde.

Wenn du still verharren kannst, wenn irgendein altes Schema Besitz von deinem Denken ergreift, ist es gut. Wenn dir das nicht gelingt, dann lass es sich dramatisch abspielen – aber allein, ohne einen anderen. Denn immer wenn du dein Schema ausagierst, immer wenn du deinem Schema gestattest, bei jemand offen zutage zu treten, erzeugt es neue Reaktionen, und es wird ein Teufelskreis.

Der wichtigste Punkt ist, das Schema zu beobachten – ob du nun still hältst oder deine Wut und deinen Hass ausagierst. Sei wachsam und sieh hin, wie es sich abspult. Und wenn du den Mechanismus erkennen kannst, kannst du ihn auflösen.

Alle Schritte beim Yoga dienen nur dazu, etwas aufzulösen, was du immer getan hast. Sie sind negativ; es muss nichts Neues geschaffen werden. Das Falsche muss nur zerstört werden, und dann ist das Richtige schon da. Es gibt also nichts Positives zu tun, nur etwas Negatives. Das Positive liegt darunter verborgen. Es ist genau wie ein Bach, der unter einem Felsen verborgen ist. Du erschaffst den Wasserlauf nicht. Er ist schon da und läuft. Er will heraus, frei sein und in Fluss kommen. Ein Felsbrocken ist im Weg. Der Felsbrocken muss weggerückt werden. Wenn der Stein einmal weggerückt ist, beginnt der Bach zu sprudeln.

Die Seligkeit, das Glück, die Freude, oder egal wie du es nennst – es ist schon da und fliesst in dir. Es gibt nur ein paar Steine. Diese Steine sind die Konditionierungen der Gesellschaft. Ent-konditioniere sie. Wenn du fühlst, dass Bindung der Stein ist, dann bemühe dich um Losbindung. Wenn du fühlst, dass Wut der Stein ist, dann bemühe dich um Nicht-Wut. Wenn du fühlst, dass Gier der Stein ist, dann bemühe dich um Nicht-Gier. Tu einfach das Gegenteil. Unterdrücke die Gier nicht. Tu einfach das Gegenteil: tu etwas, das aus der Nicht-Gier kommt. Unterdrücke die Wut nicht einfach; tu etwas, das aus der Nicht-Wut kommt.

In Japan haben sie, wenn jemand wütend wird, eine traditionelle Lehre: Wenn jemand wütend wird, muss er auf der Stelle etwas tun, was aus der Nicht-Wut kommt. Dieselbe Energie, die im Begriff war, in die Wut zu gehen, geht nun in die Nicht-Wut. Energie ist neutral. Wenn du auf jemanden wütend bist, und du willst ihm ins Gesicht schlagen, gib ihm eine Blume und schau, was passiert.

Du wolltest ihm ins Gesicht schlagen; du wolltest etwas aus Wut tun. Gib ihm eine Blume und beobachte einfach, was in dir geschieht. Du tust etwas, das aus der Nicht-Wut kommt. Dieselbe Energie, die im Begriff war, deine Hand zu bewegen, wird deine Hand bewegen. Dieselbe Energie, die im Begriff war, ihn zu schlagen, wird ihm nun eine Blume geben. Die Qualität hat sich verändert. Du hast etwas getan. Und Energie ist neutral. Wenn du nicht irgendetwas tust, dann unterdrückst du – und Unterdrückung ist Gift. Darum tu etwas, aber genau das Gegenteil. Das ist keine neue Konditionierung. Es dient nur dazu, das Alte zu ent-konditionieren. Wenn das Alte verschwunden ist, wenn sich die Knoten aufgelöst haben, brauchst du dir keine Gedanken zu machen, was zu tun ist. Dann kannst du spontan fliessen.

Du sagtest, dass der spirituelle Weg zwanzig oder dreissig Jahre oder sogar Leben dauern kann und dass es selbst dann zu früh sein mag. Aber das westliche Bewusstsein scheint ungeduldig und zu sehr am Ergebnis und an der Praxis orientiert zu sein. Es will schnelle Ergebnisse sehen. Im Westen kommen und gehen religiöse Techniken wie andere Modelaunen. Wie gedenkst du also Yoga in das westliche Bewusstsein einzuführen?

Ich bin nicht am westlichen oder östlichen Bewusstsein interessiert. Dies sind nur zwei Aspekte ein und desselben Bewusstseins. Ich bin am Bewusstsein interessiert. Und diese Zweiteilung Ost-West führt nicht sehr weit, ist heute nicht einmal mehr sinnvoll. Es gibt Menschen mit einem östlichen Bewusstsein im Westen, und es gibt Menschen mit einem westlichen Bewusstsein im Osten. Und heute ist das ganze durcheinander geraten. Heute hat es auch der Osten eilig. Der alte Osten ist völlig verschwunden.

Das erinnert mich an eine taoistische Anekdote. Drei Taoisten meditierten in einer Höhle. Ein Jahr ging vorüber. Sie waren schweigsam, sassen nur da und meditierten. Eines Tages kam ein Reiter vorbei. Sie sahen auf. Einer der drei Einsiedler sagte, «Das Pferd, auf dem er ritt, war weiss.» Die beiden andern blieben still. Nach einem Jahr sagte der zweite Einsiedler, «Das Pferd war schwarz, nicht weiss.» Darauf verging ein weiteres Jahr. Der dritte Einsiedler sagte, «Wenn es Streit gibt, gehe ich. Wenn ihr jetzt anfangt zu zanken, gehe ich. Ich gehe! Ihr stört meine Ruhe!»

Was spielte es für eine Rolle, ob das Pferd nun weiss oder schwarz war? Drei Jahre! Aber das war das Lebenstempo im Osten: Zeit gab es nicht. Der Osten wusste überhaupt nichts von Zeit. Der Osten lebte in der

Ewigkeit, als verginge die Zeit nicht. Alles war statisch.

Aber dieser Osten existiert nicht mehr. Der Westen hat alles angesteckt, und der Osten ist verschwunden. Durch die westliche Erziehung ist heute jeder westlich. Es gibt nur noch ein paar isolierte Leute, die östlich eingestellt sind, und die können im Westen sein, die können im Osten sein. Heute sind sie absolut nicht auf den Osten beschränkt. Aber die Welt als Ganzes, die Erde als Ganzes, ist westlich geworden.

Yoga sagt – und lasst es tief eindringen, weil das sehr wichtig wird – Yoga sagt, dass umso mehr Zeit für deine Transformation nötig ist, je ungeduldiger du bist. Je mehr du in Eile bist, desto länger wirst du aufgehalten. Eile an sich schafft eine solche Verwirrung, dass Verzögerung daraus folgt.

Je weniger du in Eile bist, desto frühzeitiger die Ergebnisse. Wenn du grenzenlos geduldig bist, kann sich die Transformation unmittelbar in diesem Augenblick ereignen. Wenn du bereit bist, für immer zu warten, musst du vielleicht nicht einmal auf den nächsten Augenblick warten. Genau in diesem Augenblick kann die Sache passieren, denn es ist keine Frage der Zeit, es ist eine Frage der Qualität deines Bewusstseins.

Unendliche Geduld ist notwendig. Einfach nicht hinter Ergebnissen her zu sein gibt dir viel Tiefe; Eile dagegen macht dich oberflächlich. Du hast es so eilig, dass du nicht tief sein kannst. Du bist nicht einmal an dem Moment interessiert, der hier ist, sondern daran, was im nächsten passieren wird. Du bist an dem Ergebnis interessiert. Du eilst dir selbst voraus; du benimmst dich verrückt. Du kannst noch so weit laufen, du kannst noch so weit reisen, aber du wirst nirgendwo hingelangen, denn das Ziel, das es zu erreichen gilt, ist genau hier. Du musst dich hineinfallen lassen, brauchst nirgendwo hinzugelangen. Und das Fallenlassen ist nur möglich, wenn du vollkommen geduldig bist.

Ich will euch eine Zen-Anekdote erzählen. Ein Zen-Mönch geht durch den Wald. Plötzlich wird er sich bewusst, dass ihm ein Tiger folgt, also fängt er an zu laufen. Aber selbst sein Laufen geschieht auf Zen-Art. Er hat es nicht eilig; er ist ja nicht verrückt. Auch sein Laufen ist gleichmässig und harmonisch. Er geniesst es. Es heisst, der Mönch habe bei sich gedacht, «Wenn der Tiger es geniesst, warum sollte ich nicht?»

Und der Tiger läuft ihm nach. Da kommt er an einen Abgrund. Nur um dem Tiger zu entkommen, hängt er sich an den Ast eines Baumes. Dann schaut er nach unten: ein Löwe steht im Tal und wartet auf ihn. Dann trifft der Tiger ein, dort auf der Klippe, und stellt sich direkt neben den Baum. Der Mönch hängt dazwischen – hält sich nur an einem Ast fest – und der Löwe, tief unten im Tal, wartet auf ihn!

Der Mönch lacht. Dann schaut er auf: Zwei Mäuse – eine weisse und eine schwarze – sind gerade dabei, den Ast durchzunagen. Da lacht er noch lauter. Er sagt, «So ist das Leben. Tag und Nacht, weisse und schwarze Mäuse, sägen daran. Und wo ich hingehe, wartet der Tod. So ist das Leben!» Und es heisst, dass der Mönch ein Satori erlangte – das erste Aufblicken der Erleuchtung. So ist das Leben! Es gibt nichts, worüber man sich Sorgen machen müsste; so liegen die Dinge. Wo immer du hingehst, wartet der Tod, und selbst wenn du nirgendwo hingehst, nagen Tag und Nacht an deinem Leben. Und so lacht der Mönch lauthals.

Darauf schaut er sich um; denn jetzt steht alles fest. Nun gibt es keinen Grund zur Beunruhigung. Wenn der Tod gewiss ist, wozu die Sorge? Nur in Ungewissheit gibt es Angst. Wenn alles gewiss ist, ist keine Angst da; nun ist der Tod zum sicheren Geschick geworden. Er blickt also um sich, um zu sehen, wie er diese letzten paar Minuten geniessen kann. Da sieht er, dass direkt neben dem Ast ein paar Erdbeeren sind, also pflückt er ein paar Erdbeeren und verspeist sie. Es sind die besten Erdbeeren seines Lebens. Er geniesst sie, und es heisst, dass er im selben Moment erleuchtet wurde.

Er wurde ein Buddha, weil er es noch in unmittelbarer Nähe des Todes nicht eilig hatte. Er konnte eine Erdbeere geniessen. Sie war süss! Sie schmeckte so süss! Er dankte Gott. Es heisst, dass in diesem Moment alles verschwand – Tiger, Löwe, Ast, sogar er selbst. Er wurde zum Kosmos.

Das ist Geduld. Das ist absolute Geduld! Wo immer du bist, geniesse diesen Augenblick, ohne nach der Zukunft zu fragen. Du darfst keine Zukunft im Kopf haben – nur den gegenwärtigen Augenblick, die Jetztheit des Augenblicks, und du bist zufrieden. Dann brauchst du nirgendwo hinzugehen. Wo immer du bist, genau von dem Punkt aus, wirst du in den Ozean fallen, wirst du eins mit dem Kosmos werden.

Aber der Verstand ist nicht am Hier und Jetzt interessiert. Der Verstand ist an irgendwelchen Ergebnissen irgendwo in der Zukunft interessiert. Darum ist deine Frage, in gewisser Weise, für so ein Bewusstsein sinnvoll – für das moderne Bewusstsein. Ich würde es eher «das moderne Bewusstsein» als das «westliche Bewusstsein» nennen. Das moderne Bewusstsein ist ständig von der Zukunft besessen, vom Ergebnis, und es ist nicht im Hier und Jetzt.

Wie kann man diesem Bewusstsein Yoga nahebringen? Man kann diesem Bewusstsein Yoga nahebringen, weil diese Zukunftsorientierung nirgendwo hinführt. Diese Zukunftsorientierung schafft ständiges Unglück für das moderne Bewusstsein. Wir haben die Hölle erschaffen, und mehr als genug. Jetzt wird der Mensch entweder von diesem Planeten Erde verschwinden müssen, oder er muss sich von sich aus verändern. Entweder muss die Menschheit vollkommen aussterben – denn diese Hölle ist nicht mehr länger zu ertragen – oder wir werden durch eine Mutation hindurchgehen müssen.

Daher kann Yoga für das moderne Bewusstsein sehr wichtig und bedeutungsvoll werden, denn Yoga kann retten. Es kann euch lehren, wie ihr hier und jetzt sein könnt, wie ihr die Vergangenheit vergessen könnt wie ihr die Zukunft vergessen könnt, und wie ihr mit solcher Intensität im gegenwärtigen Moment bleiben könnt, dass dieser Moment zeitlos wird: der Moment selbst wird zur Ewigkeit.

Patanjali kann immer wichtiger werden. Je mehr dieses Jahrhundert auf sein Ende zugeht, desto wichtiger werden Techniken für die menschliche Transformation. Das geschieht bereits überall auf der Welt – ob man sie nun Yoga oder Zen nennt, ob man sie Sufi-Methoden oder Tantra-Methoden nennt. Auf allen möglichen Wegen brechen sich die alten traditionellen Lehren wieder Bahn. Es besteht ein tiefes Bedürfnis danach, und überall, in jedem Teil der Welt, ist das Interesse der Menschen erwacht herauszufinden, wie die Menschheit in der Vergangenheit in solcher Glückseligkeit, mit solcher Wonne existieren konnte. Wo konnte es unter so armseligen Bedingungen früher solche überreiche Menschen geben, und warum sind wir – mit unserem ganzen Reichtum – so armselig?

Das ist ein Paradox, das moderne Paradox: zum ersten Mal haben wir reiche, wissenschaftliche Gesellschaften geschaffen, und es sind die allerhässlichsten, die allerunglücklichsten. Früher gab es keine wissenschaftliche Technologie, keinen Überfluss, kein bisschen Komfort, aber die Menschheit lebte in einer so tiefen, friedvollen Atmosphäre – glücklich, dankbar. Was ist geschehen? Wir könnten glücklicher sein als alle anderen, aber wir haben den Kontakt zur Existenz verloren.

Und diese Existenz ist hier und jetzt, und ein ungeduldiger Geist kann nicht damit in Kontakt sein. Ungeduld ist wie ein fieberhafter, wahnsinniger Geisteszustand: du rennst und rennst. Selbst wenn das Ziel kommt, kannst du nicht stehen bleiben, weil dir das Rennen so zur Gewohnheit geworden ist. Selbst wenn du das Ziel erreichst, verfehlst du es. Du wirst vorbeilaufen, weil du nicht anhalten kannst. Wenn du anhalten kannst, braucht das Ziel nicht gesucht zu werden.

Ein Zen-Meister, Hu-Hai, hat gesagt, «Suche, und du verlierst; suche nicht, und du kannst es sofort bekommen. Halt an, und es ist hier. Lauf, und es ist nirgendwo».

9
Beständige Übung und Wunschlosigkeit: Die Grundlage des Yoga

15. *Das erste Stadium von vairagya (Wunschlosigkeit): das Anhalten der Zügellosigkeit, die aus dem Durst nach sinnlichen Genüssen kommt, mit bewusster Mühe.*

16. *Das letzte Stadium von vairagya (Wunschlosigkeit): das Anhalten jeden Verlangens, durch die Erkenntnis des innersten Wesens von purusha – des höchsten Selbst.*

3. Januar 1974, Bombay, Indien

Abhyasa und *vairagya* – beständige innere Übung und Wunschlosigkeit: dies sind die beiden Grundsteine von Patanjalis Yoga. Beständige innere Bemühung ist nicht deshalb nötig, weil etwas erreicht werden muss, sondern wegen falscher Angewohnheiten. Der Kampf geht nicht gegen die Natur: der Kampf geht gegen Gewohnheiten. Die Natur ist da, jeden Moment bereit, in dich zu fliessen, offen für dich, eins mit ihr zu werden, aber du hast ein falsches Muster von Gewohnheiten. Diese Gewohnheiten schaffen Barrieren. Der Kampf geht gegen diese Gewohnheiten, und bevor sie nicht zerstört sind, kann die Natur, die dir innewohnende Natur, nicht fliessen, kann sich nicht rühren, kann nicht die Bestimmung erreichen, die ihr gesetzt ist.

Darum merkt euch eines: der Kampf geht nicht gegen die Natur. Der Kampf geht gegen die falsche Natur, gegen falsche Gewohnheiten. Du bekämpfst nicht dich selbst; du bekämpfst etwas anderes, was sich in deinem Innern festgesetzt hat. Wenn das nicht richtig verstanden wird, dann kann deine ganze Bemühung in eine falsche Richtung gehen. Du magst anfangen, mit dir selbst zu kämpfen, und wenn du einmal anfängst, mit dir selbst zu kämpfen, kämpfst du einen verlorenen Kampf. Du kannst niemals siegreich sein. Wer soll siegen, und wer sich geschlagen geben? Du bist beides; der, der kämpft, und der, mit dem du kämpfst, ist derselbe.

Wenn meine beiden Hände anfangen zu kämpfen, welche soll gewinnen? Wenn du einmal anfängst, mit dir selbst zu kämpfen, bist du verloren. Und so viele Menschen verfallen bei ihren Anstrengungen, bei ihrer Suche nach spiritueller Wahrheit diesem Irrtum: sie fangen an, mit sich selbst zu kämpfen. Wenn du mit dir selbst kämpfst, wirst du mehr und mehr verrückt werden. Du wirst mehr und mehr geteilt sein, gespalten. Du wirst schizophren werden. Und genau das passiert im Westen.

Das Christentum hat gelehrt – nicht Christus, sondern das Christentum hat gelehrt – mit sich selbst zu kämpfen, sich selbst zu verdammen, sich selbst zu leugnen. Das Christentum hat eine grosse Trennung zwischen dem Niederen und dem Höheren geschaffen. Es gibt nichts Niederes und nichts Höheres, aber das Christentum spricht vom niederen Selbst und vom höheren Selbst, von Körper und von Seele. Irgendwie teilt das Christentum dich auf und erzeugt einen Kampf. Dieser Kampf wird endlos sein; er führt dich nirgendwo hin. Am Ende kann nur Selbstzerstörung dabei herauskommen, ein schizophrenes Chaos. Und genau das passiert im Westen.

Yoga spaltet dich niemals, aber dennoch ist ein Kampf dabei. Nur richtet sich der Kampf nicht gegen deine Natur. Im Gegenteil, der Kampf ist *für* deine Natur. Du hast viele Gewohnheiten angesammelt. Diese Gewohnheiten sind deine Errungenschaften aus vielen Leben – deine falschen Programme. Und wegen dieser falschen Programme kann deine Natur sich nicht spontan bewegen, kann nicht spontan fliessen, kann nicht ihre Bestimmung erfüllen. Diese Gewohnheiten müssen zerstört werden; und es handelt sich nur um Gewohnheiten. Du magst sie für Natur halten, weil du ihnen so sehr verfallen bist. Du magst dich mit ihnen identifiziert haben, aber sie sind nicht du.

Diese Unterscheidung muss euch klar im Bewusstsein bleiben, sonst könnt ihr Patanjali missverstehen. Alles, was von aussen in euch eingedrungen und unecht ist, muss vernichtet werden, so dass das, was in euch ist, fliessen kann, aufblühen kann. *Abhyasa*, beständige innere Übung, richtet sich gegen Gewohnheiten.

Das zweite, der zweite Grundstein, ist *vairagya* – Wunschlosigkeit. Auch dies kann in eine falsche Richtung führen. Und merkt euch, dies sind keine Regeln: dies sind nur Hinweise. Wenn ich sage, dies sind keine Regeln, meine ich damit: sie sollen nicht zwanghaft befolgt werden. Sie sollen verstanden werden, dem Sinn, der Bedeutung nach. Und diesen Sinn muss man in sein Leben hineintragen.

Dieser Sinn ist bei jedem anders; darum sind es keine festen Regeln. Du sollst dich nicht dogmatisch nach ihnen richten. Du sollst den Sinn verstehen und ihn in dir heranwachsen lassen. Er wird bei jedem Menschen anders aufblühen. Dies sind also keine toten, dogmatischen Regeln: dies sind einfach Hinweise. Sie weisen in die richtige Richtung. Sie gehen nicht ins Detail.

Das erinnert micht daran, wie Mulla Nasrudin einmal als Portier in einem Museum arbeitete. An dem Tag, als er eingestellt wurde, fragte er nach den Vorschriften, welche Vorschriften zu befolgen wären. Man gab ihm das Buch mit den Vorschriften, nach denen sich der Portier zu richten hatte. Er lernte sie auswendig: er passte auf, ja kein Detail zu vergessen.

Als er dann am ersten Tag im Dienst war, kam der erste Besucher. Er forderte den Besucher auf, seinen Regenschirm dort draussen vor der Tür zu lassen. Der Besucher war verblüfft. Er sagte, «Aber ich habe ja gar keinen Regenschirm». Also antwortete Nasrudin, «In diesem Fall werden sie zurückgehen und einen Regenschirm mitbringen müssen. Denn das ist Vorschrift. Wenn ein Besucher seinen Regenschirm nicht hier draussen lässt, kann er nicht eingelassen werden».

Und es gibt viele Leute, die Regel-besessen sind. Sie folgen blind. Patanjali ist nicht daran interessiert, euch Regeln zu geben. Alles, was er sagt, sind einfache Hinweise. Sie sollen nicht befolgt, sondern verstanden werden. Das Befolgen ergibt sich aus diesem Verstehen. Und umgekehrt geht es nicht: wenn du die Regeln befolgst, kommt es zu keinem Verstehen. Aber wenn du die Regeln verstehst, kommt das Befolgen automatisch, als Schatten.

Wunschlosigkeit ist ein Wegweiser. Wenn du sie als Regel befolgst, dann wirst du anfangen, deine Wünsche abzutöten. Und viele haben das getan, Millionen haben das getan. Sie fangen an, ihre Wünsche abzutöten. Natürlich, das folgt automatisch. Das ist logisch. Wenn man Wunschlosigkeit erlangen muss, dann ist das die beste Methode: alle Wünsche abzutöten. Dann wirst du keine Wünsche mehr haben.

Aber auch du wirst tot sein. Du wirst die Regeln

exakt befolgen, aber wenn du alle Wünsche abtötest, wirst du dich selbst töten. Du wirst Selbstmord begehen, da Wünsche nicht bloss Wünsche sind: sie sind der Fluss der Lebensenergie. Darum muss es zur Wunschlosigkeit kommen, ohne dass irgendetwas abgetötet wird. Die Wunschlosigkeit muss mit *mehr* Leben erreicht werden, mit *mehr* Energie – nicht weniger.

Zum Beispiel kannst du den Sex leicht abtöten, wenn du den Körper aushungerst, da Sex und Nahrung tief verbunden sind. Nahrung wird für dein Überleben gebraucht, für das Überleben des einzelnen, und Sex wird für das Überleben der Spezies, der Gattung Mensch gebraucht. Beides ist auf gewisse Art Nahrung. Ohne Nahrung kann der einzelne Mensch nicht überleben, und ohne Sex kann die Spezies Mensch nicht überleben. Aber zuerst kommt der einzelne Mensch. Wenn der einzelne nicht überleben kann, dann ist das Überleben der Spezies ausgeschlossen.

Wenn du also deinen Körper aushungerst, wenn du deinem Körper so wenig Nahrung gibst, dass sich die Energie, die dadurch erzeugt wird, in der täglichen Routinearbeit erschöpft – durch dein Gehen, dein Sitzen, dein Schlafen – und sich keine Extra-Energie ansammelt, dann wird der Sex verschwinden: denn Sex kann nur da sein, wenn der einzelne Mensch zusätzliche Energie ansammelt, mehr als er für sein Überleben braucht. Dann kann der Körper an das Überleben der Spezies denken. Aber wenn du in Gefahr bist, dann vergisst der Körper den Sex einfach.

Daher übt das Fasten eine so grosse Anziehungskraft aus, denn wenn du fastest, verschwindet der Sex – aber das ist keine Wunschlosigkeit. Das bedeutet nur, immer lebloser zu werden, immer weniger lebendig. Zen-Mönche in Indien haben fortwährend gefastet, nur um Enthaltsamkeit zu erreichen, denn wenn du fortwährend fastest, wenn du ständig auf Hungerkur bist, verschwindet der Sex. Nichts anderes ist nötig – keine Transformation des Bewusstseins, keine Transformation der inneren Energie. Allein das Hungern hilft.

Dann gewöhnst du dich ans Hungern. Und wenn du es jahrelang ununterbrochen machst, wirst du einfach vergessen, dass Sex existiert. Es entsteht keine Energie; es geht keine Energie ins Sexzentrum. Es ist keine Energie da, die hingehen könnte! Der Mensch existiert nur als ein totes Wesen. Es gibt keinen Sex.

Aber das ist es nicht, was Patanjali meint. Das ist kein wunschloser Zustand. Es ist einfach ein impotenter Zustand: die Energie ist nicht da. Du magst den Körper dreissig oder vierzig Jahre lang ausgehungert haben, aber wenn du dem Körper die richtige Nahrung gibst, wird der Sex sofort wieder auftauchen. Du bist nicht verwandelt. Der Sex ist da, und wartet im Verborgenen darauf, dass die Energie wieder fliesst. Sobald die Energie fliesst, wird der Sex wieder lebendig.

Was ist also das Kriterium für Wunschlosigkeit? Ihr müsst euch das Kriterium merken. Seid lebendiger, seid energetischer, vitaler, und dann werdet wunschlos. Wenn deine Wunschlosigkeit dich lebendiger macht, nur dann hast du die richtige Richtung eingeschlagen. Wenn sie nur einen leblosen Menschen aus dir macht, dann hast du nur die Regel befolgt. Es ist leicht, die Regel zu befolgen, weil das keine Intelligenz erfordert. Es ist leicht, die Regel zu befolgen, da genügen einfache Tricks. Fasten ist ein einfacher Trick. Es gehört nicht viel dazu; es entsteht keine Weisheit daraus.

Man hat ein Experiment in Oxford gemacht. Dreissig Tage lang wurde eine Gruppe von zwanzig Studenten vollkommen ausgehungert. Es waren junge, gesunde Männer. Nach sieben oder acht Tagen begannen sie, das Interesse an Mädchen zu verlieren. Man gab ihnen Nacktphotos, und sie blieben gleichgültig. Und diese Gleichgültigkeit war nicht nur körperlich: selbst ihre Gedanken waren nicht interessiert.

Das liess sich daher feststellen, weil es heute Methoden gibt, Hirnprozesse zu beurteilen. Immer wenn ein junger Mann, ein gesunder Mann, ein Nacktphoto von einem Mädchen ansieht, weiten sich seine Pupillen. Sie weiten sich, um das Nacktbild aufzunehmen. Und du kannst deine Pupillen nicht kontrollieren; sie unterliegen nicht deinem Willen. Du magst sagen, dass du nicht an Sex interessiert bist, aber ein Nacktphoto wird zeigen, ob du interessiert bist oder nicht. Und du kannst nichts vom Willen her tun; du kannst die Pupillen deiner Augen nicht kontrollieren. Sie weiten sich, weil etwas so Interessantes vor ihnen aufgetaucht ist; sie machen sich weiter auf: die Pupillen öffnen sich weiter, um mehr einzulassen. Frauen interessieren sich nicht für nackte Männer; sie interessieren sich mehr für kleine Babies. Wenn man ihnen darum ein Bild von einem schönen Baby gibt, weiten sich ihre Augen.

Man versuchte alles um zu sehen, ob die Jungen an Sex interessiert waren, aber es war kein Interesse vorhanden. Nach und nach nahm das Interesse ab. Sogar in ihren Träumen hörten sie auf, Mädchen zu sehen. Es gab keine sexuellen Träume. Im Laufe der zweiten Woche, so am vierzehnten oder fünfzehnten Tag, waren sie nur noch leblose Leichen. Selbst wenn ein schönes Mädchen in die Nähe kam, sahen sie nicht hin. Wenn jemand einen schmutzigen Witz erzählte, lachten sie nicht. Dreissig Tage lang wurden sie ausgehungert. Am dreissigsten Tag war die ganze Gruppe sexlos. Es gab keinen Sex mehr, weder in Gedanken, noch im Körper.

Dann gab man ihnen wieder zu essen. Gleich am ersten Tag waren sie wieder die Alten. Am nächsten Tag hatten sie mehr Interesse am Sex als am Essen, und am dritten Tag war die ganze Aushungerung vollkommen verschwunden. Nun waren sie nicht nur am Sex interessiert: sie waren besessen davon – als ob die Pause dem Interesse zum Wachsen nachgeholfen hätte. Ein paar Wochen lang waren sie wie vom Sex besessen, dachten nur an Mädchen und nichts anderes. Sobald wieder Nahrung im Körper war, wurden Mädchen wieder wichtig.

Aber genau das hat man in vielen Ländern auf der ganzen Erde getan. Viele Religionen haben die Disziplin des Fastens befolgt. Und dann fangen die Leute an zu glauben, dass sie über den Sex hinausgegangen sind. Man kann über den Sex hinausgehen, aber Fasten ist nicht der Weg. Es ist nur ein Trick, und zwar einer, der sich vielfältig auswirkt. Wenn du fastest, wirst du davon weniger hungrig; und wenn du dich ans Fasten gewöhnt hast, dann wird vieles in deinem Leben einfach wegfallen, weil die Basis entzogen ist: Nahrung ist die Basis.

Wenn du mehr Energie hast, entfaltest du dich in vielfältigen Dimensionen. Wenn du mit überfliessender Energie erfüllt bist, führt dich deine überfliessende Energie in viele, viele Wünsche. Wünsche sind nichts anderes als Ventile für Energie. So also gibt es zwei mögliche Wege. Der eine ist, dass sich dein Verlangen ändert, aber die Energie bleibt, und der andere ist, dass die Energie entzogen wird, aber das Verlangen bleibt. Energie kann sehr leicht entzogen werden. Du kannst dich einfach operieren lassen, kastrieren lassen, und dann verschwindet der Sex. Gewisse Hormone können aus deinem Körper entfernt werden. Genau das passiert durch Fasten: gewisse Hormone verschwinden, und dann kannst du sexlos werden.

Aber das ist nicht Patanjalis Ziel. Patanjali sagt, dass die Energie bleiben und das Verlangen verschwinden soll. Nur wenn das Verlangen verschwindet und du mit Energie gefüllt bist, kannst du jenen seligen Zustand erreichen, auf den Yoga abzielt. Ein toter Mensch kann das Göttliche nicht erreichen. Das Göttliche kann nur durch überfliessende Energie erlangt werden, überströmende Energie, ein Meer von Energie.

Dies ist also das zweite, woran ihr euch fortwährend erinnern müsst: vernichtet keine Energie; vernichtet Verlangen. Es wird schwierig sein. Es wird hart und anstrengend, denn es erfordert eine totale Umwandlung deines Seins. Aber Patanjali ist dafür. Darum unterteilt er sein *vairagya*, seine Wunschlosigkeit, in zwei Schritte. Nun wollen wir uns den Sutras zuwenden.

Das erste Stadium von vairagya – Wunschlosigkeit: das Anhalten der Zügellosigkeit, die aus dem Durst nach sinnlichen Genüssen kommt, mit bewusster Mühen

Viele Dinge sind darin enthalten und wollen verstanden sein. Das eine, die zügellose Sucht nach sinnlichen Genüssen: warum verlangt ihr so nach sinnlichen Genüssen? Warum ist das Hirn ständig mit Genussucht beschäftigt? Warum geratet ihr wieder und wieder in dieselben Geleise der Genussucht?

Für Patanjali und für alle, die erkannt haben, liegt der rund darin, dass ihr im Innern nicht glücklich seid; daher das Verlangen nach Vergnügen. Das vergnügungsorientierte Bewusstsein bedeutet, daß ihr, so wie ihr seid, im Innern unglücklich seid. Darum sucht ihr das Glück immerzu anderswo. Ein Mensch, der unglücklich ist, kann nicht anders, als Wünschen nachzugehen. Wünsche sind die Methode des unglücklichen Bewusstseins, das Glück zu finden. Natürlich kann ein solches Bewusstsein nirgendwo Glück finden. Im besten Falle kann es ihm hier und da aufleuchten. Diese Leuchtspuren erscheinen in Form von Genuss: Genuss bedeutet: Ahnungen des Glücks. Und der Irrtum liegt darin, dass der genusssuchende Geist glaubt, dass diese Ahnungen und Genüsse von irgendwo andersher kommen, dabei kommen sie immer von innen.

Lasst uns versuchen zu verstehen: du bist in einen Menschen verliebt, also gehst du in den Sex. Der Sex schenkt dir einen kurzen Lichtblick des Genusses; er gibt dir ein Aufblitzen des Glücks. Einen einzigen Moment lang fühlst du dich wohl. Alle Nöte sind weg; die ganze geistige Qual ist fort. Einen einzigen Moment lang bist du hier und jetzt. Du hast alles vergessen. Einen einzigen Moment lang gibt es keine Vergangenheit und keine Zukunft. Nur deswegen – weil es keine Vergangenheit und keine Zukunft gibt und du für einen einzigen Moment hier und jetzt bist – strömt aus deinem Innern Energie. In diesem Moment strömt dein inneres Selbst, und du erlebst ein kurzes Aufleuchten von Glück.

Du aber glaubst, dass dieser Lichtblitz vom Partner kommt, von der Frau oder von dem Mann. Er kommt nicht von dem Mann oder von der Frau. Er kommt aus dir! Der andere hat dir nur geholfen, in die Gegenwart zu fallen, aus der Zukunft und der Vergangenheit herauszufallen. Der andere hat dir nur geholfen, dich zur Jetztheit dieses Moments zu bringen.

Wenn du ohne Sex zu dieser Jetztheit kommen kannst, wird der Sex nach und nach nutzlos werden; er wird verschwinden. Er wird dann kein Verlangen mehr sein. Wenn du hineingehen willst, kannst du aus Spass hineingehen, aber nicht aus Verlangen. Dann ist keine Besessenheit damit mehr da, denn du bist nicht abhängig davon.

Setz dich einmal unter einen Baum – am Morgen, wenn die Sonne noch nicht aufgegangen ist; denn nachdem die Sonne aufgegangen ist, ist dein Körper beeinträchtigt, und es ist schwer, in innerem Frieden zu sein. Aus diesem Grund hat der Osten immer vor Sonnenaufgang meditiert. Sie nennen dort diese Zeit den *Brahmamuhurt* – den Augenblick des Göttlichen. Und sie haben recht, denn mit der Sonne steigen Energien auf und fangen an, in die althergebrachten Bahnen zu fliessen, die du geschaffen hast.

Am frühen Morgen, wenn die Sonne noch nicht am Horizont erschienen ist, ist alles still, und die Natur schläft noch fest: die Bäume schlafen; die Vögel schlafen; die ganze Welt schläft. Dein Körper schläft innerlich auch. Du bist gekommen, um unter einem Baum zu sitzen, und alles ist still. Versuche einfach hier in diesem Moment zu sein. Tue nichts; meditiere nicht einmal. Gib dir keine Mühe. Schliesse einfach deine Augen und bleib still, in der Stille der Natur. Plötzlich erlebst du dasselbe kurze Aufleuchten, das du durch den Sex kennst – oder sogar ein grösseres, noch tieferes. Plötzlich wirst du fühlen, wie eine Flut von Energie von innen her fliesst. Und jetzt kannst du nicht dem Irrtum verfallen, weil niemand sonst da ist; also kommt es mit Sicherheit von dir. Es fliesst von innen heraus. Kein anderer gibt es dir; du gibst es dir selbst.

Aber der Rahmen ist notwendig – eine Stille: Energie, die nicht in Erregung ist. Du tust nichts, bist einfach da unter einem Baum, und das kurze Aufblitzen wird eintreten. Und es wird nicht eigentlich ein Genuss, sondern Glück sein; denn nun siehst du auf den wahren Ursprung, in die richtige Richtung. Wenn du das einmal kennengelernt hast, dann wirst du sofort erkennen, dass beim Sex der andere nur ein Spiegel war; du wurdest in ihm oder in ihr nur wiedergespiegelt. Und du warst der Spiegel für den andern. Ihr habt euch gegenseitig geholfen, in die Gegenwart zu fallen, vom denkenden Verstand weg, in einen nicht-denkenden Seinszustand überzugehen.

Je mehr der Verstand mit Geplapper ausgefüllt ist, desto grösser ist die Anziehungskraft des Sex. Im Osten war der Sex nie eine solche Zwangsvorstellung, wie er es im Westen geworden ist. Filme, Erzählungen, Romane, Zeitschriften, alles ist sexuell geworden. Du kannst nichts verkaufen, ohne es mit Sex-Appeal auszustatten. Wenn du ein Auto verkaufen musst, kannst du es nur als Sex-Objekt verkaufen. Wenn du Zahnpasta verkaufen willst, kannst du sie nur mit Hilfe von Sex-Appeal verkaufen. Nichts kann ohne Sex verkauft werden. Es scheint, dass nur Sex den Markt beherrscht, noch Bedeutung hat, nichts anderes.

Alle Bedeutung wird durch Sex verliehen. Das gesamte Denken ist besessen vom Sex. Warum? Warum ist das noch nie geschehen? Dies ist etwas Neues in der Menschheitsgeschichte. Und der Grund liegt darin, dass der Westen heute so vollkommen vom Denken beherrscht wird, dass es keine Möglichkeit mehr gibt, hier und jetzt zu sein, ausser durch Sex. Sex ist als einzige Möglichkeit übrig geblieben, und sogar die nimmt ab.

Für den modernen Menschen ist sogar dies Unding möglich geworden: dass er, während er Liebe macht, an andere Dinge denken kann. Und da ihr jetzt noch im Sexakt ständig an irgendetwas anderes denken könnt – sagen wir, an eure Bankkonten – oder euch in Gedanken mit einem Freund weiter unterhaltet oder ständig sonstwo seid, während ihr hier Liebe macht, ist auch der Sex bald erledigt. Dann ist er nur langweilig und frustrierend, weil am Sex selbst nichts mehr dran ist. Denn was dran war, war allein dies: dass der Verstand zum Stillstand kam, weil die sexuelle Energie so schnell hochschoss. Der Sex übernahm die Regie. Der Sex fliesst so schnell, so vital, dass eure gewöhnlichen Denkmuster anhalten.

Ich habe gehört, dass Mulla Nasrudin einmal durch einen Wald ging, wo er auf einen Totenkopf stiess. Neugierig, wie immer, fragte er den Schädel, «Was hat Sie hergebracht Sir?» Er staunte, denn der Schädel antwortete: «Das Reden hat mich hergebracht, Sir». Mulla konnte es nicht glauben, aber er hatte es gehört, darum rannte er zum Hofe des Königs. Dort erzählte er, «Ich habe ein Wunder gesehen! Einen Totenkopf, einen sprechenden Totenkopf, der ganz nahe bei unserem Dorf im Wald liegt».

Der König konnte es auch nicht glauben, aber er war neugierig. Der ganze Hof folgte ihnen, als sie in den Wald gingen. Nasrudin ging nahe an den Totenkopf heran und stellte wieder dieselbe Frage: «Was hat Sie hergebracht, Sir?» Aber der Totenkopf blieb still. Mulla fragte wieder und wieder, aber der Totenkopf blieb totenstill.

Der König sagte, «Ich wusste immer schon, Nasrudin, dass du ein Lügner bist. Aber das jetzt ist zuviel. Du hast dich lustig gemacht, und du wirst dafür büssen müssen.» Er befahl seiner Wache, Mulla den Kopf abzuhauen, und warf den Kopf zur Speise für die Ameisen neben den Totenkopf. Als alle gegangen waren – der König und sein Hofstaat – fing der Totenkopf wieder zu reden an. Er fragte, «Was hat Sie hergebracht, Sir?» Nasrudin antwortete, «Das Reden hat mich hergebracht, Sir.»

Und Reden hat die Menschen in die Situation gebracht, die heute da ist. Ein ständig plapperndes Bewusstsein lässt kein Glück zu, keine Möglichkeit des Glücks, denn nur ein schweigsames Bewusstsein kann nach innen schauen, nur ein schweigsames Bewusstsein kann die Stille hören, das Glück, das dort immer sprudelt. Es ist so zart, dass du es bei dem Lärm der Gedanken nicht hören kannst.

Nur im Sex hört der Lärm manchmal auf. Ich sage machmal, denn wenn du dich auch an den Sex gewöhnt hast, so wie es bei Eheleuten der Fall ist, dann hört der Lärm nie auf. Der ganze Akt wird automatisch, und die Gedanken verselbständigen sich. Dann ist auch der Sex eine langweilige Angelegenheit.

Alles was dir eine Ahnung von Glück geben kann, übt eine Anziehungskraft auf dich aus. Dir mag es scheinen, als ob dieses Erlebnis von aussen kommt, aber es kommt immer von innen. Das Äussere kann nur ein Spiegel sein. Wenn das Glück, das von innen fliesst, von aussen widergespiegelt wird, wird es Genuss genannt. Dies ist Patanjalis Definition dafür: Glück, das von innen fliesst und von irgendwo aussen widergespiegelt wird, wobei das Äussere als Spiegel wirkt. Wenn du denkst, dass dieses Glück von aussen kommt, wird es Genuss genannt. Wir sind auf der Suche nach Glück, nicht auf der Suche nach Genuss. Solange dir noch nicht das Glück in kurzen Augenblicken aufgeleuchtet ist, kannst du deine genusssüchtige Suche nicht aufgeben. Genusssucht ist eine Suche nach Glückersatz. Es ist eine bewusste Anstrengung nötig. Jedesmal also, wenn du fühlst, dass ein Moment des Genusses da ist, wandle ihn um in eine meditative Situation. Jedesmal wenn du fühlst, dass du Genuss erfährst – du bist glücklich, voller Freude – dann schliesse deine Augen, schaue nach innen, und erkenne, wo es herkommt. Verliere diesen Moment nicht; er ist wertvoll. Wenn du nicht bewusst bist, magst du weiterhin glauben, dass es von aussen kommt. Und genau das ist der Trugschluss der Welt.

Wenn du bewusst und meditativ bist, wenn du nach der wahren Quelle suchst, wirst du früher oder später erkennen, dass sie von innen her fliesst. Wenn du einmal weisst, dass sie von innen her fliesst, dass sie etwas ist, was du bereits hast, dann wird die Suche nach Genuss wegfallen, und das wird der erste Schritt zur Wunschlosigkeit sein. Dann suchst du nicht mehr, sehnst dich nicht mehr. Du tötest keine Wünsche ab, du kämpfst nicht mit Wünschen; du hast einfach etwas Grösseres gefunden, darum sehen die Wünsche jetzt nicht mehr so wichtig aus. Sie welken dahin.

Denk daran: sie sollen nicht abgetötet und vernichtet werden. Sie welken dahin. Du vernachlässigst sie einfach, weil du eine grössere Quelle gefunden hast; du wirst magnetisch zu ihr hingezogen. Jetzt geht deine ganze Energie nach innen, und die Wünsche werden einfach vernachlässigt.

Aber du bekämpfst sie nicht. Wenn du mit ihnen kämpfst, wirst du niemals gewinnen. Es ist genauso, als ob du Steine, bunte Steine, in deiner Hand hast. Nun lernst du auf einmal Diamanten kennen, und sie liegen herum. Darum wirfst du die bunten Steine weg, nur um Platz in deiner Hand zu schaffen für die Diamanten. Du kämpfst nicht mit den Steinen, aber wenn Diamanten da sind, lässt du die Steine einfach fallen. Sie haben ihre Bedeutung verloren.

Wünsche müssen ihre Bedeutung verlieren. Wenn du mit ihnen kämpfst, ist ihre Bedeutung noch nicht verlorengegangen. Im Gegenteil, kämpfen mag ihnen mehr Bedeutung verleihen. Dann werden sie wichtiger. Und genau das geschieht: bei allen, die mit irgendeinem Wunsch kämpfen, wird dieser Wunsch zum Mittelpunkt der Gedanken. Wenn du zum Beispiel den Sex bekämpfst, wird der Sex zum Mittelpunkt. Dann bist du ununterbrochen davon in Anspruch genommen, damit beschäftigt. Es wird wie eine Wunde. Wo du auch hinsiehst, projiziert sich diese Wunde sofort darauf, und was immer du siehst wird sexuell.

Der Verstand hat einen alten Überlebensmechanismuß einen Kampf- oder Fluchtmechanismus. Der Verstand hat zwei Möglichkeiten: entweder kannst du mit etwas kämpfen, oder du kannst davor flüchten. Wenn du stark bist, dann kämpfst du. Wenn du schwach bist, dann ergreifst du die Flucht, dann rennst du einfach davon. Aber bei beiden Möglichkeiten ist der andere wichtig, ist der andere der Mittelpunkt. Du kannst kämpfen, oder du kannst vor der Welt flüchten – vor der Welt, wo Wünsche möglich sind. Du kannst in den Himalaja gehen; auch das ist ein Kampf – der Kampf der Schwachen.

Ich habe gehört, dass Mulla Nasrudin einmal in einem Dorf einkaufen war. Er liess seinen Esel auf der Strasse und ging in einen Laden, um etwas zu erstehen. Als er herauskam, war er wütend. Jemand hatte seinen Esel vollkommen rot angestrichen, knallrot. Er war wütend, und er forschte nach, «Wer hat das getan? Ich werde diesen Menschen umbringen!»

Ein kleiner Junge stand da. Er sagte, «Ein Mann hat das getan, und dieser Mann ist gerade in die Kneipe gegangen.» Nasrudin ging hinein. Er stürmte hinein – zornig, ausser sich. Er sagte, «Wer hat das getan! Wer zum Teufel hat meinen Esel angestrichen?»

Ein sehr grosser Mann, sehr stark, stand auf und sagte, «Ich war es. Was ist damit?» Da sagte Nasrudin, «Danke, Sir. Sie haben eine ausgezeichnete Arbeit geleistet. Ich bin nur gekommen, um Ihnen zu sagen, dass der erste Anstrich trocken ist.»

Wenn du stark bist, dann bist du bereit zu kämpfen. Wenn du schwach bist, dann bist du bereit zu fliehen, die Flucht zu ergreifen. Aber in beiden Fällen wirst du nicht stärker davon. In beiden Fällen ist der andere zum Mittelpunkt deiner Gedanken geworden. Dies sind die beiden Einstellungen – Kampf oder Flucht – und beide sind falsch, weil durch beide der Verstand gestärkt wird.

Patanjali sagt, dass es eine dritte Möglichkeit gibt. Kämpfe nicht und flüchte nicht. Sei einfach wachsam. Sei einfach bewusst. Was immer der Fall ist, sei ein Zeuge. Bewusste Anstrengung bedeutet erstens: nach der inneren Quelle des Glücks zu suchen, und zweitens: Zeuge der alten Gewohnheitsbahnen zu sein – sie nicht zu bekämpfen, sondern nur deren Zeuge zu sein.

Das erste Stadium von vairagya (Wunschlosigkeit): das Anhalten der Zügellosigkeit, die aus dem Durst nach sinnlichen Genüssen kommt, mit bewusster Mühe.

«Bewusste Mühe», ist das Schlüsselwort. Bewusstheit ist nötig, und Mühe ist ebenso nötig. Und die Mühe sollte bewusst sein, weil es auch eine unbewusste Mühe geben kann. Du kannst auf eine Weise trainiert werden, dass du bestimmte Wünsche aufgeben kannst, ohne zu wissen, dass du sie aufgegeben hast.

Wenn du zum Beispiel in ein vegetarisches Zuhause hineingeboren wirst, ernährst du dich vegetarisch. Nicht-vegetarische Nahrung kommt einfach nicht in Frage. Du hast sie nie bewusst aufgegeben. Es ist nur so, dass du in der Weise aufgezogen wurdest, dass sie unbewusst von allein weggefallen ist. Aber das wird dir noch keine Integrität verleihen; das wird dir keine spirituelle Stärke geben. Was du nicht bewusst tust, daraus hast du nichts gewonnen.

Viele Gesellschaften haben das mit ihren Kindern versucht – sie in der Weise aufzuziehen, dass bestimmte falsche Dinge einfach nicht in ihr Leben eindringen. Sie dringen zwar nicht ein, aber nichts ist dadurch gewonnen, denn das wirkliche Ziel ist Bewusstheit. Und Bewusstheit kann nur durch Mühe erlangt werden. Wenn dir etwas ohne Bewusstheit angewöhnt wurde, ist es überhaupt kein Gewinn.

Und so gibt es in Indien viele Vegetarier... Dschainas, Brahmanen... viele Leute sind Vegetarier, aber nichts ist damit gewonnen, denn Vegetarier zu sein, nur weil man in eine vegetarische Familie hineingeboren wurde, bedeutet nichts. Es ist keine bewusste Anstrengung; man hat nichts dafür getan. Wäre man in eine nicht-vegetarische Familie hineingeboren worden, würde man in ähnlicher Weise seine nicht-vegetarische Nahrung zu sich nehmen.

Wenn keine bewusste Anstrengung unternommen wird, kommt es nie zur Kristallisation. Du musst etwas aus eigenem Antrieb tun. Wenn du etwas aus eigenem Antrieb tust, gewinnst du etwas. Ohne Bewusstheit ist nichts gewonnen: denkt daran. Es ist eins von den absoluten Gesetzen: ohne Bewusstheit ist nichts gewonnen! Du magst ein perfekter Heiliger werden, aber wenn du es nicht durch Bewusstheit geworden bist, ist es nutzlos, sinnlos. Du musst dich Zentimeter für Zentimeter vorarbeiten, denn durch Anstrengung entsteht mehr Bewusstheit; und es wird mehr und mehr Bewusstheit nötig sein. Und je mehr du Bewusstheit übst, desto bewusster wirst du. Dann kommt der Moment, wo du reines Bewusstsein wirst.

Das Anhalten der Zügellosigkeit, die aus dem Durst nach sinnlichen Genüssen kommt, mit bewusster Mühe.

Was tun? Immer wenn du in irgendeinem Zustand des Genusses bist – ob durch Sex, Essen, Geld, Macht, ganz gleich was dir Genuss bereitet – meditiere darüber. Versuche nur herauszufinden, wo es herkommt. Bist du die Quelle, oder ist die Quelle irgendwo anders? Wenn die Quelle irgendwo anders ist, dann besteht keine Möglichkeit zu irgendwelcher Transformation, da du von der Quelle abhängig bleiben wirst.

Aber glücklicherweise ist die Quelle nirgendwo anders; sie ist in dir. Wenn du meditierst, wirst du sie finden. Sie klopft jeden Moment von innen an und sagt «Ich bin hier!» Sobald du einmal das Gefühl hast, dass sie da ist und jeden Moment anklopft – das Gefühl, dass du nur äussere Situation hergestellt hast, die die Auslöser zu sein scheinen – kann es ohne Situationen geschehen. Dann brauchst du von niemand und nichts abzuhängen – nicht vom Essen oder vom Sex oder von der Macht oder von sonst irgendetwas. Du bist dir selbst genug. Wenn du dieses Gefühl einmal erreicht hast –

dies Gefühl des Genügens – dann verschwindet alle Zügellosigkeit, der auf Genuss gerichtete Sinn, das genussüchtige Bewusstsein.

Was nicht bedeutet, dass du das Essen nicht mehr geniessen wirst. Du wirst es noch mehr geniessen, aber nun ist das Essen nicht mehr die Quelle deines Glücks: *du* bist die Quelle. Du bist nicht abhängig vom Essen; du bist ihm nicht verfallen.

Was nicht bedeutet, dass du den Sex nicht mehr geniessen wirst. Du kannst ihn mehr geniessen, aber nun ist es Spass, ist es ein Spiel. Es ist einfach ein Fest, aber du bist nicht abhängig davon. Er ist nicht die Quelle deines Glücks. Und wenn zwei Menschen, zwei Liebende, dies einmal entdecken – dass der andere nicht die Quelle ihres Vergnügens ist – hören alle beide auf, miteinander zu kämpfen. Zum erstenmal fangen sie an einander zu lieben.

Du kannst einen Menschen nicht lieben, von dem du in irgendeiner Weise abhängig bist. Du wirst ihn hassen, weil er die Quelle deiner Abhängigkeit ist. Ohne ihn kannst du nicht glücklich sein. Er hat den Schlüssel, und ein Mensch, der den Schlüssel zu deinem Glück besitzt, ist dein Gefangenenwärter. Darum kämpfen Liebende, weil sie glauben, dass der andere den Schlüssel hat, und dass er oder sie ihn glücklich oder unglücklich machen kann. Wenn du einmal erkannt hast, dass du die Quelle deines Glücks bist und der andere die Quelle seines eigenen Glücks ist, könnt ihr euer Glück teilen: dann ist es etwas anderes. Ihr seid nicht abhängig, darum könnt ihr teilen. Ihr könnt zusammen feiern. Das ist es, was Liebe bedeutet: zusammen feiern, zusammen teilen – vom anderen nichts verlangen, den anderen nicht ausbeuten.

Ausbeutung kann keine Liebe sein, weil du dann den anderen als ein Mittel benutzt, und jeder, den du als ein Mittel benutzt, wird dich hassen. Liebende hassen einander, weil sie einander benutzen, einander ausbeuten, und Liebe – welche die höchste Ekstase sein sollte – wird zur schrecklichsten Hölle. Aber wenn du einmal weisst, dass du die Quelle deines Glücks bist und niemand anders die Quelle ist, kannst du es grosszügig teilen. Dann ist der andere nicht dein Feind, nicht einmal ein Intimfeind. Zum ersten Mal entsteht Freundschaft, und ihr könnt alles geniessen.

Du wirst erst fähig sein zu geniessen, wenn du frei bist. Nur ein unabhängiger Mensch kann geniessen. Ein Mensch, der verrückt nach Essgenüssen ist und besessen davon, kann sie nicht geniessen. Er mag seinen Bauch vollstopfen, aber er kann es nicht geniessen. Sein Essen ist gewalttätig. Es ist eine Art von Töten: Er tötet die Nahrung; er vernichtet die Nahrung. Und Liebende, die das Gefühl haben, dass ihr Glück vom anderen abhängt, die kämpfen, die versuchen den anderen zu beherrschen, die versuchen den anderen zu töten, den anderen zu vernichten. Du wirst fähig sein, alles mehr zu geniessen, wenn du weisst, dass die Quelle im Innern liegt. Dann wird das ganze Leben zu einem Spiel, und von Moment zu Moment kannst du weiter feiern – grenzenlos.

Dies ist der erste Schritt, diese Mühe. Mit Bewusstheit und Bemühung erlangst du Wunschlosigkeit. Aber Patanjali sagt, dass dies erst der erste Schritt sei, da sogar Bemühung, sogar Bewusstheit nicht gut ist; denn damit geht ein gewisser Kampf, ein gewisser versteckter Kampf noch immer weiter.

Der zweite und letzte Schritt von *vairagya*, das letzte Stadium der Wunschlosigkeit:

Das Anhalten jeden Verlangens, durch die Erfahrung des innersten Wesens von purusha – des höchsten Selbst.

Zuerst musst du wissen, dass du die Quelle allen Glücks bist, das dir passiert. Zweitens musst du das Wesen deines inneren Selbst durch und durch kennen. Erstens, du bist die Quelle. Zweitens, du musst wissen, was diese Quelle ist. Zuerst reicht es schon einmal, dass du die Quelle deines Glücks bist. Und zweitens musst du wissen, was diese Quelle in ihrem ganzen

Umfang ist, was dieses purusha – das innere Selbst – ist: dies «wer bin ich» in seiner Ganzheit.

Wenn du diese Quelle einmal in ihrer Gesamtheit kennst, kennst du alles. Dann ist das ganze All im Innern, nicht nur das Glück. Dann existiert alles, was existiert, im Innern – nicht nur das Glück. Dann sitzt Gott nicht irgendwo in den Wolken. Er existiert im Innern. Dann bist du die Quelle, die ursprüngliche Quelle von allem. Dann bist du der Mittelpunkt.

Und wenn du einmal zum Mittelpunkt der Existenz wirst, wenn du einmal weisst, dass du der Mittelpunkt der Existenz bist, verschwindet alles Elend. Nun wird die Wunschlosigkeit spontan – sahaj. Keine Mühe, kein Eifer, keine Stütze ist nötig. Es ist einfach so; es ist natürlich geworden. Du zerrst oder treibst nichts voran. Nun gibt es kein «Ich» mehr, das zerren oder treiben kann.

Erinnert euch: das Ego entsteht aus Kampf. Wenn du draussen in der Welt kämpfst, schafft das ein grosses Ego. Du magst glauben, «Ich bin jemand mit Geld, mit Ansehen, mit Macht.» Und wenn du innerlich kämpfst, schafft das ein subtiles Ego. Du magst glauben, «Ich bin rein»; ich bin ein Heiliger, ich bin ein Weiser, aber «ich» kämpft weiter. Deswegen gibt es fromme Egoisten, die ein sehr subtiles Ego haben. Sie mögen keine weltlichen Menschen sein. Nein, das nicht: sie sind jenseits vom Weltlichen. Aber es ist Kampf da. Sie haben etwas erreicht, und an dieser Errungenschaft haftet immer noch der letzte Schatten des «Ich».

Der zweite und abschliessende Schritt zur Wunschlosigkeit ist für Patanjali das totale Verschwinden des Ego. Jetzt fliesst nur die Natur. Es gibt kein «Ich», keine bewusste Bemühung. Das bedeutet nicht, dass du nicht mehr bewusst bist. Du wirst die vollkommene Bewusstheit sein. Aber bewusst zu sein schliesst keine Bemühung ein. Es wird keine Selbstkritik geben, nur reines Bewusstsein. Du hast dich selbst und die Existenz akzeptiert, so wie sie ist.

Ein totales Annehmen: das ist es, was Laotse das «Tao» nennt – der Fluss, der zum Meer fliesst. Er gibt sich keine Mühe; er hat es überhaupt nicht eilig, das Meer zu erreichen. Selbst wenn er es nicht erreicht, wird er nie frustriert sein. Selbst wenn er es Millionen von Jahren später erreicht, ist alles in Ordnung. Der Fluss fliesst einfach, weil fliessen seine Natur ist. Ohne jede Anstrengung. Er wird immer weiter fliessen.

Wenn man zum erstenmal Wünsche entdeckt und beobachtet, kommt es zu einer Bemühung – einer subtilen Bemühung. Schon der erste Schritt ist eine subtile Anstrengung. Du machst den Versuch, dir bewusst zu sein, woher dein Glück kommt. Du musst etwas tun, und dieses Tun erzeugt Ego. Aus diesem Grund sagt Patanjali, dass das nur der Anfang ist, und du musst daran denken, dass dies noch nicht das Ende ist. Am Ende sind nicht nur die Wünsche verschwunden: du selbst bist auch verschwunden. Nur das innere Sein in seinem Fluss ist geblieben.

Dieser spontane Fluss ist die höchste Ekstase, weil mit ihm kein Elend möglich ist. Das Elend kommt durch Erwartung, durch Forderung. Jetzt ist niemand da, der erwartet oder fordert, darum ist alles, was geschieht gut. Was immer geschieht ist ein Segen. Du kannst es mit nichts anderem vergleichen: es ist, wie es ist. Und weil es keinen Vergleich mit der Vergangenheit und mit der Zukunft gibt, weil niemand da ist, der vergleichen könnte, kann dir nichts als Elend, als Qual erscheinen. Selbst wenn dir in diesem Zustand Leid geschieht, wird es nicht schmerzvoll sein. Versuche, dies zu begreifen. Es ist schwierig.

Jesus wurde gekreuzigt, darum haben die Christen sich Jesus als sehr traurig ausgemalt. Sie haben sogar gesagt, dass er niemals lachte, und in ihren Kirchen gibt es überall traurige Abbildungen von Jesus. Das ist menschlich, das können wir verstehen: ein Mensch, der gerade gekreuzigt wird, *muss* traurig sein. Er muss sich in innere Todesqual befinden; er muss leidend sein.

Darum sagen die Christen immer wieder, dass Jesus für unsere Sünden litt – dass er um ihretwillen litt. Das stimmt absolut nicht! Wenn ihr Patanjali oder mich fragt, ist das völlig verkehrt. Jesus kann nicht leiden. Für Jesus ist es unmöglich zu leiden. Und wenn er litt, dann ist kein Unterschied zwischen euch und ihm.

Schmerz ist da, aber er kann nicht leiden. Das mag mysteriös aussehen, ist es aber nicht. Es ist ganz einfach. Soweit wir es von aussen betrachten können, ist Schmerz da. Er wird gekreuzigt, beschimpft; sein Körper wird zerstört. Schmerz ist da, aber Jesus kann nicht leiden. In dem Moment, wo Jesus gekreuzigt wird, kann er um nichts bitten. Er hat keine Forderungen. Er kann nicht sagen, «Dies ist Unrecht! Dies dürfte nicht sein! Ich sollte gekrönt werden, stattdessen werde ich gekreuzigt!»

Wenn er das in seinem Kopf hat – dieses «ich sollte gekrönt werden, dabei werde ich gekreuzigt» – dann wird er leiden. Wenn er aber keine Zukunft im Kopf hat, keinen Gedanken daran, dass er gekrönt werden sollte, keine Erwartungen für die Zukunft, kein festgesetztes Ziel, das es zu erreichen gilt, dann ist das Ziel dort, wo immer er sich wiederfindet. Und er kann nicht vergleichen. Die augenblickliche Situation kann nicht anders sein. Das ist der gegenwärtige Moment, der ihm beschert wurde. Diese Kreuzigung ist die Krone.

Er kann nicht leiden, denn Leiden bedeutet Widerstand. Nur wenn du einer Sache Widerstand leistest, kannst du leiden. Versuche es. Es wird schwer für dich sein, gekreuzigt zu werden, aber es gibt tägliche, kleine Kreuzigungen. Die genügen.

Du hast Schmerzen im Bein oder in der Hand, oder du hast Kopfschmerzen. Vielleicht hast du den ganzen Mechanismus noch nicht beobachtet. Du hast Kopfschmerzen, und ständig kämpfst du und wehrst dich. Du willst sie nicht. Du bist dagegen, darum spaltest du dich selbst. Du stehst irgendwo im Kopf, und die Kopfschmerzen sind da drüben. Du bist das eine, und die Kopfschmerzen sind etwas von dir Getrenntes, und du bestehst darauf, dass die Kopfschmerzen nicht da sein sollten. Das ist das wirkliche Problem.

Versuche einmal nicht zu kämpfen. Geh mit den Kopfschmerzen mit; *werde* die Kopfschmerzen. Sage, «So ist es. So ist mein Kopf in diesem Moment, und in diesem Moment ist nichts anderes möglich. Vielleicht gehen sie in der Zukunft weg, aber in diesem Moment sind die Kopfschmerzen da.» Wehre dich nicht. Lass sie zu; werde eins mit ihnen. Spalte dich nicht selbst; fliesse mit ihnen. Dann wird es ein plötzliches Aufwallen von einer neuen Art von Glück geben, die du noch nicht kennst. Wenn niemand da ist, der Widerstand leistet, sind selbst Kopfschmerzen nicht schmerzhaft. Der Kampf erzeugt den Schmerz. Schmerz bedeutet immer, gegen den Schmerz zu kämpfen – das ist der wirkliche Schmerz.

Jesus akzeptiert. So ist nun einmal sein Leben: es hat ihn zum Kreuz geführt. Das ist seine Bestimmung. Das ist es, was sie im Osten immer Schicksal genannt haben – *bhagya*, das *kismat*. Es hat keinen Sinn, mit deinem Schicksal zu streiten, es hat keinen Sinn, damit zu kämpfen. Du kannst nichts tun; es geschieht. Nur eines ist möglich für dich: du kannst mitfliessen, oder du kannst dagegen kämpfen. Wenn du kämpfst, wird es noch qualvoller. Wenn du mitfliesst, ist die Qual geringer. Und wenn du total fliessen kannst, verschwindet die Qual. Du wirst der Fluss.

Versuche es, wenn du Kopfschmerzen hast; versuche es, wenn du einen kranken Körper hast; versuche es, wenn du irgendwelche Schmerzen hast: fliesse einfach mit ihnen. Und selbst wenn du es nur einmal zulassen kannst, wirst du an eines der tiefsten Geheimnisse des Lebens herangekommen sein – dass Schmerzen verschwinden, wenn du mit ihnen fliesst. Und wenn du total fliessen kannst, wird Schmerz zu Glück.

Aber das ist nichts, was logisch zu verstehen wäre. Du kannst es intellektuell begreifen, aber das wird nicht ausreichen. Versuche es existentiell. Es gibt alltägliche Situationen: jeden Moment stimmt irgendetwas nicht. Fliesse mit dem, was passiert, und sieh, wie du die ganze Situation umwandelst. Durch diese Umwandlung gehst du darüber hinaus.

Ein Buddha kann niemals leiden; das ist unmöglich. Nur ein Ego kann leiden. Zum Leiden ist das Ego erforderlich. Wenn das Ego da ist, kannst du auch deine Vergnügungen in Leid umwandeln, und wenn das Ego nicht da ist, kannst du deine Leiden in Vergnügen umwandeln. Das Geheimnis liegt im Ego.

«Das letzte Stadium von *vairagya* (Wunschlosigkeit): das Anhalten jeden Verlangens, durch die Erfahrung der innersten Natur von *purusha* – des höchsten Selbst.» Wie geschieht das? Nur indem du den innersten Kern deiner selbst kennenlernst, den *purusha*, den Bewohner im Innern. Nur indem du ihn erkennst! Patanjali sagt, Buddha sagt, Laotse sagt, dass allein dadurch, dass du ihn erkennst alle Wünsche verschwinden.

Das ist mysteriös, und der logische Verstand muss fragen, wie es sein kann, dass allein dadurch, dass man sein Selbst erkennt, alle Wünsche verschwinden. Es geschieht darum, weil alle Wünsche nur dadurch entstanden sind, dass man sein Selbst nicht kannte. Wünsche sind nichts anderes als die Unkenntnis des Selbst. Warum? Weil alles, was du durch Wünsche suchst, da ist, verborgen im Selbst. Wenn du also das Selbst kennst, werden alle Wünsche verschwinden.

Zum Beispiel: du willst Macht. Jeder will Macht. Macht erzeugt Wahnsinn in jedem. Es scheint, als ob die menschliche Gesellschaft auf eine Weise lebt, dass jeder der Macht verfallen ist.

Wenn ein Kind geboren wird, ist es hilflos. Das ist dein erstes Gefühl, und dann trägst du es immer mit dir herum. Das Kind wird geboren, und es ist hilflos, und ein hilfloses Kind möchte Macht. Das ist natürlich, da jeder mächtiger ist als es selbst. Die Mutter ist mächtig, der Vater ist mächtig, die Geschwister sind mächtig, alle sind mächtig, und das Kind ist vollkommen hilflos. Da ist natürlich der erste Wunsch, der hochkommt, der, Macht zu haben: Wie man mächtig werden kann, wie man herrschen kann. Genau von diesem Moment an beginnt das Kind, politisch zu sein. Es fängt an die Tricks zu lernen, wie man herrschen kann.

Wenn es viel schreit, erkennt es, dass es mit Hilfe des Schreiens herrschen kann. Nur durch das Schreien kann es das ganze Haus beherrschen, und so lernt es zu schreien. Frauen setzen das fort, selbst wenn sie keine Kinder mehr sind. Sie haben das Geheimnis gelernt, und sie setzen es fort. Sie müssen es fortsetzen weil sie hilflos bleiben: das ist Machtpolitik.

Das Kind kennt den Trick, und es kann Wirbel machen. Und es kann einen solchen Wirbel machen, dass du klein beigeben und einen Kompromiss mit ihm schliessen musst. Jeden Moment empfindet es tief, dass das einzige, was es braucht, Macht ist, mehr Macht. Es wird lernen, es wird zur Schule gehen, es wird wachsen, es wird lieben, aber hinter allem – seiner Erziehung, Liebe, Spiel – wird es herausfinden, wie es mehr Macht gewinnen kann. Durch seine Bildung wird es herrschen wollen. Es wird lernen, der erste in seiner Klasse zu sein, so dass es herrschen kann; mehr Geld zu bekommen, so dass es herrschen kann; immer mehr Einfluss auf dem Gebiet der Herrschaft zu gewinnen. Sein ganzes Leben lang wird es hinter der Macht her sein.

Viele Leben werden einfach so vergeudet. Und selbst wenn du Macht erhältst, was willst du damit anfangen? Es ist ja nur ein kindischer Wunsch erfüllt worden. Wenn du tatsächlich ein Napoleon oder Hitler wirst, wird dir plötzlich bewusst, dass die ganze Mühe umsonst war, sinnlos. Es ist dir nur ein kindischer Wunsch erfüllt worden, das ist alles. Und nun? Was sollst du mit dieser Macht anfangen? Wenn dir der Wunsch erfüllt wird, bist du enttäuscht, und wenn dir der Wunsch nicht erfüllt wird, bist du enttäuscht. Und er kann dir nicht endgültig erfüllt werden. Niemand kann so mächtig sein, dass er das Gefühl hat, «Nun ist es genug» – niemand! Die Welt ist so komplex, dass sogar ein Hitler sich in bestimmten Momenten machtlos fühlt, sogar ein Napoleon sich in bestimmten

Momenten machtlos fühlt. Niemand kann absolute Macht erleben, also kann dich auch nichts befriedigen.

Aber wenn jemand sein Selbst erkennt, lernt er die Quelle absoluter Macht kennen. Dann verschwindet das Verlangen nach Macht, weil du erkennst, dass du längst ein König warst und nur geglaubt hast, ein Bettler zu sein. Du hast darum gekämpft, ein grösserer Bettler, ein bedeutender Bettler zu sein, dabei warst du schon ein König! Plötzlich siehst du ein, dass dir nichts fehlt. Du bist nicht hilflos. Du bist die Quelle aller Energien, du bist die Urquelle des Lebens. Das Kindheitsgefühl der Machtlosigkeit wurde von andern erzeugt. Und es war nur ein Teufelskreis, den sie dir eingeimpft haben, weil er ihnen von ihren eigenen Eltern eingeimpft wurde, und so weiter und so fort.

Deine Eltern geben dir das Gefühl, dass du machtlos bist. Warum? Weil sie nur dadurch spüren können, dass sie mächtig sind. Vielleicht glaubt ihr, dass ihr Kinder sehr gerne mögt, aber das scheint nicht ganz zu stimmen. Ihr liebt die Macht, und wenn ihr Kinder habt, wenn ihr Mütter und Väter werdet, seid ihr mächtig. Vielleicht hört niemand sonst auf euch, vielleicht seid ihr nichts in der Welt. Aber wenigstens seid ihr in euren eigenen vier Wänden mächtig. Ihr könnt wenigstens kleine Kinder quälen.

Seht euch Väter und Mütter an: sie quälen! Und sie quälen auf so liebevolle Weise, dass man ihnen nicht einmal sagen kann, dass sie quälen. Sie quälen zum «eigenen Besten», zum Besten der Kinder! Sie helfen ihnen «aufzuwachsen»! Soziologen sagen, dass viele Leute nur darum Lehrer werden, um sich mächtig zu fühlen. Mit dreissig Kindern zu deiner Verfügung bist du genau wie ein König.

Es wird berichtet, dass der Grossmogul Aurangajeb von seinem Sohn eingesperrt wurde. Als er im Gefängnis war, schrieb er seinem Sohn einen Brief. Er sagte, «Ich habe nur einen Wunsch. Wenn du ihn mir erfüllen kannst, ist es gut, und ich werde sehr glücklich sein.

Schicke mir einfach dreissig Kinder, so dass ich sie in meiner Gefangenschaft unterrichten kann.»

Es heisst, der Sohn habe gesagt, «Mein Vater ist noch immer ein König geblieben, und er kann sein Königreich nicht verwinden. Sogar im Gefängnis braucht er dreissig Kinder, um sie zu belehren».

Seht euch um! Geht in eine Schule! Der Lehrer, der in seinem Stuhl sitzt, hat absolute Macht. Er ist einfach Herr über alles, was dort geschieht. Die Leute wollen Kinder nicht, weil sie sie lieben. Wenn sie sie wirklich liebten, weiss Gott, die Welt wäre völlig anders. Wenn du dein Kind lieben würdest, wäre die Welt völlig anders. Du würdest ihm nicht das Gefühl verleihen, hilflos zu sein, sich hilflos zu fühlen. Du würdest ihm so viel Liebe geben, dass es das Gefühl hätte, mächtig zu sein. Wenn du Liebe gibst, dann wird es niemals Macht fordern. Es wird kein politischer Führer werden; es wird sich nicht den Wahlen stellen. Es wird nicht versuchen, Geld anzuhäufen und verrückt danach werden, da es wissen wird, dass es sich nicht lohnt. Es ist bereits mächtig. Liebe ist genug.

Aber wenn niemand ihm Liebe gibt, dann wird es Ersatzbefriedigung dafür schaffen. All deine Wünsche, ob nun nach Macht oder Geld oder Ansehen, sie alle zeigen, dass dir in deiner Kindheit etwas beigebracht wurde, dass etwas in deinen Bio-Computer eingegeben wurde, und du nun dieser Konditionierung folgst, ohne nach innen zu schauen um zu erkennen, dass alles, wonach du fragst, schon da ist.

Patanjalis ganze Anstrengung zielt dahin, deinen Bio-Computer zum Schweigen zu bringen, so dass er sich nicht einmischt. Genau das bedeutet Meditation. Es bedeutet, deinen Bio-Computer für bestimmte Momente stillzulegen, in einen nicht-geschwätzigen Zustand zu versetzen, so dass du nach innen schauen und deine tiefste Natur hören kannst. Ein einziger Lichtblick wird dich verändern, weil dich dein Bio-Computer dann nicht mehr täuschen kann. Dein Bio-Computer sagt immer wieder, «Tu dies, tu jenes!» Er manipuliert dich fortwährend und erzählt dir, dass du mehr Macht haben musst; sonst bist du niemand.

Wenn du nach innen schaust, ist es nicht nötig, irgendjemand zu sein. Es ist nicht nötig, jemand zu sein. Du bist schon so akzeptiert, wie du bist. Die ganze Existenz nimmt dich an, ist glücklich über dich. Du bist ein Blühen – ein individuelles Blühen, anders als jedes andere – einzigartig! Und Gott heisst dich willkommen; sonst könntest du nicht hier sein. Du bist nur hier, weil du akzeptiert bist. Du bist nur hier, weil Gott dich liebt, weil das Universum dich liebt, weil die Existenz dich braucht. Du wirst gebraucht.

Wenn du einmal deine innerste Natur kennst – Patanjali nennt es *purusha*; *purusha* bedeutet der innere Bewohner – ist nichts anderes mehr nötig. Der Körper ist nur das Haus. Der innere Bewohner, das innewohnende Bewusstsein, ist *purusha*. Wenn du das innewohnende Bewusstsein einmal kennst, brauchst du nichts mehr. Du bist genug – mehr als genug. So wie du bist, bist du vollendet. Du bist absolut angenommen und willkommen. Die Existenz wird zu einer Segnung. Wünsche verschwinden, denn sie waren Teil deiner Selbst-Unkenntnis. Mit Selbst-Erkenntnis lösen sie sich auf; sie werden zu Luft.

Abhyasa – beständige innere Übung, bewusste Bemühung, um immer wacher zu werden, immer mehr sein eigener Meister zu werden, um immer weniger von Gewohnheiten beherrscht zu werden, von mechanischen roboterhaften Mechanismen; und *vairagya* – Wunschlosigkeit: wenn man diese beiden erlangt hat, wird man ein Yogi. Wenn man diese beiden erreicht hat, hat man das Ziel erreicht.

Aber ich wiederhole: mach keinen Kampf daraus. Lass alles, was geschieht immer spontaner sein. Kämpfe nicht mit dem Negativen. Stelle stattdessen das Positive her. Kämpfe nicht mit dem Sex, mit dem Essen, mit irgendetwas. Finde vielmehr heraus, was es ist, das dich glücklich macht, woher es kommt, und bewege dich dann in diese Richtung. Nach und nach verschwinden die Wünsche immer mehr.

Und zweitens: Sei mehr und mehr bewusst. Was auch geschieht, sei mehr und mehr bewusst. Und bleibe in diesem Moment, nimm diesen Moment an. Verlange nichts anderes. Dann erzeugst du kein Elend. Wenn Schmerz da ist, lass ihn da sein. Bleibe dabei und ströme in ihn ein. Die einzige Bedingung ist, wachsam zu bleiben. Wissentlich und aufmerksam gehe hinein, fliesse hinein. Leiste keinen Widerstand!

Wenn der Schmerz verschwindet, verschwindet auch das Verlangen nach Vergnügen. Wenn du keine Qualen ausstehst, verlangst du nicht nach Befriedigung. Wo keine Qual ist, wird Befriedigung bedeutungslos. Mehr und mehr fällst du in den inneren Abgrund. Und er ist so voller Seligkeit, er ist eine so tiefe Ekstase, dass wenn du auch nur einen einzigen Blick davon erhascht hast, die ganze Welt dagegen verblasst. Dann ist alles, was diese Welt dir geben kann, sinnlos.

Aber mach keine Kampfhaltung daraus; du solltest darum kein Krieger werden. Du solltest ein Meditierender werden. Wenn du meditierst, kommt dir alles spontan zu, was dich weiter umwandeln und verändern wird. Fang an zu kämpfen, und du hast mit der Unterdrückung begonnen. Und Unterdrückung bringt dich nur immer tiefer ins Elend. Und täuschen kannst du hier nicht.

Es gibt viele Leute, die nicht nur andere täuschen; sie täuschen sich immer wieder selbst. Sie glauben, dass sie nicht im Elend sind; sie sagen immer wieder, dass sie nicht im Elend sind. Aber ihre ganze Existenz ist jämmerlich. Wenn sie sagen, dass sie nicht im Elend sind, spricht alles – ihr Gesicht, ihre Augen, ihr Herz – nur von Elend.

Ich will euch eine Anekdote erzählen, und dann werde ich zum Ende kommen. Ich habe gehört, dass zwölf Damen einmal ins Fegefeuer kamen. Der diensthabende Engel fragte sie, «War eine von euch ihrem Mann untreu, während sie auf der Erde weilte? Wenn eine ihrem Mann untreu war, so soll sie ihre Hand heben.» Errötend, zögernd erhoben nach und nach elf Damen ihre Hände. Der diensthabende Engel nahm den Telefonhörer ab und wählte; dann sagte er: «Hallo! Ist dort die Hölle? Habt Ihr dort Platz für zwölf untreue Ehefrauen? Und noch was: eine davon ist stocktaub!»

Es spielt keine Rolle, ob du etwas zugibst oder nicht. Dein Gesicht, dein blosses Wesen zeigt alles. Du magst sagen, dass du nicht unglücklich bist, aber die Art, wie du es sagst, die Art, wie du handelst, zeigt, dass du unglücklich bist. Du kannst nicht täuschen, und es hat auch gar keinen Zweck – denn niemand kann einen anderen täuschen: man kann nur sich selbst täuschen.

Denk daran: wenn du unglücklich bist, hast du es alles selbst erzeugt. Lass es tief in dein Herz eindringen, dass du dein eigenes Leiden geschaffen hast; denn dies wird das Rezept sein, der Schlüssel. Wenn du dein Leiden geschaffen hast, dann kannst nur du es zerstören. Wenn jemand anders es geschaffen hat, dann bist du hilflos. Du hast deine Beschwerden geschaffen, also kannst du sie auch beseitigen. Du hast sie geschaffen durch falsche Gewohnheiten, falsche Einstellungen, Bindungen, Wünsche.

Lass dieses Muster fallen! Sieh mit neuen Augen! Dann ist genau dies Leben die höchste Freude, die dem menschlichen Bewusstsein möglich ist.

10
Erkenne dich selbst als die Ursache deines Elends

4. Januar 1974, Bombay, Indien

Wie ist es möglich, dass du unsere Art zu leben, über die du hinausgegangen bist, so genau und in jeder Einzelheit beschrieben hast, während wir darüber in Unkenntnis bleiben? Ist das nicht paradox?

Es sieht paradox aus, ist es aber nicht. Man kann erst verstehen, wenn man darüber hinausgegangen ist. Solange du in einem bestimmten Geisteszustand bist, kannst du diesen Zustand nicht verstehen, weil du so darin verwickelt bist, weil du so damit identifiziert bist. Zum Verstehen ist Raum nötig, ist ein Abstand nötig, und es ist kein Abstand da. Erst wenn du über einen Geisteszustand hinausgegangen bist, wirst du fähig, ihn zu verstehen, weil dann ein Abstand da ist. Dann stehst du abseits, losgelöst davon. Du kannst jetzt hinsehen, ohne identifiziert zu sein. Jetzt ist eine Perspektive da.

Solange du verliebt bist, kannst du die Liebe nicht verstehen. Du magst sie fühlen, aber verstehen kannst du sie nicht. Du steckst zu tief drin, und zum Verstehen ist Abstand, distanzierter Abstand nötig. Um zu Verstehen, musst du ein Beobachter sein. Während du verliebt bist, geht der Beobachter verloren. Du wirst zu einem Handelnden – du bist ein Liebender! Du kannst nicht Zeuge sein. Erst wenn du die Liebe hinter dir hast, wenn du erleuchtet bist und über die Liebe hinausgegangen bist, wirst du fähig sein, sie zu verstehen.

Ein Kind kann nicht verstehen, was Kindheit ist. Wenn die Kindheit verloren ist, kannst du zurückblicken und verstehen. Die Jugend kann nicht verstehen, was Jugend ist. Erst wenn du alt geworden und fähig bist zurückzublicken, mit Abstand, aus der Entfernung, wirst du verstehen können. Was immer verstanden wird, wird nur durch Transzendenz verstanden. Transzendenz ist die Basis allen Verstehens. Darum geschieht es jeden Tag, dass du jemand anderem, der in Schwierigkeiten ist, Ratschläge erteilen kannst, gute Ratschläge, aber wenn du in den gleichen Schwierigkeiten bist, kannst du dir selbst diese guten Ratschläge nicht geben.

Wenn ein anderer in Schwierigkeiten ist, hast du Raum, um hinzusehen, um zu beobachten. Du kannst Zeuge sein; du kannst gute Ratschläge geben. Aber wenn du in den gleichen Schwierigkeiten steckst, kannst du das nicht so leicht. Es geht nur, wenn du selbst dabei Abstand wahren kannst. Es geht nur, wenn du dir das Problem dann selbst so ansehen kannst, als wärst du nicht in dem Problem drin, als wärst du ausserhalb, als stündest du auf einem Hügel und blicktest hinunter.

Jedes Problem kann gelöst werden, wenn du, und sei es nur für einen einzigen Moment, ausserhalb davon bist und es als ein Zeuge betrachten kannst. Zeugesein löst alles auf. Aber solange du tief in irgendeinem Zustand steckst, ist es schwer, ein Zeuge zu sein. Du bist allzu identifiziert. Solange du in Wut bist, wirst du zu Wut. Niemand bleibt zurück, der sehen, betrachten, beobachten, entscheiden kann. Niemand bleibt zurück. Solange du im Sex bist, bist du vollkommen darin eingetaucht. Es gibt dann kein Zentrum mehr, das nicht einbezogen wäre.

In den Upanishaden heisst es, dass ein Mensch, der sich selbst beobachtet, wie ein Baum ist, auf dem zwei Vögel sitzen. Der eine Vogel hüpft, freut sich, isst, singt, und der zweite Vogel sitzt einfach auf dem Baumwipfel und schaut auf den anderen Vogel.

Wenn du ein zuschauendes Selbst haben kannst, das oben bleibt und immerzu auf das Drama unten schaut, wo du der Schauspieler bist, wo du mitspielst, wo du tanzt und springst und singst und redest und denkst und dich verwickeln lässt; wenn da jemand tief in dir immerzu das Drama anschauen kann; wenn du in solch einem Zustand sein kannst, wo du als Schauspieler auf der Bühne spielst und gleichzeitig bei den Zuschauern sitzt und beobachtest; wenn du beides zugleich sein kannst, Schauspieler und Zuschauer – dann hat sich das Zeugesein ereignet. Dieses Zeugesein macht dich fähig zu wissen, zu verstehen – zur Weisheit. Es erscheint also paradox. Wenn du zu Buddha gehst, kann er tief in die Einzelheiten deines Problems eindringen, nicht weil er in dem Problem steckt, sondern gerade weil er nicht in dem Problem steckt. Er kann durch dich hindurchsehen. Er kann sich selbst in deine Lage versetzen und dennoch ein Zeuge bleiben.

Diejenigen, die in der Welt sind, können die Welt nicht verstehen. Nur diejenigen, die darüber hinausgegangen sind, verstehen sie. Darum gehe bei allem, was du verstehen willst, darüber hinaus. Das erscheint paradox. Geh bei allem, was du erkennen willst, darüber hinaus: nur dann kommt es zur Erkenntnis. Wenn du dich in irgendetwas als Insider begibst, magst du viele Informationen sammeln, aber du wirst kein weiser Mensch werden.

Du kannst dies von Moment zu Moment üben. Du kannst beides sein: sei sowohl der Schauspieler als auch das Publikum. Wenn du wütend bist, kannst du die Aufmerksamkeit verlagern, so dass du von der Wut getrennt bist. Das ist eine hohe Kunst. Wenn du es versuchst, wirst du es können. Du kannst umschalten.

Für einen einzigen Moment kannst du wütend sein. Dann löse dich davon und sieh dir die Wut an. Sieh dir dein eigenes Gesicht im Spiegel an. Sieh dir an, was du tust; sieh dir an, was um dich herum geschieht; sieh dir an, was du anderen angetan hast und wie sie reagieren. Sieh einen Moment lang hin, dann sei wieder wütend: gehe in die Wut hinein. Dann werde erneut zu einem Beobachter. Das geht, aber dazu gehört eine sehr tiefgehende Übung.

Versuche es. Während du isst, werde für einen Moment der Essende. Geniesse es; werde die Nahrung; werde zum Essen. Vergiss, dass da jemand ist, der das beobachten kann. Wenn du weit genug hineingegangen bist, dann gehe für einen einzigen Moment davon weg. Iss weiter, aber fange an hinzusehen: da ist das Essen, der Essende, und du stehst darüber und schaust zu.

Bald wird es dir gelingen, und dann kannst du das Getriebe deiner Wahrnehmung vom Schauspieler auf das Publikum umschalten, vom Teilnehmer zum

Zuschauer. Dann wird dir klar, dass durch Teilnahme nichts erkannt wird: nur durch Beobachtung werden die Dinge enthüllt und erkannt. Daher sind alle die, die die Welt verlassen haben, zu Wegweisern geworden. Alle, die darüber hinausgegangen sind, sind zu Meistern geworden.

Freud pflegte seinen Schülern zu sagen, sie sollten losgelöst bleiben. Aber es war sehr schwer für sie, denn Freuds Schüler, die Psychoanalytiker, waren keine Menschen, die transzendiert hatten. Sie lebten in der Welt. Sie waren nur Experten. Aber sogar Freud hatte ihnen nahegelegt, sie sollten, während sie einem Patienten zuhörten, einem der krank war, geisteskrank, losgelöst bleiben. Er empfahl ihnen: «Lasst euch nicht emotional hineinziehen. Wenn ihr euch hineinziehen lasst, dann ist euer Rat nutzlos. Bleibt einfach Beobachter.» Es sieht sogar grausam aus. Jemand weint und jammert, und du fühlst auch mit, weil du ein menschliches Wesen bist. Aber Freud sagte, «Wenn du als Psychiater arbeitest, als Psychoanalytiker, musst du unbetroffen bleiben. Du musst die Person betrachten, als ob sie nur eine Rechenaufgabe wäre. Betrachte sie nicht, als ob sie ein menschliches Wesen wäre. Betrachte sie als menschliches Wesen, und du bist sofort verwickelt, du nimmst Anteil; und dann kannst du keine Ratschläge mehr geben. Dann ist alles, was du sagst, voreingenommen. Dann stehst du nicht mehr ausserhalb.»

Es ist schwer – sehr schwer, darum haben die Freudianer alles mögliche versucht, um das einzuhalten. Die Freud'schen Psychoanalytiker treten dem Patienten nicht direkt gegenüber, denn wenn du einem Menschen ins Gesicht siehst, ist es schwer, unbetroffen zu bleiben. Wenn du einem Menschen in die Augen schaust, dringst du in ihn ein. Darum sitzt der Freud'sche Psychoanalytiker hinter einem Vorhang, und der Patient liegt auf einer Couch.

Auch das ist sehr bedeutsam. Freud erkannte, dass die Möglichkeit, betroffen zu werden, geringer ist, wenn ein Mensch liegt und du sitzt oder stehst und ihn nicht ansiehst. Warum? Ein Mensch, der sich hinlegt, wird einfach zu einer Aufgabe, die ausgearbeitet werden muss – wie wenn er auf einem Operationstisch liegt. Du kannst ihn sezieren. Unter normalen Umständen geschieht dies nie. Wenn du einen Menschen besuchen gehst, wird er nicht mit dir sprechen, während er liegt und du sitzt, ausser er ist ein Patient, ausser er ist im Krankenhaus.

Darum besteht Freud darauf, dass sich der Patient bei der Psychoanalyse auf die Couch legen soll. Dann ist sich der Psychoanalytiker fortwährend bewusst, dass der Mensch ein Patient ist – krank. Man muss ihm helfen. Er ist nicht wirklich eine Person, sondern eine Aufgabe, darum braucht man sich nicht von ihm hineinziehen zu lassen. Und der Psychoanalytiker soll der Person auch nicht gegenüber sitzen: er soll dem Patienten nicht ins Gesicht schauen. Er hört ihm zu, während er sich hinter einem Vorhang verbirgt. Freud sagt auch, dass der Patient nicht berührt werden darf; denn wenn du ihn berührst, wenn du die Hand eines Patienten in deine Hand nimmst, besteht die Möglichkeit, dass du hineingezogen wirst.

Diese Vorsichtsmassnahmen mussten getroffen werden, da Psychoanalytiker keine erleuchteten Menschen sind. Aber wenn du zu einem Buddha gehst, brauchst du dich nicht hinzulegen. Du brauchst nicht hinter einem Vorhang versteckt zu werden. Buddha muss sich nicht ständig klarmachen, dass er sich nicht hineinziehen lassen darf. Er kann sich gar nicht hineinziehen lassen. Was auch geschieht – er bleibt unbetroffen.

Er kann Mitgefühl für dich haben, aber er kann nicht mitleidig sein. Denkt daran und versucht, diesen Unterschied zwischen Mit-leiden und Mit-fühlen zu verstehen. Mitgefühl hat einen höheren Ursprung. Buddha kann andauernd Mitgefühl mit dir haben. Er empfindet mit – dass du in Schwierigkeiten bist – aber er bedauert dich nicht, weil er weiss, dass du wegen deiner Torheit in Schwierigkeiten bist, dass du wegen deiner Dummheit in Schwierigkeiten bist.

Er hat Mitgefühl; er wird auf jede Weise versuchen, dir zu helfen, aus deiner Dummheit herauszukommen. Aber deine Dummheit ist nichts, womit er Mitleid haben wird. Darum wird er in einer Hinsicht sehr warm und in einer Hinsicht sehr kalt sein. Was sein Mitgefühl angeht, wird er sehr warm sein, und was sein Mitleid angeht, wird er sehr kalt sein.

Und gewöhnlich wird man, wenn man zu Buddha geht, das Gefühl haben, dass er kalt ist – weil ihr nicht wisst, was Mitgefühl ist und die Wärme des Mitgefühls nicht kennt. Ihr kennt nur die Wärme des Mitleids, und er ist nicht mitleidig. Er wirkt grausam und kalt. Wenn du weinst und jammerst, wird er nicht mit dir weinen und jammern. Und würde er weinen, dann könnte dir von ihm unmöglich Hilfe kommen. Dann wäre er in derselben Lage wie du. Er kann nicht weinen, aber das wird dich verletzen. Du wirst das Gefühl haben, «Ich weine und jammere, und er sitzt einfach da wie ein Standbild – als ob er nicht gehört hat.» Aber er kann dich nicht bedauern. Mitleid geht von jemand aus, der die gleiche Art von Bewusstsein hat wie ihr, und richtet sich auf einen andern, der auch das gleiche Bewusstsein hat. Mitgefühl kommt aus einer höheren Quelle.

Er kann dich ansehen. Für ihn bist du durchsichtig, vollkommen nackt; und er weiss, warum du leidest. Du bist die Ursache, und er wird versuchen, dir die Ursache zu erklären. Wenn du ihm zuhören kannst, wird dir allein der Akt des Zuhörens sehr viel geholfen haben.

Es wirkt paradox, aber ist es nicht. Buddha hat genauso gelebt wie ihr. Wenn nicht in diesem Leben, dann in irgendwelchen vorhergehenden Leben. Er hat die gleichen Kämpfe hinter sich. Er ist dumm gewesen wie ihr, er hat gelitten wie ihr, er hat gekämpft wie ihr. Viele, viele Leben lang war er auf demselben Pfad. Er kennt die ganze Qual, den ganzen Kampf, den Konflikt, das Elend. Er ist bewusst, bewusster als ihr, denn nun hat er all diese vergangenen Leben vor Augen – nicht nur seine, sondern auch deine. Er hat alle Probleme durchlebt, die ein menschlicher Geist durchleben kann, darum kennt er sie. Aber er hat sie transzendiert; er weiss jetzt also, was ihre Ursachen sind, und er weiss auch, wie sie transzendiert werden können.

Er wird dir auf jede erdenkliche Weise zu begreifen helfen, dass du selbst die Ursache deiner Nöte bist. Das ist sehr hart. Es ist das Schwierigste überhaupt zu begreifen, dass «ich die Ursache meiner Leiden bin». Das trifft tief. Man fühlt sich verletzt. Immer wenn jemand sagt, dass jemand anderes die Ursache ist, fühlst du dich okay. Wer das sagt, der scheint dich zu verstehen. Wenn er sagt, «Du bist ein Leidender, ein Opfer, und andere beuten dich aus, andere richten den Schaden an, andere sind gewalttätig», fühlst du dich wohl. Aber dieses Wohlgefühl wird nicht andauern. Es ist ein momentaner Trost, und gefährlich dazu, und kostet einen sehr hohen Preis, denn jeder, der dich bedauert, hilft den Wurzeln deines Elends.

Diejenigen also, die dir mitleidig entgegentreten, sind in Wirklichkeit deine Feinde, da ihr Mitleid die Ursache deines Elends noch stärken. Die wirkliche Wurzel des Elends wird so bestärkt. Du hast das Gefühl, in Ordnung zu sein, während die ganze Welt Schuld ist – dein Elend kommt von irgendwo anders her!

Wenn du zu einem Buddha gehst, zu einem erleuchteten Menschen, kann er nicht anders als hart sein, weil er dich zwingen wird, der Tatsache ins Auge zu sehen, dass *du* die Ursache bist. Und wenn du einmal zu spüren anfängst, dass du die Ursache deiner Hölle bist, hat die Transformation schon begonnen. In dem Moment, wo du das fühlst, ist die halbe Arbeit schon getan. Du bist schon auf dem Weg. Du hast dich schon in Bewegung gesetzt. Eine grosse Veränderung ist über dich gekommen.

Die Hälfte deiner Leiden wird plötzlich verschwinden, sobald du begreifst, dass du die Ursache bist; denn jetzt kannst du sie nicht mehr unterstützen. Jetzt bist du nicht mehr so dumm, die Wurzeln, die deine Leiden produzieren, zu stärken. Deine Mitarbeit wird zusammenbrechen. Trotzdem werden die Leiden noch für eine Weile andauern, aber nur, weil es alte Gewohnheiten sind.

Mulla Nasrudin musste einmal vor Gericht erscheinen, weil er wieder einmal betrunken auf der Strasse aufgelesen worden war. Der Richter sagte, «Nasrudin, ich erinnere mich, Sie schon so oft wegen des gleichen Vergehens hier gesehen zu haben. Haben Sie irgendeine Erklärung für ihre gewohnheitsmässige Trunkenheit?» Nasrudin sagte, «Natürlich, Euer Ehren, habe ich eine Erklärung für meine gewohnheitsmässige Trunkenheit. Meine Erklärung ist diese: gewohnheitsmässiger Durst.»

Selbst wenn du wach wirst, wird dich das Gewohnheitsmuster zwingen, dich noch für eine Weile in derselben Richtung zu bewegen. Aber das kann sich nicht lange behaupten. Die Energie ist nicht mehr da. Es mag als totes Verhaltensmuster eine Zeitlang fortbestehen, aber nach und nach wird es verblassen. Es braucht tägliche Fütterung, es braucht tägliche Bestärkung. Deine Mitarbeit wird ununterbrochen gebraucht.

Wenn dir einmal bewusst ist, dass du die Ursache deiner Nöte bist, ist deine Mitarbeit schon entfallen. Darum dient alles, was ich euch sage, nur dazu, euch diese Tatsache bewusst zu machen – nämlich, dass ihr, wo ihr auch seid, was ihr auch seid, immer die Ursache seid. Und werdet deswegen nur nicht pessimistisch. Es ist sehr mutmachend! Denn wenn jemand anders die Ursache wäre, dann könnte man nichts machen.

Aus diesem Grund leugnet Mahavir Gott. Mahavir sagt, dass es keinen Gott gibt, denn wenn Gott ist, dann kann nichts geschehen. Dann ist er die Ursache von allem, was also kann «ich» tun? Dann werde ich hilflos. Dann hat er die Welt erschaffen, hat er mich erschaffen. Wenn er der Schöpfer ist, dann kann auch nur er vernichten. Und wenn ich unglücklich bin, ist er verantwortlich, und ich kann nichts tun.

Also sagt Mahavir, wenn Gott ist, dann ist der Mensch hilflos. Darum sagt er, «Ich glaube nicht an Gott». Und sein Grund ist nicht philosophisch; sein

Grund ist sehr psychologisch. Sein Grund ist der, dass du so niemanden für dich verantwortlich machen kannst. Ob Gott existiert oder nicht, darum geht es ihm nicht.

Mahavir sagt, «Ich möchte, dass du begreifst, dass du die Ursache von alledem bist, was du bist, egal was». Und das ist sehr ermutigend. Wenn *du* die Ursache bist, kannst du sie ändern. Wenn du eine Hölle schaffen kannst, kannst du auch einen Himmel schaffen. Du bist der Herr im Haus.

Darum fühlt euch nicht hoffnungslos. Je mehr ihr andere für euer Leben verantwortlich macht, desto mehr seid ihr Sklave. Wer sagt, «Meine Frau macht mich wütend», der ist ein Sklave. Wer sagt, «Der Mann macht Schwierigkeiten», der ist ein Sklave. Selbst wenn dir dein Mann Schwierigkeiten macht, hast du dir diesen Mann ausgesucht. Du wolltest diese Schwierigkeiten, diese Art von Schwierigkeiten. Es ist deine Wahl. Wenn deine Frau dir die Hölle heiss macht, dann vergiss nicht, dass du dir diese Frau ausgesucht hast.

Jemand fragte Mulla Nasrudin, «Wie hast du deine Frau kennengelernt? Wer hat euch bekannt gemacht?» Er sagte, «Es ist einfach so passiert. Ich kann niemandem die Schuld geben.»

Niemand kann irgendjemandem die Schuld geben. Und es passiert nicht einfach so: es ist eine Wahl. Ein bestimmter Typ von Mann wählt einen bestimmten Typ von Frau. Es ist kein Zufall. Er wählt sie aus bestimmten Gründen. Wenn diese Frau stirbt, wird er sich wieder denselben Frauentyp aussuchen. Wenn er sich von dieser Frau scheiden lässt, wird er wieder denselben Frauentyp heiraten.

Ein Mann kann die Frauen noch so oft wechseln, aber solang er sich selbst nicht verändert, kann es keine wirkliche Veränderung geben. Nur die Namen werden ausgetauscht. Ein Mensch trifft eine Wahl. Er mag ein bestimmtes Gesicht; er mag eine bestimmte Nase; er mag bestimmte Augen; er mag ein bestimmtes Verhalten. Das ist eine vielschichtige Sache. Und du magst eine bestimmte Nase mögen, aber eine Nase ist nicht nur eine Nase. In ihr steckt Ärger, steckt Ego, steckt Stille, steckt Frieden, stecken viele Dinge.

Wenn du eine bestimmte Nase magst, magst du damit vielleicht einen Menschen, der dich dazu zwingen kann, wütend zu werden. Ein egoistischer Mensch hat eine andere Art von Nase. Dir mag sie schön erscheinen, aber sie sieht nur schön aus, weil du auf der Suche nach jemand bist, der dir die Hölle bereiten kann. Früher oder später wird die Hölle nachkommen. Vielleicht bist du nicht fähig, das miteinander zu verknüpfen, vielleicht bist du nicht fähig, das miteinander zu verbinden. Das Leben ist kompliziert, und du bist so darin verwickelt, dass du es nicht zusammenringen kannst. Du wirst es erst erkennen können, wenn du darüber hinaus bist.

Es ist genauso, wie wenn du in einem Flugzeug über Bombay wegfliegst. Du kannst ganz Bombay sehen – den ganzen Plan. Aber wenn du in Bombay lebst und auf den Strassen gehst, kannst du nicht den ganzen Plan überblicken. Die in Bombay leben, können den ganzen Plan von Bombay nicht erkennen. Den können nur die erkennen, die darüber wegfliegen. Dann zeigt sich das gesamte Muster. Dann bekommen die Dinge ein System. Transzendenz bedeutet, über menschliche Probleme hinauszugehen. Dann kannst du eindringen und erkennen.

Ich habe in viele, viele Menschen hineingesehen. Bei allem, was sie tun, sind sie sich dessen, was sie tun, nicht bewusst. Es wird ihnen erst bewusst, wenn die Ergebnisse kommen. Sie lassen immer wieder die Saat zur Erde fallen, aber sie tun es nicht bewusst. Erst wenn sie die Früchte ernten müssen, wachen sie auf. Und sie können es nicht miteinander verbinden, dass sie beides sind: die Säenden und die Schnitter.

Wenn du einmal verstanden hast, dass du der Säende bist, hast du dich auf den Weg gemacht. Nun werden viele Dinge möglich. Nun kannst du etwas tun an der Aufgabe, die dein Leben ist. Du kannst es verändern.

Einfach indem du dich selbst veränderst, kannst du es verändern.

Eine Frau kam zu mir. Sie gehört zu einer sehr reichen Familie, einer sehr guten Familie – kultiviert, mit feinen Manieren, gebildet. Sie fragte mich, «Wenn ich anfange zu meditieren, wird das meine Beziehung zu meinem Mann in irgendeiner Weise stören?» Und sie selbst sagte, noch ehe ich antworten konnte, «Ich weiss, es wird sie nicht stören, denn wenn ich besser werde – ruhiger und liebevoller – wie kann das meine Beziehung stören?»

Aber ich erklärte ihr, «Du irrst. Die Beziehung wird gestört werden. Ob du besser oder schlechter wirst, ist irrelevant. Du veränderst dich; der eine Partner verändert sich, und die Beziehung muss dadurch gestört werden. Und das ist das Wunder: wenn du schlecht wirst, wird die Beziehung dadurch nicht sehr gestört. Wenn du gut wirst, besser, dann wird die Beziehung erschüttert; denn wenn der eine Partner fällt und schlecht wird, fühlt sich der andere im Vergleich dazu besser. Das tut dem Ego keinen Abbruch. Vielmehr ist das eine Genugtuung für das Ego.»

Darum fühlt sich eine Ehefrau gut damit, wenn der Mann zu trinken anfängt, weil sie nun zu einem Moralprediger werden kann. Nun kann sie ihn besser beherrschen. Immer wenn er das Haus betritt, betritt er es nun wie ein Verbrecher. Es genügt, dass er trinkt, und alles, was er tut, ist falsch. Das reicht schon, denn jetzt kann die Frau dieses Argument immer wieder von überall her einbringen. Und so wird jetzt alles, was der Mann tut, verurteilt.

Aber wenn ein Mann oder eine Frau meditativ wird, dann gibt es sogar noch tiefere Probleme, weil das Ego des anderen verletzt ist. Einer der beiden ist im Begriff, sich über den anderen zu erheben, und der andere wird auf jede Weise versuchen, es nicht dazu kommen zu lassen. Er legt ihm alle möglichen Steine in den Weg. Und selbst wenn tatsächlich der eine meditativ wird, wird der andere es nicht zu glauben versuchen, dass es passiert ist. Er wird beweisen, dass dem nicht so ist. Er wird immer wieder sagen, «Du hast jahrelang meditiert, und nichts ist dabei herausgekommen. Wozu soll das gut sein? Es ist nutzlos. Du wirst immer noch wütend; du tust immer noch dies und jenes; du bist nach wie vor derselbe.» Der andere wird hartnäckig behaupten, dass nichts passiert ist. Das ist ein Trost für ihn.

Und wenn wirklich etwas passiert ist, wenn die Frau oder der Mann sich wirklich verändert hat, dann kann diese Beziehung nicht weitergehen. Es ist unmöglich, ausser wenn der andere auch bereit ist sich zu ändern. Aber bereit zu sein, sich selbst zu ändern, das ist sehr schwer, weil es das Ego verletzt. Das heisst, dass du so, wie du bist, nicht stimmst. Das heisst: du musst dich ändern.

Also hat niemand das Gefühl, dass er sich je ändern muss. Jeder glaubt, «Die ganze Welt muss sich ändern, nur nicht ich. Ich habe recht, absolut recht, und die Welt irrt sich, weil sie sich nicht nach meinen Vorstellungen richtet.» Um was es allen Buddhas geht, ist sehr einfach: sie wollen euch bewusst machen, dass du selbst, egal wo du bist, egal was du bist, die Ursache bist.

Warum nehmen so viele Menschen, die den Weg des Yoga gehen, eine so kämpferische Haltung ein, ringen mit sich und sind krankhaft daran interessiert, strenge Regeln einzuhalten und gebärden sich wie Krieger? Ist das nötig, um wirklich ein Yogi zu sein?

Es ist absolut unnötig – nicht nur unnötig, sondern legt alle möglichen Hindernisse auf den Weg des Yoga. Eine kriegerhafte Haltung ist das denkbar grösste Hindernis, weil niemand da ist, gegen den man kämpfen könnte. In dir bist du allein. Wenn du dort zu kämpfen anfängst, spaltest du dich selbst.

Das ist die grösste Krankheit: gespalten zu sein, schizophren zu werden. Und der ganze Kampf ist sinnlos, weil er nirgendwo hinführen wird. Niemand kann gewinnen. Du bist auf beiden Seiten. Du kannst höchstens spielen: du kannst Versteck spielen. Manchmal gewinnt A, manchmal gewinnt B; dann wieder A, dann wieder B. Auf diese Art kannst du weitermachen. Manchmal gewinnt das, was du gut nennst. Aber indem du mit dem Schlechten kämpfst, über das Schlechte siegst, wird der gute Teil erschöpft, und der schlechte Teil sammelt Energie. Und so kommt früher oder später der schlechte Teil hoch, und so kann es unbegrenzt weitergehen.

Aber wieso kommt es zu dieser kriegerhaften Haltung? Warum setzt bei den meisten Leuten das Kämpfen ein? In dem Moment, wo sie an Transformation denken, fangen sie an zu kämpfen. Warum? Weil sie nur einen Weg zum Sieg kennen, und der besteht darin, zu kämpfen.

In der Welt draussen, in der äusserlichen Welt, gibt es nur einen Weg, siegreich zu sein, und der besteht darin, zu kämpfen – zu kämpfen und den anderen zu vernichten. Das ist der einzige Weg, um in der äusseren Welt siegreich zu sein. In dieser äusseren Welt habt ihr seit Millionen und Abermillionen von Jahren gelebt, und immer habt ihr gekämpft – manchmal wurdet ihr besiegt, wenn ihr nicht gut gekämpft habt, manchmal wart ihr siegreich, wenn ihr gut gekämpft habt. Deswegen ist daraus ein eingebautes Programm geworden: man muss hart kämpfen! Es gibt nur einen Weg, siegreich zu sein, und zwar durch harten Kampf.

Wenn ihr euch nach innen wendet, nehmt ihr dasselbe Programm mit, weil ihr nur das kennt. Aber in der inneren Welt ist es genau umgekehrt: kämpfe, und du wirst geschlagen – weil niemand da ist, mit dem zu kämpfen wäre. In der inneren Welt ist Loslassen der Weg, um siegreich zu sein, ist Kapitulation der Weg, um siegreich zu sein, ist das freie Fliessenlassen der inneren Natur und nicht das Kämpfen der Weg, um siegreich zu sein. Den Fluss fliessen zu lassen, ohne ihn voranzutreiben, ist der Weg, was die innere Welt anbelangt, aber das ist genau das Gegenteil von dem, was ihr gewöhnt seid. Ihr seid nur mit der äusseren Welt vertraut, darum muss es anfangs zu Kämpfen kommen. Jeder, der nach innen geht, wird die gleichen Waffen mitnehmen, die gleichen Einstellungen, die gleiche Kampfbereitschaft, die gleichen Schutzmechanismen.

Einem Machiavelli geht es um die äussere Welt; einem Laotse, Patanjali und Buddha geht es um die innere Welt. Und sie lehren unterschiedliche Dinge. Machiavelli sagt, Angriff ist die beste Verteidigung. Warte nicht: warte nicht, bis der andere dich angreift, weil du dann bereits auf der Verliererseite bist. Du hast schon verloren, weil der andere angefangen hat. Er hat schon gewonnen, darum ist es immer besser anzugreifen. Warte nicht darauf dich zu verteidigen. Sei immer der Angreifende. Bevor jemand anders dich angreift, greif du ihn an, und kämpfe mit so viel List wie möglich, mit soviel Unehrlichkeit wie möglich. Sei unehrlich, sei listig und aggressiv. Täusche, weil das der einzige Weg ist. Dies sind die Mittel, die Machiavelli vorschlägt. Und Machiavelli ist ein ehrlicher Mensch: deswegen schlägt er genau das vor, was nötig ist.

Aber wenn ihr Laotse, Patanjali oder Buddha fragt, sprechen sie von einer anderen Art von Sieg – dem inneren Sieg. Dort nützt Schlauheit nichts, nützt Aggression nichts, denn wen wolltest du täuschen? Wen wolltest du besiegen? Du allein bist da. In der äusseren Welt bist du niemals allein. Da gibt es die andern, sie sind die Feinde. Aber in der inneren Welt bist du allein da. Es gibt niemand sonst. Es gibt keinen Feind und keinen Freund. Das ist eine vollkommen neue Situation für dich. Du wirst die alten Waffen mitnehmen, aber diese alten Waffen werden der Grund für deine Niederlagen sein. Wenn du darum von der äusseren Welt zu der inneren Welt übergehst, lass alles zurück, was du von aussen gelernt hast. Es wird dir nicht helfen.

Jemand fragte Ramana Maharshi, «Was soll ich lernen, um still zu werden, um mein Selbst kennenzulernen?» Es heisst, dass Ramana Maharshi gesagt hat, «Um das innere Selbst zu erreichen, brauchst du nichts zu lernen. Du musst verlernen; Lernen wird dir nichts bringen. Das hilft dir nur, nach aussen zu gehen. Was dir helfen wird, ist Verlernen.»

Was immer du gelernt hast, verlerne es, vergiss es, lass es fallen. Gehe unwissend nach innen, wie ein Kind – nicht mit List und Tücke, sondern mit kindlichem Vertrauen und Unschuld: Denke nicht wie gewohnt, dass jemand dich angreifen wird. Es ist niemand da, darum fühle dich nicht unsicher und triff keine Verteidigungsmassnahmen. Bleibe verwundbar, empfänglich, offen. Das ist es, was *shradda*, Vertrauen bedeutet.

Zweifel ist in der äusseren Welt möglich, weil der andere da ist. Er mag vorhaben, dich zu täuschen, darum musst du zweifeln und skeptisch sein. Aber innerlich ist kein Zweifel, keine Skepsis möglich. Niemand ist da, dich zu täuschen. Da kannst du genau so bleiben, wie du bist.

Jeder schleppt diese kriegerhafte Haltung nach innen mit, aber sie wird nicht gebraucht. Sie ist ein Hindernis – das grösste Hindernis. Lasst sie draussen. Und ihr könnt euch grundsätzlich merken, dass alles, was draussen nötig ist, im Drinnen zu einem Hindernis wird. Ich sage *alles*, ohne Einschränkung. Im Innern muss man genau das Gegenteil anwenden.

Wenn im Äusseren der Zweifel bei der wissenschaftlichen Forschung hilft, dann hilft im Innern Vertrauen bei der religiösen Suche. Wenn Aggressivität in der Welt der Macht, des Ruhms, der anderen hilft, dann hilft Nicht-Aggressivität im Innern. Wenn ein Listiger, berechnender Verstand in der äusseren Welt hilft, dann hilft in der inneren Welt ein unschuldiger, absichtsloser, kindlicher Geist.

Denkt daran: genau das Gegenteil dessen, was in der äusseren Welt hilft, wird im Innern helfen. Lest also Machiavellis *Der Fürst*. Das ist die Methode, um den äusseren Sieg davonzutragen. Dann tut einfach das genaue Gegenteil von Machiavellis *Der Fürst*, und ihr kommt innen ans Ziel. Stellt Machiavelli einfach auf den Kopf, und er wird zu Laotse. Bringt ihn einfach in *shirshasan* – in den Kopfstand. Ein auf dem Kopf stehender Machiavelli wird zu Patanjali.

Lest darum *Der Fürst*: es ist schön – die denkbar klarste Aussage darüber, wie man den äusseren Sieg erringt. Dann lest Laotses *Tao Teh Ching*, oder Patanjalis *Yoga Sutras*, oder Buddhas *Dhammapada* oder Jesus' Bergpredigt. Sie sind genau das Entgegengesetzte, genau die Umkehrung, genau das Gegenteil.

Jesus sagt, «Selig sind die, die arm im Geiste sind, denn ihnen wird die Erde gehören» – diejenigen, die arm im Geiste sind, sind unschuldig, schwach, in keiner Weise stark. Er sagt, «Selig sind die Armen, denn sie werden in das Königreich meines Vaters eingehen!» Und Jesus macht ganz klar, dass er «arm im Geist» meint. Sie nehmen nichts in Anspruch. Sie können nicht sagen, «Ich habe dies». Sie besitzen nichts – weder Wissen, Reichtum, Macht noch Ansehen. Sie besitzen nichts, sie sind arm. Sie können nicht behaupten, «Dies ist mein».

Wir behaupten immer wieder, «Dies gehört mir, jenes gehört mir». Je mehr wir in Anspruch nehmen können, desto mehr haben wir das Gefühl, »Ich bin». In der äusseren Welt bist du um so mehr, je grösser der Umfang deines geistigen Reiches ist. In der inneren Welt bist du um so grösser, je geringer der Umfang deines geistigen Reiches ist. Und wenn das Reich deines Geistes vollkommen verschwunden ist und du eine Null geworden bist, dann – ja, dann bist du der Grösste. Dann bist du siegreich. Dann hat sich der Sieg ereignet.

Dieses Bewusstsein voll kriegerischer Haltungen – Ringen, Kampf, krankhaftes Interesse an strikten Regeln, Vorschriften, Absichten, Plänen – nehmt ihr nach innen mit, weil ihr nur das gelernt habt und sonst nichts. Daher ist ein Meister erforderlich. Sonst würdet ihr es immer weiter mit euren Methoden versuchen, die in der inneren Welt vollkommen absurd sind.

Daher die Notwendigkeit der Initiation. Initiation

setzt jemanden voraus, der euch einen Weg zeigen kann, den ihr noch nie begangen habt, jemanden, der euch durch seine Person eine Ahnung von einer Welt geben kann, von einer Dimension, die euch absolut unbekannt ist. Ihr seid nahezu blind dafür. Ihr könnt sie nicht sehen, denn die Augen können nur das sehen, was sie jeweils zu sehen gelernt haben.

Wenn du hierher kommst, und du bist ein Schneider, dann schaust du nicht auf die Gesichter, du schaust auf die Kleider. Gesichter sagen dir nicht viel, aber bloss indem du dir das Kleid anschaust, weisst du, wen du vor dir hast. Ihr kennt nur immer eine bestimmte Sprache.

Wenn du ein Schuster bist, brauchst du nicht einmal auf das Kleid zu schauen. Die Schuhe reichen aus. Ein Schuster braucht einfach immer nur auf den Bürgersteig zu sehen, und er weiss, wer vorbei geht – ob der Mensch ein grosser Führer ist oder nicht. Nur indem er sich die Schuhe ansieht, kann er sagen, ob jemand ein Künstler ist, ein Bohemien, ein Hippie, ein Reicher, ob er kultiviert ist, gebildet, ungebildet, ob er vom Dorf kommt, oder wer er ist. Er weiss es nur dadurch, dass er sich die Schuhe ansieht, denn die Schuhe geben alle Auskünfte. Ein Schuster kennt diese Sprache. Wenn ein Mensch im Leben obenauf ist, haben seine Schuhe einen anderen Glanz. Wenn er im Leben untendurch ist, sehen seine Schuhe geschlagen aus. Dann ist der Schuh traurig, nicht gepflegt. Und der Schuster weiss es. Er braucht nicht auf dein Gesicht zu sehen. Der Schuh wird ihm alles erzählen, was er wissen will.

Wir lernen etwas, und dann nageln wir uns darauf fest. Dann ist das alles, was wir sehen. Ihr habt etwas gelernt, und ihr habt viele Leben damit vergeudet, es zu lernen. Nun ist es tief verwurzelt, eingeprägt. Es ist Teil eurer Gehirnzellen geworden. Aber wenn ihr nach innen geht, ist da nur Dunkelheit – nichts. Ihr könnt nichts sehen. Die ganze euch bekannte Welt verschwindet.

Es ist genauso, als ob du eine Sprache kennst, und wirst dann plötzlich in ein Land gebracht, wo niemand deine Sprache versteht und du niemandes Sprache verstehen kannst. Die Leute reden und schwatzen, und du hast das Gefühl, dass sie einfach verrückt sind. Für dich ist es so, als redeten sie lauter Kauderwelsch, und es wirkt wie blosser Lärm, da du nicht verstehen kannst. Sie scheinen zu laut zu sprechen. Aber wenn du es verstehen kannst, ändert sich die ganze Sache. Du wirst Teil davon. Dann ist es kein Kauderwelsch mehr. Es wird sinnvoll.

Wenn du das Innere betrittst, kennst du nur die Sprache des Äusseren, darum ist im Inneren nur Dunkelheit. Deine Augen können nicht sehen; deine Ohren können nicht hören; deine Hände können nicht fühlen. Du brauchst jemanden – jemanden, der dich einweiht, der deine Hand in seine Hand nimmt und dich auf diesen unbekannten Weg schiebt, bis du vertraut wirst, bis du zu fühlen anfängst, bis du dir des Lichts, des Sinns, der Bedeutung um dich herum bewusst wirst.

Wenn du einmal die erste Einweihung hast, werden die Dinge anfangen von selbst zu passieren. Aber die erste Einweihung ist eine schwierige Angelegenheit, weil dies eine ziemliche Kehrtwende ist – eine totale Kehrtwende. Auf einmal löst sich deine Welt der Bedeutungen auf. Du bist in einer fremden Welt. Du verstehst nichts – wo du hingehen sollst, was du tun sollst, und was du aus diesem Chaos machen sollst. Ein Meister bedeutet nichts weiter als jemand, der sich auskennt. Und dieses Chaos, dieses innere Chaos, ist kein Chaos für ihn: es ist eine Ordnung daraus geworden, ein Kosmos, und er kann dich in ihn einführen.

Einweihung bedeutet, durch die Augen eines anderen in die innere Welt hineinzusehen. Aber ohne Vertrauen ist es unmöglich, weil du nicht zulassen wirst, dass man dich bei der Hand nimmt; du wirst niemandem erlauben, dich ins Unbekannte zu führen. Und der Meister kann dir keinerlei Garantie geben. Eine Garantie hätte keinerlei Zweck. Alles, was er sagt, musst du auf Treu und Glauben annehmen.

In den alten Tagen, als Patanjali seine Sutras schrieb,

war Vertrauen sehr leicht, besonders im Osten und vor allem in Indien, weil schon in der äusseren Welt eine Einweihungssitte vorhanden war. Handwerkszweige, gelehrte Berufe z..B. wurden innerhalb der Familien vererbt. Ein Vater pflegte sein Kind in einen Beruf einzuweihen, und ein Kind glaubt natürlicherweise an seinen Vater. Wenn der Vater ein Landwirt und ein Bauer war, nahm er das Kind mit auf den Hof und führte es in die Landwirtschaft ein. Gleich welches Gewerbe, welches Geschäft er betrieb, er weihte das Kind ein.

Im Osten gab es also auch in der äusseren Welt Einweihung. Alles geschah traditionsgemäss durch Einweihung. Jemand, der Bescheid wusste, führte dich. Das half sehr, weil man so bereits mit der Einweihung vertraut war, mit der Sitte, dass jemand dich führte. Wenn dann die Zeit für die innere Einweihung kam, konnte man vertrauen.

Shraddha – Vertrauen, Glaube – war leichter in einer Welt, die nicht-technologisch war. Eine technologische Welt erfordert List, Berechnung, Mathematik, Gewitztheit – nicht Unschuld. In einer technologischen Welt machst du dich lächerlich, wenn du unschuldig bist, aber wenn du gerissen bist, wirkst du klug und intelligent. Unsere Universitäten tun nichts anderes als dies: sie machen euch klever, gewitzt und berechnend. Je mehr Kalkül und List du hast, desto erfolgreicher wirst du in der Welt sein.

In der Vergangenheit war im Osten das genaue Gegenteil der Fall. Wenn du berechnend warst, war es sogar in der äusseren Welt unmöglich für dich, Erfolg zu haben. Nur Unschuld wurde akzeptiert. Die Technik wurde nicht zu hoch bewertet, aber innere Qualität wurde sehr hoch bewertet.

Wenn jemand klever war und einen besseren Schuh machte, ging früher im Osten niemand zu ihm. Sie gingen zu einem Menschen, der unschuldig war. Vielleicht machte er nicht so gute Schuhe, aber sie gingen zu dem Menschen der unschuldig war, denn ein Schuh ist mehr als nur ein Gegenstand. Er enthält die Qualität des Menschen, der ihn gemacht hat. Wenn da also ein gerissener und schlauer Techniker war, wollte niemand zu ihm hingehen. Er hatte zu leiden; er war ein Versager. Aber wenn ein Mensch von Qualität war, ein unschuldiges Gemüt, dann gingen die Leute zu ihm hin. Selbst wenn seine Waren schlechter waren, werteten die Leute seine Sachen höher.

Kabir war ein Weber und er blieb ein Weber. Selbst nachdem er die Erleuchtung erlangt hatte, fuhr er fort zu weben. Und er war in solcher Ekstase, so ekstatisch, dass seine Weberei nicht sehr gut sein konnte. Er sang und tanzte und webte! Er machte viele Fehler und viele Irrtümer, aber seine Waren wurden geschätzt, hochgeschätzt.

Viele Leute warteten nur darauf, dass Kabir etwas brachte. Es war nicht nur eine Ware, ein Gebrauchsgegenstand; es war von Kabir! Die Sache selbst hatte schon eine innewohnende Qualität. Sie war von Kabirs Händen. Kabir hatte sie berührt, und Kabir hatte, während er sie webte, um sie herum getanzt. Und er war ständig des Göttlichen eingedenk, und so war, was er brachte – ob Tuch oder Kleid oder was es auch war – geweiht, heilig geworden. Die Quantität war nicht das Wesentliche: die Qualität war es. Das Technische war zweitrangig; das Wichtigste war die menschliche Seite.

Und so war es im Osten sogar in der äusseren Welt gelungen, ein Muster herzustellen, das Menschen helfen konnte, wenn sie sich nach innen wandten, so dass man nicht vollkommen unvertraut mit dieser Welt war. Es gab etwas, das man kannte – ein paar Anhaltspunkte, etwas Licht zur Hand. Man brauchte sich nicht in völlige Dunkelheit zu begeben.

Und dieses Vertrauen in äussere Beziehungen war überall. Ein Ehemann konnte nicht glauben, dass seine Frau untreu sein konnte. Es war praktisch ausgeschlossen. Und wenn der Mann starb, starb die Frau immer mit ihm, weil sie alles im Leben miteinander geteilt hatten. Nach seinem Tod war es sinnlos, ohne jemanden zu leben, mit dem man sein ganzes Leben geteilt hatte.

Dies Phänomen artete später hässlich aus, aber am Anfang gehörte es zu den schönsten Dingen, die je auf Erden passiert sind. Man liebte jemanden, und er war verschwunden, darum löste man sich am liebten mit ihm auf. Ohne ihn zu sein war schlimmer als der Tod. Der Tod war besser – er war es wert. Derart war das Vertrauen, das auch zu den äusseren Dingen bestand. Die Beziehung zwischen Frau und Mann ist eine äussere Angelegenheit. Die ganze Gesellschaft war auf Vertrauen, Treue und authentisches Teilen aufgebaut, und das war hilfreich. Wenn die Zeit kam, sich nach innen zu kehren, konnten alle diese Dinge einem Menschen ganz leicht helfen, eingeweiht zu werden – jemandem zu vertrauen, sich hinzugeben.

Kampf, Ringen, Aggressivität sind Hindernisse. Nehmt sie nicht mit. Wenn du dich nach innen begibst, lass sie an der Türschwelle zurück. Wenn du sie mitnimmst, wirst du den inneren Tempel verfehlen; du wirst ihn niemals erreichen. Mit diesen Dingen kannst du nicht nach innen gehen.

Genügt nicht schon vairagya – Nicht-Verhaftung oder Wunschlosigkeit –, um sich von der weltlichen Knechtschaft zu befreien? Wozu ist dann noch die yogische Disziplin – abhyasa – gut? Zu Bemühung und Tun?

Vairagya genügt, Wunschlosigkeit genügt. Dann wird keine Disziplin gebraucht. Aber wo ist denn diese Wunschlosigkeit? Sie ist nicht da. Um sie zu fördern, ist Disziplin nötig. Disziplin ist nur deshalb nötig, weil diese Wunschlosigkeit noch nicht ganz und gar in euch vorhanden ist.

Wenn Wunschlosigkeit da ist, dann braucht man ohne Frage nichts mehr zu üben: es ist keine Disziplin nötig. Du würdest dann nicht herkommen, um mir zuzuhören; du würdest nicht hergehen und Patanjalis Sutras lesen. Sobald die Wunschlosigkeit vollkommen ist, ist Patanjali nutzlos. Warum deine Zeit mit Patanjalis Sutras verschwenden? Dann bin ich nutzlos, warum also zu mir kommen?

Du bist auf der Suche nach einer Disziplin. Du suchst umher nach irgendeiner Disziplin, die dich verwandeln wird. Du bist ein Schüler, und «Schüler» bedeutet ein Mensch, der auf der Suche nach einer Schulung ist. Und betrüg dich nicht selbst. Selbst wenn du zu Krishnamurti gehst, bist du auf der Suche nach einer Disziplin – denn jemand, der sie nicht braucht, geht nicht hin. Auch wenn Krishnamurti selbst sagt, dass niemand ein Schüler zu sein braucht und dass keine Schulung nötig ist, warum geht man hin? Diese seine Worte werden dir zur Disziplin; du wirst ein Schema um sie herrichten und anfangen, dich nach diesem Schema zu richten.

Die Wunschlosigkeit ist nicht da, darum leidest du. Und niemand leidet gern; jeder möchte gern das Leiden hinter sich lassen. Wie kann man darüber hinausgehen? Genau da wird dir Disziplin helfen; Disziplin ist nur ein Mittel, um dich für den Sprung bereitzumachen – für den Sprung in die Wunschlosigkeit. Disziplin ist ein Training.

Du bist noch nicht bereit. Du hast einen sehr groben Mechanismus. Dein Körper und dein Verstand, sie sind grob. Sie können das Feine noch nicht aufnehmen. Du bist nicht darauf eingestimmt. Um das Feine zu empfangen, wirst du eingestimmt sein müssen. Deine Grobheit wird verschwinden müssen. Denke daran: um das Feine zu empfangen, wirst du feinfühlig werden müssen. So wie du bist, magst du vom Göttlichen umgeben sein, aber du kannst nicht mit ihm in Berührung kommen.

Es ist genauso wie mit einem Radio, das hier in diesem Zimmer sein mag, aber nicht funktioniert. Einige Drähte sind falsch verbunden oder unvollständig, oder irgendein Kabel fehlt. Das Radio ist hier, die

Funkwellen ziehen ununterbrochen vorbei, aber das Radio ist nicht betriebsfähig. Es kann nicht empfangen.

Du bist genau wie ein Radio, das in keinem betriebsfähigen Zustand ist. Vieles fehlt, vieles ist falsch zusammengefügt. «Disziplin» bedeutet, dein Radio betriebsfähig zu machen, empfangsbereit, eingestimmt. Die göttlichen Wellen sind überall um dich herum. Wenn du erst einmal eingestimmt bist, werden sie manifest. Sie können nur durch dich konkret werden, und du kannst sie nicht eher kennen, als bis sie durch dich konkret werden. Sie mögen durch mich zu Tage getreten sein, sie mögen durch Krishnamurti oder jemand anderen zu Tage getreten sein, aber das kann noch nicht deine Transformation sein.

Du kannst nicht wirklich wissen, was in einem Krishnamurti, in einem Gurdjieff vor sich geht – was im Innern vor sich geht, was ihre Eingestimmtheit ausmacht, wie ihr Mechanismus so subtil geworden ist, dass er die subtilste Botschaft des Universums empfängt, und wie die Existenz sich selbst durch ihn offenbart.

Disziplin bedeutet, deinen Mechanismus zu verändern, ihn einzustimmen, ihn zu einem tauglichen Hilfsmittel zu machen, so dass er ausdrucksfähig und empfänglich sein kann. Manchmal kann dies auch zufällig, ohne Disziplin, geschehen. Das Radio kann vom Tisch fallen. Nur durch das Fallen, nur durch Zufall, werden vielleicht einige Drähte verbunden oder getrennt. Nur durch das Fallen wird vielleicht ein Sender eingeschaltet. Dann wird es anfangen, etwas von sich zu geben, aber es wird chaotisch sein. Manchmal haben Leute durch Zufall das Göttliche erkannt, das Göttliche empfunden. Aber dann werden sie wahnsinnig, da sie nicht darauf vorbereitet wurden, etwas so Gewaltiges zu empfangen. Sie sind nicht bereit. Sie sind so klein – und ein so riesiger Ozean bricht in sie ein. Das ist vorgekommen. In der Schule der Sufis nennt man solche Menschen Gotteswahnsinnige: man nennt sie *masts*.

Viele Menschen, manchmal ohne Vorbereitung, werden durch irgendeinen Zufall, durch irgendeinen Meister, durch die Gnade irgendeines Meisters oder nur durch die Gegenwart irgendeines Meisters, eingestimmt. Ihr ganzer Mechanismus ist noch nicht soweit, aber ein Teil fängt an zu funktionieren. Dann sind sie durcheinander. Dann habt ihr das Gefühl, dass sie wahnsinnig sind, weil sie anfangen, scheinbar unzusammenhängendes Zeug zu reden. Sie selbst mögen das Gefühl haben, dass das alles unzusammenhängend ist, aber sie können nichts dagegen tun. Irgendetwas in ihnen ist in Gang gekommen; sie können es nicht anhalten.

Sie empfinden ein gewisses Glück. Darum werden sie *masts* genannt – die Glücklichen. Aber sie sind nicht wie Buddha; sie sind nicht erleuchtet. Und man sagt, dass für die *masts*, für diese Glücklichen, die wahnsinnig geworden sind, ein sehr grosser Meister erforderlich ist, weil sie nun nichts mehr von sich aus tun können. Sie sind einfach verwirrt – glücklich dabei, aber völlig durcheinander. Nun können sie selbst nichts mehr machen.

In den alten Tagen pflegten grosse Sufimeister durch die ganze Welt zu ziehen. Immer wenn sie irgendwo von einem *mast* hörten, von einem Wahnsinnigen irgendwo, gingen sie hin und halfen demjenigen, in Einklang zu kommen.

Noch in diesem Jahrhundert hat Meher Baba dies Werk vollbracht – ein grossartiges Werk dieser Art, ein einmaliges Werk. Ununterbrochen reiste er viele Jahre lang durch ganz Indien, und die Plätze, die er besuchte, waren Irrenhäuser, denn in Irrenhäusern leben viele *masts*. Aber ihr könnt keine Unterscheidung treffen zwischen einem, der wahnsinnig ist, und einem, der ein *mast* ist. Beide sind sie wahnsinnig, aber wer ist nun wirklich wahnsinnig, und wer ist nur aus einem göttlichen Zufall wahnsinnig – aufgrund irgendeiner zufällig passierten Einstimmung? Man kann keinen Unterschied feststellen.

Es gibt in den Irrenhäusern viele *masts*, und so reiste

Meher Baba herum, und er wohnte dann in Irrenhäusern. Er half aus und bediente die *masts* – die Wahnsinnigen. Und viele von ihnen kamen aus ihrem Wahnsinn heraus und traten ihre Reise in Richtung Erleuchtung an.

Im Westen gibt es viele Leute in Irrenhäusern, Irrenanstalten, viele, die keine psychiatrische Hilfe brauchen, da Psychiater sie nur wieder normal machen können. Sie brauchen Hilfe von einem, der erleuchtet ist, nicht von einem Psychiater; denn sie sind nicht krank. Oder, wenn sie krank sind, so leiden sie an einer göttlichen Krankheit. Und gemessen an dieser Krankheit ist eure Gesundheit nichts. Diese Krankheit ist besser – sie ist es wert, eure ganze Gesundheit dafür zu verlieren. Aber dann ist Disziplin erforderlich.

In Indien ist diese Erscheinung nicht so weit verbreitet wie in den mohammedanischen Ländern. Aus diesem Grund haben die Sufis besondere Methoden, um diesen *mast*-Leuten – den Gotteswahnsinnigen – zu helfen.

Aber Patanjali hat ein so genau durchdachtes System ausgearbeitet, dass es zu gar keinen Unfällen kommen muss. Seine Disziplin ist so wissenschaftlich, dass man zur Buddhaschaft gelangen wird, ohne unterwegs wahnsinnig zu werden, wenn man dieser Disziplin folgt. Es ist ein vollständiges System.

Der Sufismus ist noch immer kein vollständiges System. Viele Dinge fehlen darin, und sie fehlen wegen der starrsinnigen Haltung der Mohammedaner. Sie wollen nicht zulassen, dass er sich bis zu seinem Gipfel, seinem Höhepunkt entfaltet. Und das Sufi-System muss sich den Vorschriften der islamischen Religion unterwerfen. Aufgrund der Struktur des Islam konnte sich das Sufi-System nicht weiterentwickeln und vollständig werden.

Patanjali richtet sich nach keiner Religion: er richtet sich nur nach der Wahrheit. Er schliesst keinerlei Kompromiss mit dem Hinduismus oder Mohammedanismus oder sonst irgendeinem Ismus. Er folgt ganz der wissenschaftlichen Wahrheit. Die Sufis mussten einen Kompromiss schliessen. Sie mussten es einiger Sufis wegen, die den Versuch machten, keinerlei Kompromiss einzugehen. Bayazid von Bistham oder Al Hillaj Mansoor zum Beispiel: sie gingen keinen Kompromiss ein, und dann wurden sie umgebracht, sie wurden ermordet.

Deswegen gingen die Sufis in den Untergrund. Sie hielten ihre Wissenschaft vollkommen geheim, und sie liessen nur zu, dass Teilstücke bekannt wurden – nur solche Fragmente, die mit dem Islam und seinem Koran übereinstimmen. Alle anderen Aspekte wurden geheim gehalten. Darum ist nicht das ganze System bekannt; es funktioniert nicht. Und weil es nur Bruchstücke sind, werden viele Leute wahnsinnig.

Patanjalis System ist vollständig, und Disziplin ist nötig. Bevor du dich in die unbekannte Welt des Innern begibst, ist eine tiefgehende Disziplin nötig, so dass kein Unfall möglich ist. Wenn du jedoch ohne Disziplin vorgehst, dann kann vieles passieren.

Vairagya ist genug, aber das wahre *vairagya* ist in deinem Herzen noch nicht vorhanden. Wenn es da wäre, gäbe es gar keine Fragen. Dann mache Patanjalis Buch zu und verbrenne es. Du brauchst es absolut nicht. Aber das wahre *vairagya* ist nicht da. Und es ist besser, Schritt für Schritt einem disziplinierten Weg zu folgen, damit du nicht Opfer irgendeines Unfalls wirst. Andernfalls kommt es zu Unfällen, die Möglichkeit besteht.

Viele Systeme funktionieren auf der Welt, aber es gibt kein System, das so perfekt ist wie Patanjalis, weil kein Land seit so langer Zeit Erfahrungen gesammelt hat. Und Patanjali ist nicht der Urheber dieses Systems. Er ist nur der Systematisierer. Die Technik wurde Tausende von Jahren vor Patanjali entwickelt. Viele Leute arbeiteten daran. Patanjali hat nur die Essenz von Tausenden Jahren Arbeit wiedergegeben.

Aber er hat es auf eine solche Weise getan, dass ihr euch sicher bewegen könnt. Nur weil man nach innen geht, darf man ja nicht glauben, in eine sichere Welt zu gehen. Sie kann unsicher sein. Sie ist sogar gefährlich, und man kann in ihr verloren gehen. Und wenn du in ihr verloren bist, wirst du wahnsinnig sein. Aus diesem Grund sind Lehrer wie Krishnamurti, die darauf beharren, dass kein Lehrer nötig sei, gefährlich, denn uneingeweihte Leute können deren Standpunkt übernehmen und fangen vielleicht an, auf eigene Faust zu arbeiten.

Merke dir: selbst wenn deine Armbanduhr falsch ist, hast du die Tendenz und die Neugierde – denn sie kommt von den Affen – sie zu öffnen und etwas zu tun. Es ist schwer, dem zu widerstehen. Du kannst nicht glauben, dass du nichts davon verstehst. Du magst der Besitzer sein, aber allein die Tatsache, dass du der Besitzer einer Uhr bist, bedeutet nicht, dass du irgendetwas darüber weisst. Öffne sie nicht! Es ist besser, sie zu der richtigen Person zu bringen, die etwas von diesen Dingen versteht. Und eine Uhr ist ein einfacher Mechanismus, während der Geist ein höchst komplizierter Mechanismus ist. Darum öffne ihn niemals auf eigene Faust, denn was immer du tust, wird verkehrt sein.

Manchmal passiert es, dass deine Uhr falsch ging und du sie geschüttelt hast, und sie wieder ging. Aber das ist keine Wissenschaft. Manchmal passiert es, dass du etwas tust, und das Glück, der Zufall will es, dass du spürst, wie etwas geschieht. Aber du bist darum kein Meister geworden. Und wenn es einmal passiert ist, probiere es nicht wieder, denn das nächste Mal, wenn du deine Uhr schüttelst, bleibt sie vielleicht endgültig stehen. Das ist keine Wissenschaft.

Geh nicht zufällig vor. Disziplin ist nur eine Vorsichtsmaßnahme: geh nicht zufällig vor! Geh mit einem Meister vor, der weiss, was er tut, der weiss, wenn etwas falsch läuft, und der dich auf den richtigen Weg bringen kann – ein Meister, der sich in deiner Vergangenheit auskennt und der sich auch deiner Zukunft bewusst ist, der deine Vergangenheit und Zukunft zusammenfügen kann.

Daher legen indische Lehrsysteme soviel Wert auf

Meister. Sie wussten Bescheid und sie meinten, was sie sagten – denn es gibt keinen Mechanismus, der so kompliziert ist wie der menschliche Geist. Kein Computer ist so kompliziert wie der menschliche Geist.

Der Mensch war noch nicht in der Lage, irgendetwas, das sich dem Mechanismus von Geist und Psyche vergleichen liesse, zu entwickeln, und ich glaube nicht, dass er es je entwickeln wird. Wer sollte es entwickeln? Wenn der menschliche Geist etwas entwickeln kann, wird es immer niedriger und geringer sein als der Geist, der es erschuf. Wenigstens eines ist gewiss – was auch immer der Mensch mit seinem Geist erschafft, dieses Erschaffene kann nicht den menschlichen Geist erschaffen. Deswegen bleibt der menschliche Geist der überlegenste, komplizierteste Mechanismus überhaupt.

Tut nichts nur aus Neugierde oder nur weil andere es tun. Lasst euch einweihen, und geht mit jemandem, der den Weg gut kennt. Sonst kann Wahnsinn das Ergebnis sein. Es ist schon früher passiert, und vielen Leuten passiert es gerade jetzt.

Patanjali glaubt nicht an Zufälle. Er glaubt an eine wissenschaftliche Ordnung. Aus diesem Grund geht er Schritt für Schritt vor. Und er macht diese beiden zur Grundbedingung: *vairagya*, Wunschlosigkeit, und *abhyasa*, beständige, bewusste innere Übung. *Abhyasa* ist das Mittel, und *vairagya* ist das Ziel. Wunschlosigkeit ist das Ziel, und beständige, bewusste innere Übung ist das Mittel.

Aber das Ziel fängt genau am Anfang an, und das Ende ist im Anfang verborgen. Der Baum ist im Samenkorn verborgen, darum schliesst der Anfang das Ende ein.

Aus diesem Grund sagt Patanjali, dass Wunschlosigkeit auch schon am Anfang nötig ist. Der Anfang hat das Ende in sich, und das Ende wird auch den Anfang in sich haben.

Sogar wenn sich ein Meister vollendet hat, ganz geworden ist, fährt er mit seinen Übungen fort. Das mag euch absurd vorkommen. Ihr müsst üben, weil ihr am Anfang seid und das Ziel noch nicht erreicht habt; aber selbst wenn das Ziel erreicht ist, geht die Übung weiter. Sie wird jetzt spontan, aber sie geht weiter. Sie hört nie auf. Das geht nicht, da Ende und Anfang nicht zweierlei sind. Wenn der Baum im Samenkorn ist, dann wird das Samenkorn wieder im Baum zum Vorschein kommen.

Jemand fragte Buddha – einer von seinen Anhängern, Purnakashyap fragte: «Wir sehen, Bhante, dass du immer noch eine bestimmte Disziplin befolgst.»

Buddha hielt sich immer noch an eine bestimmte Disziplin. Er geht auf eine ganz bestimmte Art: alles scheint diszipliniert zu sein.

Darum sagte Purnakashyap, «Du bist erleuchtet worden, aber wir haben das Gefühl, dass du immer noch eine bestimmte Disziplin hast». Buddha sagte, «Sie ist so in Fleisch und Blut übergegangen, dass ich ihr nun nicht mehr folge. Sie folgt mir. Sie ist mir zum Schatten geworden. Ich brauche nicht daran zu denken. Sie ist da – immer da. Sie ist zu einem Schatten geworden».

Und so ist das Ende im Anfang, und der Anfang wird auch im Ende sein. Sie sind nicht zweierlei, sondern die zwei Pole ein und derselben Erscheinung.

Englische Bücher von Bhagwan Shree Rajneesh

THE BAULS

The Beloved (Vol. 1,2)

BUDDHA

The Book of the Books (Vol. 1,2)
the Dhammapada
The Diamond Sutra
the Vajrachchedika Prajnaparamita Sutra
The Discipline of Transcendence (Vol. 1,2,3,4)
the Sutra of 42 Chapters
The Heart Sutra
the Prajnaparamita Hridayam Sutra

BUDDHIST MASTERS

The White Lotus
the sayings of Bodhidharma
The Book of Wisdom (Vol. 1)
Atisha's Seven Points of Mind Training

HASIDISM

The Art of Dying
The True Sage

JESUS

Come Follow Me (Vol. 1,2,3,4)
the sayings of Jesus
I Say Unto You (Vol. 1,2)
the sayings of Jesus
The Mustard Seed
the sayings of Jesus
Words Like Fire
(Come Follow Me, Vol. I, pp.)

KABIR

The Divine Melody
Ecstasy: The Forgotten Language
The Fish in the Sea is Not Thirsty
The Guest
The Path of Love
The Revolution

RESPONSES TO QUESTIONS

Be Still and Know
From Sex to Superconsciousness
The Goose ist Out
My Way: The Way of the White Clouds
Walking in Zen, Sitting in Zen
Walk Without Feet, Fly Without Wings and Think Without Mind
Zen: Zest, Zip, Zap and Zing

SUFISM

Just Like That
The Perfect Master (Vol. 1,2)
The Secret

Sufis: The People of the Path (Vol. 1,2)
Unio Mystica (Vol. 1,2)
theHadiqa of Hakim Sanai
Until You Die
The Wisdom of the Sands (Vol. 1,2)

TANTRA

The Book of the Secrets (Vol. 1,2,3,4)
Vigyana Bhairava Tantra
The Tantra Vision (Vol. 1,2)
The Royal Song of Sahara
Tantra, Spirituality & Sex

TAO

Tao: The Golden Gate (Vol. 1)
Tao: The Three Treasures (Vol. 1,2,3,4)
the Tao Te Ching of Lao Tzu
The Empty Boat
the stories of Chuang Tzu
When The Shoe Fits
the stories of Chuang Tzu
Tao: The Pathless Path (Vol. 1,2)
the stories of Lieh Tzu
The Secret of the Golden Flower

THE UPANISHADS

I Am That
Philosophia Ultima
Mandukya Upanishad
The Ultimate Alchemy (Vol. 1,2)
Atma Pooja Upanishad
Vedanta: Seven Steps to Samadhi
Akshya Upanishad

WESTERN MYSTICS

The Hidden Harmony
the fragments of Heraclitus

The New Alchemy: To Turn You On
Mabel Collin'2s Light on the Path

Philosophia Perennis (Vol. 1, 2)
the Golden Verses of Pythagoras

Guida Spirituale
the Desiderata

Theologia Mystica
the treatise of St. Dionysius

YOGA

Yoga: The Alpha and the Omega (Vol. 1–10)
the Yoga Sutras of Patanjali

ZEN

Ah, This!

Ancient Music in the Pines

And the Flowers Showered

Dang Dang Doko Dang

The First Principle

The Grass Grows By Itself

Nirvana: The Last Nightmare

No Water No Moon

Returning to the Source

Roots And Wings

A Sudden Clash of Thunder

The Sun Rises in the Evening

Zen: The Path of Paradox (Vol. 1, 2, 3)

ZEN MASTERS

Hsin Hsin Ming: The Book of Nothing
(formerly: Neither This nor That)

The Search
the Ten Bulls of Zen

Take It Easy (Vol. 1, 2)
poems of Ikkyu

This Very Body the Buddha
Hakuin's Song of Meditation

INITIATION TALKS
between the Master and His disciples

Hammer On The Rock
(December 10, 1975 – January 15, 1976)

Above All Don't Wobble
(January 16 – February 12, 1976)

Nothing To Lose But Your Head
(February 13 – March 12, 1976)

Be Realistic: Plan For a Miracle
(March 13 – April 6, 1976)

Get Out of Your Own Way
(April 7 – May 2, 1976)

Beloved of My Heart
(May 3 – 28, 1976)

The Cypress in the Courtyard
(May 29 – June 27, 1976)

A Rose is a Rose is a Rose
(June 28 – July 27, 1976)

Dance Your Way to God
(July 28 – August 20, 1976)

Passion for the Impossible
(August 21 – September 18, 1976)

The Great Nothing
(September 19 – October 11, 1976)

God is Not for Sale
(October 12 – November 7, 1976)

The Shadow of the Whip
(November 8 – December 3, 1976)

Blessed are the Ignorant
(December 4 – 31, 1976)

The Buddha Disease
(January 1977)

What Is, Is, What Ain't, Ain't
(February 1977)

The Zero Experience
(March 1977)

For Madmen Only
(Price of Admission: Your Mind)
(April 1977)

This Is It
(May 1977)

The Further Shore
(June 1977)

Far Beyond the Stars
(July 1977)

The No Book
(No Buddha, No Teaching, No Discipline)
(August 1977)

Don't Just Do Something, Sit There
(September 1977)

Only Losers Can Win in this Game
(October 1977)

The Open Secret
(November 1977)

The Open Door
(December 1977)

The Sun Behind the Sun Behind the Sun
(January 1978)

Believing the Impossible Before Breakfast
(February 1978)

Don't Bite My Finger, Look Where I am Pointing
(March 1978)

Let Go!
(April 1978)

The Ninety-Nine Names of Nothingness
(May 1978)

The Madmen's Guide to Enlightenment
(June 1978)

Don't Look Before You Leap
(July 1978)

Hallelujah!
(August 1978)

God's Got a Thing About You
(September 1978)

The Tongue-Tip Taste of Tao
(October 1978)

The Sacred Yes
(November 1978)

Turn On, Turn In, and Drop the Lot
(December 1978)

Zorba the Buddha
(January 1979)

Won't You Join the Dance
(February 1979)

You Ain't Seen Nothin' Yet
(March 1979)

The Sound of One Hand Clapping
(March 1981)

OTHER TITLES

The Sound of Running Water
a photobiography of Bhagwan Shree Rajneesh and His work

A Cup of Tea
letters to disciples

The Orange Book
the Meditation Techniques of Bhagwan Shree Rajneesh

The Book (Series I–III)
An Introduction to the Teachings of Bhagwan Shree Rajneesh

The Great Challenge

I Am The Gate

Journey Towards the Heart

Meditation: The Art of Ecstasy

Only One Sky

The Psychology of the Esoteric

Rajneeshism

The Supreme Doctrine

Bhagwan-Magazin

Bhagwan-Newsletter

Rajneesh Times (Oregon)

BOOKS ABOUT BHAGWAN SHREE RAJNEESH

The Awakened One – *Vasant Joshi*
Death Comes Dancing – *Ma Satya Bharti*
Drunk On the Divine – *Ma Satya Bharti*
Dying for Enlightenment – *Swami Deva Amit Prem*

Deutsche Bücher
von Bhagwan Shree Rajneesh

ZEN UND ZEN-MEISTER

Mit Wurzeln und mit Flügeln *(Edition Lotos)*
Die Schuhe auf dem Kopf *(Edition Lotos)*
Kein Wasser und kein Mond *(Herzschlag)*
Auf der Suche *(Sannyas Verlag)*

TANTRA

Tantrische Liebeskunst *(Sannyas Verlag)*
Tantra, Religion und Sex *(Sannyas Verlag)*
Tantra, die höchste Einsicht *(Sannyas Verlag)*
Das Buch der Geheimnisse *(Heyne Verlag)*

SUFIS

Nicht bevor du stirbst *(Edition Gyandip)*

HASSIDISMUS

Die Alchemie der Verwandlung *(Edition Lotos)*

JESUS

Komm und folge mir *(Sannyas Verlag)*
Jesus aber schwieg *(Sannyas Verlag)*
Jesus der Menschensohn *(Sannyas Verlag)*

KABIR
Ekstase, die vergessene Sprache *(Herzschlag)*

HERAKLIT
Die verborgene Harmonie *(Sannyas Verlag)*

MEDITATIONSTECHNIKEN
Das orangene Buch *(Sannyas Verlag)*
Meditation – Die Kunst, zu sich selbst zu finden *(Heyne Verlag)*

EINWEIHUNGSGESPRÄCHE
Das Klatschen der einen Hand *(Edition Gyandip)*
Sprengt den Fels der Unbewusstheit *(Fischer Verlag)*

ANTWORTEN AUF FRAGEN
Mein Weg: Der Weg der weissen Wolke *(Herzschlag)*
Intelligenz des Herzens *(Herzschlag)*
Die Gans ist raus! *(Sannyas Verlag)*
Vom Sex zum kosmischen Bewusstsein *(New Age)*

SANNYAS TASCHENMAGAZINE (Sannyas Verlag)
16 Beziehungsdrama oder Liebesabenteuer
17 Kinder spielen mit Atombomben
18 Kinder, Kinder!
19 Lachen ist Religion
20 Therapie – Liebe heilt
21 Der neue Mensch
22 Du bist was du isst
23 Frau: Mann – und dann

ANTWORTEN AUF FRAGEN/TASCHENBÜCHER

Rebellion der Seele *(Sannyas Verlag)*

Sprung ins Unbekannte *(Sannyas Verlag)*

Ich bin der Weg *(Sannyas Verlag)*

Esoterische Psychologie *(Sannyas Verlag)*

BRIEFE

Der Freund *(Sannyas Verlag)*

Was ist Meditation *(Sannyas Verlag)*

BÜCHER ÜBER BHAGWAN SHREE RAJNEESH UND SEINE RELIGION

Der Erwachte *(Synthesis)*

Rajneeshismus *(Rajneesh Orange Connection)*

Rajneeshpuram *(Sannyas Verlag)*

Amrito: Bhagwan Shree Rajneesh *(Synthesis)*
in Vorbereitung

AUFZEICHNUNGEN UND BERICHTE VON BHAGWAN SHREE RAJNEESHS JÜNGERN

Begegnung mit Niemand (Ma Hari Chetana)
Herzschlag Verlag

Wagnis Orange (Ma Satya Bharti)
Fachbuchhandlung für Psychologie

Ganz entspannt im Hier und Jetzt (Swami Satyananda)
Rowohlt Verlag

Bhagwan, Krishnamurti, C. G. Jung und
die Psychotherapie (Swami Deva Amrito)
Synthesis Verlag

Ich will nicht mehr von dir, als du mir geben magst
(Ma Prem Pantho)
Rowohlt Verlag

BÜCHER VON BHAGWAN SHREE RAJNEESHS JÜNGERN

Handbuch für Shiatsu (Swami Deva Garjan)
Edition Gyandip

Spiel Tarot – Spiel Leben (Swami Anand Anupam)
Sannyas Verlag

Tantra – Weg der Ekstase (Ma Anand Margo)
Sannyas Verlag

Das Geburtstagsbuch (Ma Prem Cordula)
Sannyas Verlag

Die Rajneesh Times Deutsche Ausgabe (Zeitung)
Verlag Rajneesh Times, Köln

VERTRIEB

Deutsche Bücher von Bhagwan Shree Rajneesh

SCHWEIZ

Genossenschaft Gyandip – Rajneesh Buchvertrieb
Baumackerstr. 42, CH-8050 Zürich, Tel. 01/312 74 76

DEUTSCHLAND
Rajneesh Services GmbH
Aachenerstr. 40–44, D-5000 Köln 1, Tel. 02 21/57 40 70

Englische Bücher von Bhagwan Shree Rajneesh

SCHWEIZ

Genossenschaft Gyandip, – Rajneesh Buchvertrieb
Baumackerstr. 42, 8050 Zürich, Tel. 01/312 74 76

DEUTSCHLAND
Rajneesh Services GmbH,
Aachenerstr. 40–44, D-5000 Köln 1, Tel. 02 21/57 40 70

Rajneesh Meditation Centers, Ashrams und Communes

Es gibt Hunderte von Rajneesh-Meditationszentren auf der ganzen Welt. Hier stehen einige der wichtigsten. Sie können Namen und Adresse des jeweils nächstgelegenen Zentrums sowie Bezugsmöglichkeiten für Bücher von Bhagwan Shree Rajneesh (auf Englisch oder in anderen Sprachen) für Sie vermitteln.
Allgemeine Informationen sind von Rajneesh Foundation International erhältlich.

RAJNEESH FOUNDATION INTERNATIONAL
Jesus Grove, Rajneeshpuram, Oregon 97741
Tel. (503) 4 89-33 01

Schweiz

KOTA Rajneesh Neo-Sannyas Commune
Baumackerstrasse 42, 8050 Zürich, Tel. 01-312 16 00

ALMASTA Rajneesh Meditation Center
8 chemin de la Gravière, 1227 Genf-Acacias,
Tel. 0 22-43 77 25

Deutschland

ANURAG Rajneesh Sannyas Ashram
Kartäuserstr. 13, 7800 Freiburg,
Tel. 07 61-2 25 20/3 77 40

BAILE Rajneesh Neo-Sannyas Commune
Karolinenstr. 7-9, 2000 Hamburg 6, Tel. 0 40-43 21 40

DÖRFCHEN Rajneesh Neo-Sannyas Commune
Dahlmannstr. 9, 1000 Berlin 12, Tel. 0 30-3 20 00 70

RAJNEESHSTADT Neo-Sannyas Commune
Schloss Wolfsbrunnen, 3446 Schwebda,
Tel. 0 56 51-7 00 44

SATDHARMA Rajneesh Meditation Center
Klenzestr. 41, 8000 München 5, Tel. 0 89-26 90 77

WIOSKA Rajneesh Neo-Sannyas Commune
Lütticher Str. 33-35, 5000 Köln 1, Tel. 02 21-51 71 99

USA

RAJNEESH FOUNDATION INTERNATIONAL
P.O. Box 9, Rajneeshpuram, Oregon 97741
Tel. (503) 4 89-33 01

SAMBODHI Rajneesh Sannyas Ashram
Conomo Point Road, Essex, MA 01929,
Tel. (617) 7 68-76 40

UTSAVA Rajneesh Meditation Center
20062 Laguna Canyon Rd., Laguna Beach, CA 92651,
Tel. (714) 4 97-48 77

DEVADEEP Rajneesh Sannyas Ashram
1430 Longfellow St., N.W., Washington, D.C. 20011,
Tel. (202) 7 23-21 86

Kanada

ARVIND Rajneesh Sannyas Ashram
2807 W. 16th Ave., Vancouver, B.C. V6K 3C5,
Tel. (604) 7 34-46 81

SATDHARM Rajneesh Meditation Center
184 Madison Avenue, Toronto, Ontario M5R 2S5,
Tel. (416) 9 68-21 94

SHANTI SADAN Rajneesh Meditation Center
1817 Rosemont, Montreal, Quebec H2G 1S5,
Tel. (514) 2 72-45 66

Australien

PREMDWEEP Rajneesh Meditation Center
64 Fullarton Rd., Norwood, S.A. 5067,
Tel. (08)42 33 88

SATPRAKASH Rajneesh Meditation Center
108 Oxford Street, Darlinghurst 2010, N.S.W.,
Tel. (02) 33 65 70

SAHAJAM Rajneesh Sannyas Ashram
6 Collie Street, Fremantle 6160, W.A.,
Tel. (09) 3 36-24 22

SVARUP Rajneesh Meditation Center
169 Elgin St., Carlton 3053, Victoria, Tel. 3 47-62 74

Belgien

VADAN Rajneesh Meditation Center
Platte-Lo-Straat 65, 3200 Leuven (Kessel-Lo),
Tel. 0 16/25-14 87

Brasilien

PURNAM Rajneesh Meditation Center
Caixa Postal 1946, Porto Alegre, RS 90000

Chile

SAGARO Rajneesh Meditation Center
Golfo de Darien 10217, Las Condas, Santiago,
Tel. 47 24 76

Dänemark

ANAND NIKETAN Rajneesh Meditation Center
Stroget, Frederiksberggade 15, 1459 Copenhagen K.,
Tel. (01) 13 99 40

England

KALPTARU Rajneesh Meditation Center
28 Oak Village, London NW5 4 QN, Tel. (01) 2 67-83 04

◼︎INA Rajneesh Neo-Sannyas Commune
◼︎ngswell, Bury St. Edmunds, Suffolk 1P28 6SW,
◼︎(06 38) 75 02 34

Ostafrika

ANAND NEED Rajneesh Meditation Center
Kitisuru Estate, P.O. Box 72424, Nairobi, Kenya,
Tel. 58 26 00

Holland

DE STAD Rajneesh Neo-Sannyas Commune
Havenstraat 6, 1075 P.R. Amsterdam,
Tel. 7 65 2 62/76 62 12

Indien

RAJNEESHDHAM Neo-Sannyas Commune
17 Koregaon Park, Poona 411 001, MS. Tel. 2 81 27

RAJ YOGA Rajneesh Meditation Center
C5/44 Safdarjang Development Area,
New Delhi 100 016, Tel. 65 45 33

Italien

VIVEK Rajneesh Meditation Center
Via San Marco 40/4, 20121 Milan, Tel. 6 59-56 32

Japan

SHANTIYUGA, Rajneesh Meditation Center
Sky Mansion 2F, 1-23-1 Ookayama, Meguro-ku,
Tokyo 152, Tel. (03) 7 24-96 31

UTSAVA Rajneesh Meditation Center
2-9-8 Hattori-Motomachi, Toyonaki-shi, Osaka 561,
Tel. 06-8 63-42 46

Neuseeland

SHANTI NIKETAN Rajneesh Meditation Center
115 Symonds Street, Auckland, Tel. 7 70-3 26

Puerto Rico

BHAGWATAM Rajneesh Meditation Center
Calle Sebastian 208 (Altos), Viejo San Juan, Tel.
Tel. 7 25-05 93

Schweden

DEEVA Rajneesh Meditation Center
Surbrunnsgatan 60, 11327 Stockholm, Tel. (08) 32 77 88